罗必良 博士。现为华南农业大学学术委员会副主任，国家农业制度与发展研究院院长、经济管理学院教授、博士生导师。教育部"长江学者"特聘教授。

兼任广东经济学会会长、国务院学位委员会农林经济管理学科评议组成员、国家社会科学基金与国家自然科学基金学科组评审专家。

先后主持各类科研课题共计 100 余项，获得各种科研成果奖励 70 余项。迄今出版专（合）著 40 余部，发表学术论文 300 余篇。

获得的主要荣誉有：国务院政府特殊津贴、全国首批"新世纪百千万人才工程"国家级人选、国家"万人计划"哲学社会科学领军人才、中宣部文化名家暨"四个一批"人才、广州十大杰出青年、广东青年五四奖章、教育部"高校青年教师奖"、广东省"南粤优秀教师"、广东省高等学校"教学名师"、广东省"五一劳动奖章"、广东省"珠江学者"特聘教授、广东省首届优秀社会科学家、全国先进工作者。

农地流转的契约性质

罗必良 等 著

中国农业出版社

北 京

本书是国家自然科学基金重点项目"农村土地与相关要素市场培育与改革研究"（71333004）的阶段性成果。

本书还得到下列相关项目的支持：

国家自然科学基金政策研究重点支持项目"农地确权的现实背景、政策目标及效果评价"（71742003）

国家社会科学基金重点项目"资产专用性、声誉效应与农村互联性贷款自我履约的机理研究"（16AJY015）

国家社会科学基金重点项目"农地确权模式及其劳动力转移就业效应研究"（17AJL013）

国家社会科学基金重点项目"地权界定方式与农地流转效应研究"（18AJY017）

国家社会科学基金一般项目"我国农地确权政策实施对激活农村农地流转市场影响的经验研究"（17BJL009）

国家自然科学基金青年项目"确权、信任与农地流转契约选择——基于随机性控制试验的农户行为研究"（71703041）

国家社会科学基金青年项目"家庭农场的产业特性、社会网络与经营方式选择研究"（15CJY051）

广东省教育厅创新团队项目"中国农地制度改革创新：赋权、盘活与土地财产权益的实现"（2017WCXTD001）

文化名家暨"四个一批"人才自主选题项目"农地确权、要素配置与农业经营方式转型"

目 录
CONTENTS

第一章　引　　论

第一节　研究背景

中国农村的土地制度正在发生两个重要的政策性转变，一是通过强权赋能不断提升农民对土地的产权强度，二是通过加大支持力度推进农地的流转集中，目的在于一方面保护农民的土地权益，另一方面改善农业经营的规模经济性。

近年来，我国农地流转速度不断加快。从流转耕地面积占家庭承包经营耕地面积比来看，中国农地流转市场发展迅速。农业部公布的数据表明，1996年，全国有2.6%的耕地发生流转，2006年农地流转率为4.6%，2016年则上升为35.1%，意味着全国超过1/3的耕地发生了流转。农地流转是农地经营权在转出户和转入者之间的交换，双方达成一致意见有赖于对双方关系、流转期限、流转租金、流转契约形式等的决策匹配。这样的时代背景与政策机遇，为发现农地流转中的契约特征及影响机制提供了研究基础。

在农村土地的所有权、承包权和经营权"三权分置"的制度安排下，农地流转体现农地经营权的流转，在本质上表达为要素契约。在家庭承包经营格局下，农地经营权的流转依附于农户凭借其成员身份权所获得的承包权，因而农户成为农地经营权转出的不可替代的主体。然而，中国特殊的人地关系与乡村交互关系，决定了农地流转的契约性质具有了特殊性。一方面，乡土中国的社会关系是以个人为中心的，其他所有的个人和群体都按照与这个中心的社会距离而产生亲疏远近关系。在这个差序格局中，人们的血缘关系或亲情关系成为最为亲密稳固的社会关系（费孝通，1947）。人情规则是农村土地流转的重要规则（张翠娥等，2005）。因此，农民对土地资源的配置，并不由一个纯粹的要素市场所决定。周翔鹤（2001）的研究表明，传统乡土中国的地权交易并不是明确意义上的产权交易，而往往是通过"典契"以较低价格出让土地。"典契"包含了人情、道德、习俗等多重因素①。另一方面，特殊的人地关系与情感交易，使得农民农地流转的契约交易呈现出明显的特征：第一，在交易对象的选择上主要是以亲友邻居为主；第二，在达成契约的形式上大多采用口头协议；第三，在契约的维护上主要依靠于亲情、人情构建起来的关系网及所内含的村庄"声誉"机制。可以认为，农户土地流转的契约可以视为"关系型契约"。具体来说：

一是缔约对象的关系型。农户的农地流转主要发生于熟人之间，即流转租约表现为"村落里的熟人"间的关系型流转（罗必良，2016）。对中国17省份的调查表明，2005年农户转出的农地中，高达87.6%转给了同村的亲戚或其他村民；2008年这一比例为79.2%，但农户转入的土地却有87.2%来自于同村的亲戚或其他村民（叶剑平等，2010）。对河北、辽宁、陕西、浙江、四川、湖北六省随机调查表明，发生于亲友邻居的农地流转占全部流转的比例2000年为67%，2008年为64%（Gao et al.，2012）。本课题组于2012年初进行的全国农户抽样问卷表明（发放问卷1 000份，得到有效问卷890份），在203个转出农地的样本农户中，有66.01%的农户将农地转给了亲友邻居，占全部转出农地面积的比例更是高达80.48%。本课题组于2015年初再次进行的全国9省份的农户抽样问卷表明（发放问卷2 880份，得到有效问卷2 704份），在全部转出农地的样本农户中，56.91%的农户将农地转给了亲友邻居、14.46%的农户将农地转给了普通农户，两者合计的占比高达71.37%。

二是缔约期限的不确定。对中国17省农村土地承包经营权流转市场的调查表明，在转出土地经营权的农户中，高达46%的农户没有约定期限，其余54%有约定期限的农户中又有一半农户的流转期限在1年以内（叶剑平等，2006）。对湖北与浙江两省的典型调查表明，农户的农地流转中大多没有约定转让年限，比例分别高达86.2%和68.5%（钟涨宝、汪萍，2003）。2012年对全国26个省区的抽样调查，也再次表明了类似的结果，只有39.49%的转出样本农户约定流转期限，且高达54.55%的样本农户的缔约期限在1年以内（钟文晶等，2014）。不仅如此，已有的实

---

① 地权的买卖、抵押、租赁等是纯粹市场形式的产权交易，但"典"则是不完全形式的产权交易，相对前者它具有产权模糊的特征。

证文献表明,随着时间的推移,农地流转的缔约期限有进一步缩短的迹象。以农业大省河南省为例,2004 年,河南省农地流转的缔约期限在 5 年以上的契约占比约为 40%(贠鸿琬,2011),2010 年这一比例则下降为 28.52%(乔俊峰,2011)。

三是农地租金的市场失灵。2005—2015 年,尽管我国农地流转率以每年 20.53% 的速度提升,但明显低于同期农地租金平均每年 24.60% 的上升速度。一方面,价格机制并未有效诱导农地流转从关系型向市场型转换,另一方面也未能诱导政策目标的有效实现。农业部经管司发布的《全国农村经营管理资料》表明,2010 年我国经营耕地规模在 10 亩*以下的农户占总农户数的 85.79%,2015 年则依然高达 85.74%。可见,农地市场的价格机制既未有效诱导农地的市场化交易,也未能促进农地向具有比较优势的规模经营主体集中,农业小规模经营格局并未发生基本改善。

综上,可以认为,我国目前的农地流转市场并不是一个单一的同质要素市场。土地对于农民来说,并不仅仅是一个单纯的生产要素,还涉及生存依赖、福利保障、身份表达以及农耕情感等多个方面,从而决定了农地流转并非一个简单的产权交易,而是包含了经济利益、政治利益、安全保障与情感收益等多重福祉权衡的选择性交易,隐含着特殊的契约性质。

第二节 国内外研究现状

农地流转及其契约选择问题,一直以来是学界重视的前沿研究领域。已有文献主要关注于契约类型(如定额租约、分成契约)、契约期限(如短期契约、长期契约)(Cheung,1969)、契约形式(如口头契约、书面契约)(Allen & Lueck,1992)、契约治理机制(如关系治理、契约治理)(罗必良,2010)等。

一、农地流转缔约对象

经典契约理论较少关注缔约对象选择问题。在农地流转方面,虽然研

---

* 亩为非法定计量单位,1 亩=1/15 公顷。——编者注

究者注意到社会关系嵌入导致市场分割（Macours，2014），但侧重于比较亲属与非亲属等不同缔约对象之间的市场差异性，比如分成制契约效率差异（Sadoulet et al.，1997）、租赁价格差异（Siles et al.，2000）、流转行为与规模差异（Holden & Ghebru，2005）、契约形式差异（Noev，2008）、农业产出差异（Jin & Deininger，2009）、农地投资行为差异（郜亮亮、黄季焜，2011）等。在中国，由于农地经营权依附于农户的土地承包权，因此在农地流转中占主导地位的流转方式即为农地租赁。因此，深化对农户在农地租约中缔约对象选择及其机理的理解，特别是我国加快推进农地流转的现实背景下，尤具理论与实践意义。

事实上，农地租赁市场普遍存在着市场化交易和非市场化交易。一方面，在整体上，农地租赁主要发生于亲戚、朋友、邻居等熟人之间（Belay & Manig，2004；Gao et al.，2012）。对中国 17 省份的调查表明，2005 年农户转出农地中，高达 87.6% 转给了同村亲戚或其他村民；2008 年这一比例为 79.2%，但农户转入土地却有 87.2% 来自于同村亲戚或其他村民（叶剑平等，2006，2010）。另一方面，在区域上，农地租赁范围扩大，参与主体趋于多元化（Noev，2008）。根据江苏省农林厅统计资料，2007 年农地转出给种养大户和农业龙头企业的土地面积占比分别为 48.61% 和 26.71%（包宗顺等，2009）。

在解释土地租赁缔约对象选择问题时，Jin & Deininger（2009）认为，村集体限制农地流转范围，使得农地租赁范围受限于亲友邻居。其困难在于，即便村集体不限制农地流转去向，农地流转同样主要发生于熟人之间。Xu & Tao（2004）关注了土地保障功能的重要性，认为进城农民缺乏社会保障和面临潜在的失业风险使其不可能放弃土地而仅仅是短期内将农地流转给亲戚朋友，但忽视了较低发育水平的农地流转市场存在着较高的交易费用。Siles 等（2000）、Macours 等（2004）则认为，信任和社会资本影响农地交易市场的缔约对象选择。研究者强调缔约双方的交易关系产生较低的交易费用（Sadoulet et al.，1997；Brandt et al.，2002；Tefera & Subaro，2013），但忽视了乡土社会背景下人地关系的严酷性。可见，已有文献虽然注意到土地保障功能的重要性，但着重于从交易费用的角度进行定性解释。

必须注意的是，乡土社会背景下特殊的人地关系与交易关系对农地流转缔约对象选择的影响尤其值得重视。过于强调交易关系的特殊性，可能忽略对人地关系的理解。因此，有必要将两者进行结合。一方面，土地并非一般商品，农户对土地的依赖性使得土地保障功能属性与农地流转缔约对象选择紧密联系在一起，从而意味着农户农地流转具有收益最大化和风险最小化的双重决策目标。另一方面，特殊的人地关系引发了特殊的交易关系，土地可以作为连接社区和加强熟人间社会关系的工具，从而意味着农地流转并非简单的经济利益权衡，也可能表达为社会关系网络的投资与积累。

二、农地流转期限

契约期限问题始终是受到关注的焦点（Coase，1937；Williamson，1979；Klein，1980；Grossman & Hart，1986；Hart & Moore，1990）。例如，完全契约理论以机制设计为中心，关注于信息与激励问题；不完全契约则力图解决不可自我执行所引发的套牢与打折扣问题。由于不完全契约不仅仅考虑信息约束问题，而且还涉及未来自然状态的不确定性，因此不完全契约往往成为"长期契约"的一种替代表达（费方域、蒋士成，2008）。在信息对称的情形下，长期的有效契约可以被一系列短期契约复制（Farrel & Shapiro，1990；Fudenberg 等，1990）。由于以自然状态的未来确定性与否来判断契约的时间节点，所以在整个契约理论中，契约期限及其决定问题，被掩盖于动态契约、不完全契约及其效率问题之中。尽管如此，关于契约期限问题的研究依然取得一些进展。Mises（1949）注意到，缔约期限的长短能够代表不同的契约关系，并影响缔约双方的行为，进而产生不同的契约效果。由此，契约期限的决定机理成为关注的焦点。Cheung（1970）认为，选择一个相对较长的租约期限是为了减少附着于土地的资产的转让（交易）成本，并降低信息不完全下转让产权的预期成本；而选择较短的租约期限是为了避免长期租约执行中彼此潜在的违约行为的监督成本，而且便于再谈判。Masten 等（1985）的经验证据表明，关联专用性投资越大，契约期限越长。Bergemann 等（1998）进一步揭示了不确定性与风险的重要性，并通过信息不对称下的动态代理模型证明了投资项目的风险性将会加强长期契约的选择倾向。

契约期限的长短及其所决定的行为预期，将对契约的实施及其稳定性产生重要影响。大量的文献强调了土地长期契约的重要性。不论经营主体是自己耕种土地还是雇佣他人耕种抑或租赁经营，长期契约都是地权稳定性在时间维度上的反映（Place et al.，1994）。流转期限过短或经营期限的不确定性均会诱导受让方在生产上的短期行为，容易形成掠夺式经营，不利于保持地力（姚洋，1998）。Klein 等（1978）、Grout（1984）、Williamson（1985）、Tirole（1986）等从不同方面指出，不完全契约会导致投资激励不足，而投资不足则会导致契约的短期化，短期契约又会反过来抑制专用性投资，从而揭示了资产专用性与契约选择的关系。Crawford（1988）、Rey 等（1990）甚至认为，长期契约与短期契约均是节省交易费用的可相互替代的两种机制。对于农地租赁的流转契约而言，多数文献倾向于强调长期契约的合理性。

事实上，中国农地流转市场普遍存在的要么是没有缔约、要么是口头契约或者契约期限过短。对湖北与浙江两省的典型调查表明，农户的农地流转中大多没有约定转让年限，比例分别高达86.2%和68.5%（钟涨宝、汪萍，2003）。2000 年山东、浙江、江苏农户间的租约平均期限分别为1.50 年、3.16 年、4.10 年，2009 年浙江农户间的租约平均期限为 3.31 年（田传浩、方丽，2013）；2005 年对全国 17 省的调查表明，在转出土地经营权的农户中，高达 46%的农户没有约定期限，其余 54%有约定期限的农户中又有一半农户的流转期限在 1 年以内，只有 6%的农户曾经约定超过 10 年的流转期限（叶剑平等，2006）。

已有文献主要是通过实证研究识别各类因素对农户农地流转契约期限的影响，以及围绕资产专用性，从司法干预、赔偿、治理结构、产权控制以及履约等多个视角，对契约期限问题进行了广泛的研究（杨瑞龙、聂辉华，2006）。但对其影响机理并没有做出解释。Hart and Moore（2008）指出，精细的契约是刚性的，有利于遏制双方的投机行为，但会导致事后灵活性的丧失。相反，粗糙的契约会带来投机行为，从而损失当事人的利益。因此，最佳的契约形式是在保护权利感受的刚性与促进事后效率的灵活性之间进行权衡取舍。因为在租佃契约的形成过程中，缔约主体可以接受、也可以不接受正在商议的契约条款，契约期限的选择也不例外，所以，更重要的问题并不是长期或者短期契约是否有效率，而是为什么缔约当事人会选择不同租期（张五常，2000）。

每一次交易涉及一份契约。所以，契约方法成为分析交易最基本的方法。不同的契约安排有利于不同的交易，不同的交易则需要匹配不同的契约关系（张五常，2000；Williamson，1985；费方域，1998）。为了实证"对各种组织安排的选择始于对每笔交易的成本的比较"，学者将交易成本的大小与交易的可观测属性联系在一起（Williamson，1979；Klein et al.，1978），交易契约的期限就是其属性之一。期限反映的是一个持续的时间概念，时间是分析人类行为的一个基本维度（Mises，1949），是缔约的关键内容之一（Guriev & Kvasov，2005）。

张五常（2000）认为，选择较长的租期是为了降低依附于土地的资产的机会成本；选择短期租约更多是为了便利重新谈判，而不是为了降低实施条款的成本。为了进一步解释和说明契约期限安排的问题，Williamson（1996）曾给出过一个非正式模型的判断：交易的专用性越高、不确定性越大、交易频率越高，契约期限就越长，长期契约比短期契约的治理效应就会更为明显。大量经验研究表明：关系专用性投资越大，契约期限越长（Masten and Crocker，1985）。一般来说，与交易相关的投资资产专用性越强，则对土地流转交易关系的持续性要求就越强，从而设立交易契约的保障机制就越重要（罗必良、李尚蒲，2010）。因此，对于农地流转交易的契约期限安排，资产专用性具有重要的行为发生学意义。

资产专用性具有预测的作用，以固定资产投资即具有交易专用性的资产投资为依托，各种交易就产生了"锁定"效应（Williamson，1979）。Klein et al.（1978）曾指出，为了避免投资形成资产专用性及其锁定效应，农业经营者往往通过租赁而不是自己拥有土地，来耕种一年期以内能够收获的庄稼，如水稻、蔬菜、甜菜、棉花或麦子。相反，那些用于种植果树（如各类坚果、橘子、生梨、杏树以及葡萄藤等）的土地，由于具有显著的专用性，则往往是种植者自己拥有的土地。因此，与其他行业相比，专用性投资所形成的农业资产更易于"沉淀"，即缺乏流动性。在农业结构的调整中，这种"沉淀成本"表现得尤为显著：一方面构成结构调整的退出障碍，形成产业壁垒；另一方面农户在面对交易机会时，由于形成了专用性资产而易于被"敲竹杠"（项桂娥、陈阿兴，2005）。一般来说，租约期越长，土地的资产专用性程度可能越高，反之则相反。由此，专用性投资及其面临的风险将一些潜在的土地租佃需求者挡在了门外（肖文韬，2004）。因此，农业的土地经营所形成的资产专用性特征，对农地流转的契约期限选择具有内生决定的性质。

分析不同农户土地流转的缔约行为，有助于强化对农地流转契约特征的认识。但是，过于强调农户的异质性，有可能忽略对农地功能特性及其决定机制的理解。因此，将两者结合显然是必要的。必须注意到，土地所承担的福利保障及经济价值功能，大大强化了乡土中国背景下农民对土地的依附性，使得土地的资产属性与农地流转的契约选择紧密联系在一起。Crawford（1988）曾经证明，除非引入"资产专用性"，否则难以解释长期契约与短期契约的替代问题。因此，本节基于资产专用性的理论维度，结合农地流转的环境特征与交易特性，从理论和实证结合的层面分析契约期限的决定机理，以期揭示不同类型农户在农地转出中对不同期限契约的选择与匹配。

三、农地流转租金

围绕耕地使用权流转价格的形成机制及其影响因素，学者开展了广泛的理论与实证分析研究，普遍认为农地产权结构、权属内涵界定与稳定性、流转方式形成农地使用权流转价格机制的重要框架（邓大才，2007；高艳梅等，2012；刘荣材，2010），耕地使用权流转的实际价格受到流入主体期望值、农业优惠政策、流转期限、机械化便利程度等诸多因素的影响（吴萍等，2010；吴学兵等，2016），但针对农户耕地流转意愿价格及其影响因素研究报道尚不多见。农户作为耕地承包经营权的主体，在耕地流转过程中扮演着重要角色，他们是自利的"经济人"，追求经济利益最大化是他们行动选择的依据，充分尊重农户意愿，充分了解农户心中对耕地流转所愿意接受的价格（即意愿价格），对于构建耕地流转价格机制具有重要作用（杨志海、王雨濛，2015；储成兵、李平，2013）；流转是转入、转出双方愿意达成一致的结果（Mei-qiu CHEN 等，2010），只有分别考察农户的转出意愿价格与转入意愿价格及其影响因素，才能有针对性地提出促进流转形成的对策建议。

农地租约中的价格如何决定，事关农地流转效率和农民权益保障等重大内容，具有重要的政策含义，已引起经济学、社会学等学科领域的普遍关注。已有研究主要从三个角度展开：一是依循经典地租理论，从农地的生产资料价值角度出发，基于超额利润分析范式探讨农地租金变化的原因（朱奇云，2008）；二是在制度经济学的产权理论范式下，分析农地产权制度、流转交易费用等对我国农地租约中价格形成的影响（田传浩，2005；邓大才，2007；刘荣材，2010）；三是从社会学角度指出，应关注影响农地租约价格形成的乡土伦理规范等社会因素和力量（田先红、陈玲，2013）。

总的来说，已有研究分别从各自不同的专业学科视角展开，自成逻辑，而鲜有研究讨论它们之间的关系如何，能否互相整合、沟通与论证，形成相互蕴涵的多学科整合理论分析框架，尚需做出进一步的努力。

四、契约类型及其机理

在现实世界中，每份契约结构不尽相同。因此，开展微观契约属性的研究有利于对契约结构的理解。Yoder 等（2008）在研究土地租赁契约时，把契约期限和契约类型（收益分配的不同方式）结合起来对契约结构进行分析。在契约形式研究中，学者们认为，书面契约存在一笔固定成本（Gray，1978；Dye，1985），书面契约充其量代表着实质上的经济关系，是典型的关于条款的不完全说明。而且，契约中清楚罗列的条款也是可以变更或者废除的，这类行为经常在没有查阅书面契约情况下就进行了（Schwartz & Scott，2003）。对契约主体研究，在关系开始阶段，信号显示良好的私人信息，即买者和卖者的关系历史，是尤其重要的。如果双方互相熟识之前有过接触，隐含的意思是双方在分享剩余上将会更加友好（Kelman，1858），因此可以预期在长期关系下，契约会变得更不完整，但是在关系刚形成的时候会更完整（Halonen‑Akatwijuka & Hart，2013）。

在农地契约领域，尤其是我国农地流转契约研究中，研究的重点在于：一是农地租约的绩效及其治理问题，涉及不同租约类型（定租制、分成制等）的生成机理（Cheng，1968；罗必良、何一鸣，2015）、租约稳定性及其治理（罗必良，2011；胡新艳等，2015；洪名勇、龚丽娟，2015）；二是农地租约中的核心条款或缔约内容的决定机理及其影响因素，其中，与缔约双方利益密切相关的契约期限与租金的决定是关注的重点（徐珍源、孔祥智，2010；钟文晶、罗必良，2014；邓大才，2007；刘荣材，2010）。随着我国农地经营权流转市场的不断发育，后者越发成为学界的热门话题。

第三节　研究思路与研究内容

现实世界中的产权交易行为，必然会受到心理、社会文化、习俗传统等因素的影响。因此，在研究农地流转问题时，有必要强调农地兼具的情感和财产的双重属性。这意味着，农地流转并不是仅仅单纯的经济交易，而是同时表达了身份、情感及其权益认知的多重交易性质的活动，有其特殊的市场逻辑，承载着多重的社会、经济意义。鉴于此，本书基于产权理论、契约理论、禀赋效应理论以及农户行为理论等，构建农地流转行为的研究框架，由此丰富和拓展农地流转契约的理论视角，以期为推进农地流转市场发育及其政策选择提供新的思路和方法。本书的研究思路如图1-1所示。

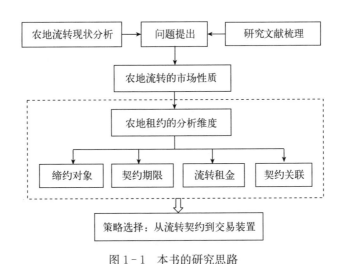

图1-1　本书的研究思路

本书共分为八个章。内容安排如下：

第一章是引论。介绍选题研究背景、通过文献综述展现国内外研究现状、阐述研究目的与研究内容、分析主要的创新点、展望需进一步研究问题。

第二章是关于农地流转的市场特性的分析。首先，研究农地流转行为的非市场性，接下来依次研究农地流转契约的短期化以及农地流转中的"禀赋效应"，由此阐明农地流转所内含的特殊的市场逻辑。

第三章讨论农地流转的缔约对象。研究内容包括农地租约及其对象选择，缔约对象及多重"差序格局"，"差序格局"的形成与破除。

第四章讨论农地流转的契约期限。研究内容分别为：从资产专用性维度的考察契约期限的确定，从威廉姆森分析范式分析风险规避与农地租约期限选择。并特别关注到农地租约期限中的"逆向选择"问题。

第五章研究农地流转的租金决定。研究内容包括农地流转的意愿价格及影响因素，基于经典地租理论的拓展农地租约中的租金决定，农地流转、租金幻觉与市场错配。

第六章分析农地流转的契约关联问题。首先是分析租约期限、租金及其相互关联性，接着阐明农业要素流动与契约关联逻辑以及农地租约稳定性分析，最后拓展研究博弈均衡、要素品质与农地租约选择。

第七章基于"产权强度-禀赋效应-交易装置"的分析线索与案例研究，阐明农地流转市场从流转契约到交易装置的操作策略。

第八章是结论与讨论。

第四节　可能的创新点

本研究可能的创新点在于：

第一，在农地流转过程中，乡村社会关系的差序格局也导致了农地流转的"差序格局"。因此，农地流转内含着明显的关系型契约特性，表现出普遍的非市场化缔约行为。对此，从理论层面推断农户与缔约对象关系的差序格局是农地流转契约多重差序格局的决定机制，并通过描述性证据与似不相关模型实证分析进行了验证。

第二，构建一个"剩余权利管制、市场组织失灵与要素契约交易"的理论分析框架，从交易费用生成的视角讨论产权管制是如何造成市场失灵，并提出以要素契约替代产品契约的形式来缓解市场失灵，同时，关注农业中间服务组织在农业要素市场的契约关联过程中所起的作用；然后，通过数学模型证明农业中间组织的介入能够实现把农业土地市场、农业劳动力市场和农业资本市场的一般均衡。我们证明了农地价值评价维度、要素异质性及其交易费用在农地租约选择中的关键性作用机理，修正了传统的地租理论，拓展了经典的佃农理论。

第三，基于农地租约的经验事实，分析农地租约不断加剧的"短期化"倾向，进而阐明"不完全契约"演变为"空合约"的逻辑机理。"空合约"依赖于信任与声誉机制而实现自我履约，能够降低合约的治理成本并改善其不完全性，从而形成"不完全合约—关系合约—空合约"的动态演化过程。

第四，基于"产权强度—禀赋效应—交易装置"的分析线索，以期阐明农地流转的市场逻辑。重点在于：第一，基于产权强度的生成机理的分析，通过引入禀赋效应理论，并通过实证分析揭示农地产权流转抑制的根源。目的在于说明农地产权强度的提升并不必然改善农地承包经营权的流转绩效；第二，对于一项具有排他性产权，同时又具有禀赋效应的物品，如何改善其产权交易效率？交易费用的高低，并不唯一地由产权安排所决定。因此，一个重要的目的就在于说明如何使产权便于交易。由此，交易装置及其匹配将是一个可以拓展的重要研究方向。

需进一步研究的问题是：一方面，在契约理论的前沿研究中，已经开始借鉴行为经济学和实验经济学的方法，即在控制约束条件下，利用实验室实验进行理论检验。如哈特等人的基于"参照点"契约分析的尝试(Fehr et al.，2011)。但是由于约束条件严格，这类研究与现实世界的契约选择过程还是存在差距，这既为今后的研究带来启发，也带来了新的理论挑战。另一方面，在农地契约领域，尤其是在我国农地流转契约研究中，关于契约选择机理的分析尤为重要，特别是农地流转契约中"人-地"与"人-人"关系及其情境依赖性问题，应该受到研究者的重视。

第二章　农地流转：一个特殊的市场

现有关于我国农地流转行为的研究，多以理性市场化为假定前提，以致忽视了中国特殊农情下农民与土地之间的行为心理特征因素。其实，现实世界中的交易行为，必然受到财产权利关系之外嵌入的心理社会文化因素的影响，有必要认识到农地兼具的情感和财产双重属性。这意味着，农地流转并非单纯的经济交易，而是表达了身份、情感及其权益认知的多重交易性质的活动，承载着多重的社会经济意义，有其特殊的市场逻辑。

第一节　农地流转交易的非市场性

一、农地流转交易：关系型定价现象

近年来，我国农地流转速度不断加快。但是，一个值得注意的现象是，农户的农地流转主要发生于熟人之间，表现出明显的关系型特征。本课题组于 2011 年 8 月至 2012 年 2 月进行的全国农户抽样问卷表明（发放问卷 1 000 份，得到有效问卷 890 份），在 203 个转出农地的样本农户中，有 66.01% 的农户将农地转给了亲友邻居，占全部转出农地面积的比例更是高达 80.48%（表 2-1）。

表 2-1　样本农户农地转出对象的分布情况

流转对象	样本（户）	户数占比（%）	流转面积（亩）	面积占比（%）
亲友邻居	134	66.01	822.70	80.48
普通农户	43	21.18	106.58	10.43
生产大户	19	9.36	62.92	6.16
农业合作社	5	2.46	19.00	1.86
农业龙头企业	2	0.99	11.00	1.08
总计	203	100.00	1 022.20	100.00

从表 2-1 可见，无论是转出农户占比还是转出面积占比，农户将农地流转给亲友邻居、普通农户、生产大户、合作社和龙头企业的比重依次递减，表现出明显的亲缘与地缘的"差序格局"。

已有研究同样表明，我国农户的农地流转主要发生于熟人之间。对中国 17 省区的调查表明，2005 年农户转出的农地中，高达 87.6% 转给了同村的亲戚或其他村民；2008 年这一比例为 79.2%，但农户转入的土地却有 87.2% 来自于同村的亲戚或其他村民（叶剑平等，2010）。对河北、辽宁、陕西、浙江、四川、湖北六省随机调查表明，2000 年发生于亲友邻居的农地流转占全部流转的比例为 67%，2008 年为 64%（Gao et al.，2012）。

可以认为，我国目前的农地流转市场并不是一个单一的同质要素市场。由于人地关系的严酷性，决定了土地对于农民兼具生产资料和社会保障双重功能（罗必良，2014）。土地对于农民来说，并不仅仅是一个单纯的生产要素，而是涉及生存依赖、福利保障、身份表达以及农耕情感等多个方面，从而决定了农地流转并非是一个简单的产权交易，而是包含了经济利益、政治利益、安全保障与情感收益等多重福祉权衡的选择性交易。

已有研究注意到农地流转的市场差异性，包括区域间的流转差异、流转方式上的差异、流转对象上的差异、流转时间上的差异、流转契约上的差异等（刘文勇等，2013）。但乡土社会背景下的人地关系与交易关系尤为值得重视：第一，农户对土地的依附性使得土地保障功能属性与农地流转对象选择紧密联系在一起，从而意味着农地流转的目标并不是收益最大化而是风险最小化；第二，农户之间的农地流转及其交易关系，并不一定是简单的经济利益的权衡，有时甚至是一个社会资本的积累与改善农户安全的关系网络的投资。

本节将农地流转市场分为"关系型人情市场"和"要素型租赁市场"，前者主要是亲友邻居间农地流转，而后者则包括普通农户、生产大户、农业合作社和农业龙头企业等流转对象。一般来说，关系型契约不仅面临着契约的不稳定性，并且由于缺乏相应的治理规制，往往隐含着明显的交易风险，那么，为什么农户在农地流转过程中依然普遍选择非市场化的交易方式？因此，本节引入"农户的土地依赖性"的前置因素，修正交易费用分析范式，由此构建"土地依赖—交易费用—农地流转非市场行为"的理论框架，通过对不同农户农地流转决策方式的比较，建立农户农地转出对象选择的决策模型，并进行实证分析。

二、理论模型：修正的交易费用分析范式

（一）对交易费用分析范式的批评

尽管农户的经营权流转行为及其决定机理受到了学界的普遍关注，但已有文献的共同特征是，往往将农地流转市场视为同质市场，进而研究农户农地流转意愿和行为及其影响因素（Amare A，2013）。其基本的研究路径是：假定农地市场是一个同质市场，并将农户在农地流转上的差异归结于两个方面的原因，一是农户的资源禀赋及其行为能力，二是农户所面临的交易环境。由于前者涉及农户的土地资源特性与投资特征，后者涉及流转市场的发育程度及其预期稳定性问题，因而威廉姆森交易费用的分析范式成为了主流的研究范式。

上述研究的一个重要缺陷，是忽视了乡土社会背景下农户与土地之间的特殊关系。交易费用范式关注了资产专用性、交易频率、不确定性等因素对交易费用的影响（Williamson，1985）。应该说，这一范式隐含着两个重要的假定：第一，产权主体对其拥有的产权客体是"冷酷无情"的。一方面，产权主体对物品（或者产权属性）潜在价值的发现仅仅依据其排他能力与处置能力所决定的产权租金；另一方面，产权主体只对物品市场价格做出反应（持有或者买卖）。该范式没有考虑到人与物之间的关系及其禀赋效应问题。第二，产权主体与产权客体具有良好的可分性。该范式没有关注身份性与人格化财产问题。

农地流转在本质上是承包权与经营权分离前提下农户对经营权的交易，内含着两个重要的约束性条件：第一，土地的集体所有制，决定了具有集体成员资格的农户，天然地享有农地的承包经营权。因而，作为农地流转的产权供给主体，农户具有身份上的不可替代性。第二，农地承包权与经营权的分离，使得农地流转成为可能。但是，由于经营权依附于承包权，决定了农地流转并不同于产品市场的一次性即期交割，而是表现为一

种"时段性"的连续交易，因而与农户具有不可分性。

（二）引入"农户的土地依赖性"前置条件

农户对土地的依赖程度决定了农地转出对象选择，而农户的土地依赖性主要取决于家庭资源禀赋结构差异，具体反映在土地依附性、家庭保障水平和社会保障水平的不同。在社会保障不健全和务工收入不稳定的情况下，农户生存保障主要来源于对土地的依存和对亲友的依赖。

1. 土地依附性。农户对土地的依附程度与其家庭资源禀赋结构具有状态依赖性。一般而言，农业经营收入比重可以反映农户对土地的依附程度。农业经营收入占比越高，土地在其家庭中的重要性越大，农户对土地的依附性越高，因而农地倾向于流转给亲友邻居。

2. 家庭保障水平。由于进城农民多数从事临时雇佣工作而缺乏稳定的务工收入，转出土地而完全依靠务工收入具有不确定性和风险，农户面临潜在的失业风险而随时可能回到土地上去。显然，外出务工的机会问题、成本问题以及失业风险，使得务工收入等家庭保障对土地保障功能的替代可能性小，农户很难彻底地离开土地。

3. 社会保障水平。当前农村社会保障体系尚不健全，而且受到城乡二元结构和户籍制度等制度性排斥，农户无法获得必要的社会保障。社会保障制度对土地保障功能的替代性是有限的，土地仍然承担着生存保障、失业保障和社会保障等功能。不仅如此，亲友邻居间的互帮互助成为农户实施社会保障的另一种重要方式，土地作为连接社区和加强熟人间社会关系的媒介，强化了农村社会的"差序格局"。

（三）交易费用的分析维度及其拓展

威廉姆森范式对交易费用的考察主要集中于资产专用性、交易频率和不确定性三个维度。

1. 资产专用性。已有文献注意到了农业资产专用性（物质资产与设施等）、土地资产专用性（地块大小、土地类型、土壤肥力与灌溉条件等）、人力资本专用性（务农经验与技能培训等）和地理位置专用性（地形、距离远近等）。但较少关注亲缘与地缘关系所构成的专用性社区资本、家中党员和村干部所构成的专用性政治资本。专用性社会资本表达了人情关系网络影响农地流转市场交易的含义。

2. 交易频率。 由于交通不便、信息闭塞以及农地流转市场发育和中介服务体系不完善，土地流转信息流动受阻。随着交易频率的增加，相应的交易费用会上升。但村庄内的信息公开与对称，使得亲友邻居间农地流转具有节省交易费用的作用。

3. 不确定性。 已有文献注意到了政策不确定性、契约不确定性、行为不确定性和信息不确定性，但忽视了亲友间信任度对交易不确定性所产生的重要影响。熟人社会与亲友邻居间的人情网络，将内生信任机制，从而降低不确定性所引发的交易费用。

三、实证分析

（一）计量模型

农户农地流转对象选择，属于二元选择问题，适合采用 Logistic 模型，其基本形式为：

$$p_i = F(z = 1 \mid y_i) = 1/(1 + e^{-y_i}) \qquad (2-1)$$

式中，p_i 代表农户 i 选择将农地流转给亲友邻居的概率；F 代表给定的一个 p_i 值，农户将农地转出给亲友邻居的概率；z 可以取 0 或 1 的随机变量，上式表示 $z=1$ 的条件概率。

经整理得：$e^{-y_i} = (1 - p_i)/p_i$，故有：

$$y_i = \ln[p_i/(1 - p_i)] \qquad (2-2)$$

则 Logistic 模型是一个线性估计模型，其形式为：

$$y_i = \beta X_i + \mu \qquad (2-3)$$

在（2-3）式中，因变量 y_i 在农户农地转出给亲友邻居时为 1，否则为 0。β 是待估计系数，μ 是随机误差。X_i 表示影响因素向量，主要包括两方面：一是农户家庭对土地的依赖程度；二是农户农地流转的交易费用。

（二）变量选择与统计描述

依据前述，各变量定义与统计描述如表 2-2 所示。

表 2－2　变量定义与统计描述

变量名称	变量定义	预期方向	关系型市场		租赁型市场	
			均值	标准差	均值	标准差
土地依附性	农业经营收入占家庭总收入比重	＋	0.517 8	0.355 9	0.234 2	0.319 3
社会保障水平	家庭成员享受医疗保障的数量	－	2.380 6	1.515 8	2.811 6	1.638 5
专用性农业资产	拖拉机、插秧机、收割机和机动喷雾机等固定资产原值的自然对数，原值为 0 直接赋值为 0	＋	2.068 4	3.653 0	2.565 9	3.863 7
非专用土地资产	土地肥力，肥沃＝1，比较肥沃＝2，一般＝3，比较贫瘠＝4，贫瘠＝5	？	3.104 4	0.926 0	2.846 6	0.916 4
通用性人力资本	家庭农业劳动力最高教育程度	－	2.395 5	4.081 9	4.304 3	4.656 8
专业性人力资本	家庭农业劳动力人均参加农业技能培训的数量	＋	0.028 6	0.156 4	0.025 4	0.122 4
专用性社区资本	近三代生活在本村，是＝1，否＝0	＋	0.475 8	0.501 4	0.406 3	0.495 0
专用性政治资本	家中有村干部，有＝1，没有＝0	？	0.044 8	0.207 6	0.101 4	0.304 1
非专用地理位置	地块类型，平原＝1，丘陵＝2，山地＝3	？	2.022 6	0.848 0	2.044 8	0.842 7
交易频率	农地转出地块数	＋	4.720 1	5.491 5	2.855 1	2.036 6
地权不稳定性	农地调整，没有调整＝0，大调整或小调整＝1，大小调整都发生＝2	＋	0.716 4	0.906 2	0.710 1	0.892 8
契约稳定性	农地流转合同形式，没有合同＝0，口头合同＝1，书面合同＝2	－	0.947 8	0.739 0	1.289 9	0.729 7
行为确定性	农地转出价格决定权，双方协商＝1，您家或对方决定＝0		0.701 5	0.459 3	0.753 6	0.434 1
对亲友信任度	对亲友邻居流转信息的重要性评价，有价值＝3，一般＝2，无价值＝1	＋	2.398 4	0.806 9	1.939 4	0.874 9

（三）模型估计与结果分析

本节使用 SPSS 软件对样本数据进行 Logistic 回归分析（表 2－3）。检验结果表明，模型具有较好的拟合优度，具有进一步讨论的价值。计量结果基本验证了前文的假设。土地依赖与交易费用对农户农地流转的非市场行为具有重要影响。

表 2 - 3　　农地流转的非市场行为影响因素的实证结果

变　量	估计系数	Wald 值	标准误	显著性	Exp(B)
土地依附性	1.596 9**	4.479 0	0.754 5	0.034 3	4.937 7
社会保障水平	−0.221 8*	3.159 9	0.124 8	0.075 5	0.801 1
专用性农业资产	0.001 3	0.000 6	0.053 5	0.980 1	1.001 3
非专用土地资产	0.386 4*	2.781 4	0.231 7	0.095 4	1.471 6
通用性人力资本	−0.099 4*	3.663 4	0.051 9	0.055 6	0.905 4
专业性人力资本	2.785 5*	2.785 0	1.669 2	0.095 2	16.208 3
专用性社区资本	0.957 5**	4.646 4	0.444 2	0.031 1	2.605 2
专用性政治资本	−0.975 1	1.696 9	0.748 5	0.192 7	0.377 2
非专用地理位置	0.072 4	0.086 9	0.245 7	0.768 2	1.075 1
交易频率	0.140 1**	4.662 9	0.064 9	0.030 8	1.150 4
地权不稳定性	0.036 3	0.025 5	0.226 9	0.873 0	1.036 9
契约稳定性	−0.772 8**	6.326 6	0.307 2	0.011 9	0.461 7
行为确定性	−0.209 3	0.194 8	0.474 2	0.658 9	0.811 2
对亲友信任度	0.747 8***	9.903 8	0.237 6	0.001 6	2.112 3
常数项	−1.481 2	1.348 3	1.275 6	0.245 6	0.227 4
样本数（n）		203			
−2 Log likelihood		162.387 1			
Cox & Snell R^2		0.255 5			
Nagelkerke R^2		0.355 6			
Hosmer & Lemeshow 检验		Chi - square＝5.366 9，df ＝8，Sig＝0.717 7			
模型系数的 Omnibus 检验		Chi - square＝49.272 4，df ＝14，Sig＝0.000 01			
初始预测准确性（%）		67.07			
模型预测准确性（%）		76.05			

注：*、**和***分别表示统计量在 10%、5%和 1%的显著性水平下显著。

具体而言：

（1）土地依附性越高，农户倾向于将农地转出给亲友邻居。而社会保障水平降低农户对土地的依赖程度，促使农地流转给社会主体。

（2）非专用土地资产、专业性人力资本和专用性社区资本促进农地流转给亲友邻居，而通用性人力资本使得农地转出给社会主体。其中，肥力质量较好的农地倾向于流转给社会主体。

（3）农地流转的交易频率越高，农户倾向于将农地流转给亲友邻居。

（4）契约稳定性有助于农地流转给社会主体，而对亲友信任度促使农地转出给亲友邻居。

四、进一步的讨论

本节将农地流转市场分为"关系型人情市场"和"要素型租赁市场"，引入土地依赖性的前置因素，修正威廉姆森的交易费用范式，进而构建"土地依赖—交易费用—农地流转非市场行为"的理论框架，并对其进行实证分析。得到的主要结论如下：

（1）我国农地流转市场并非同质要素市场，而是集中表现为"关系型人情市场"。农户农地流转主要发生于熟人之间，呈现出明显的亲缘与地缘的"差序格局"，农户对亲友邻居的农地流转存在非市场化的定价机制。

（2）在农村社会保障不健全和务工收入不稳定的情况下，农户生存保障主要依靠对土地的依附和对亲友的依赖。威廉姆森的交易费用范式忽视乡土社会背景下特殊的人地关系，专用性社区资本和对亲友信任度可以对其进行修正和拓展。

（3）土地依赖与交易费用显著影响农地流转的非市场行为，并且其实证结果具有较好的稳健性：土地依附性、非专用土地资产、专业性人力资本、专用性社区资本、交易频率以及对亲友信任度促使农地转出给亲友邻居，而社会保障水平、通用性人力资本以及契约稳定性则有助于农地流转给社会主体。

重新审视本节的实证分析结果，可以得到一个惊人的发现：农户普遍选择非市场化的交易方式，不仅仅与威廉姆森范式中的资产专用性、交易频率和不确定性相关，而且土地依赖（由农业经营收入占比所表达的土地依附性）与社会关系嵌入（由近三代生活在本村表达的专用性社区资本、由对亲友邻居流转信息的重要性评价表达的对亲友信任度）同样显著影响农户农地流转的非市场行为。

本节更关心的问题是，既然"关系型契约"往往隐含着明显的交易风险，为什么农户依然普遍选择非市场化的交易方式？换言之，为什么农户会选择一个交易费用比较高、效率比较低的交易方式？

（1）"要素型租赁市场"的流转主要表现为"要素型契约"的交易，但面临契约不稳定。究其原因：第一是经营预期上，由于经营权依附于承包权，农户在身份上具有不可替代性以及与农地流转不具有可分性。随着非农产业发展和预期土地增值，土地转出农户随时可能毁约而致使农地流转具有极大的不确定性。第二是流转时间上，由于外出务工机会不稳定，农户无法判断未来收回土地的时间。因此经营预期和流转期限的不确定性严重影响"要素型契约"的稳定性。

（2）土地依赖的特殊人地关系与社会关系嵌入的特殊交易机制是影响农户农地流转的非市场化行为的重要因素。其一，在农村社会保障不健全和务工收入不稳定的情况下，农户生存保障离不开对土地的依附和对亲友的依赖。由于人地关系的严酷性，农地流转市场不是纯粹的要素市场，农地流转行为不是单纯的市场交易行为；从安全最大化和福利最大化的角度，土地流转不是一个简单的经济价值概念。土地对于农民而言，涉及生存依赖、福利保障、身份表达以及农耕情感等方面，因此农户不可能轻易转出土地。

（3）特殊的人地关系引发了特殊的交易关系，土地可以作为连接社区和强化熟人间社会关系的工具，从而导致社会关系嵌入严重影响农地流转的市场交易活动，进而表现为熟人在与非熟人的竞争中处于强势甚至是垄断地位。第一是人情网络、信任机制、声誉机制和重复博弈约束农地流转双方的行为，从而降低信息不对称性、事后机会主义行为以及契约治理成本等所引发的交易费用。第二是熟人间农地流转便于相互协商和随时收回土地，使得农户灵活地进入和退出农地流转市场，从而保持契约的灵活性。

由此可见，农地的福利保障功能与农地流转的交易机制是相辅相成的。由于特殊的人地关系，并且契约条款不可证实、未来状况无法预测以及未来状态难以描述，农户倾向于具有灵活性和适应性的"关系型契约"。社会关系网络既能降低交易费用，又能确保契约稳定性、可自我执行和灵活性。

第二节　农地流转中的"禀赋效应"

一、分析的起点

在我国细碎化、分散化的农业经营格局下，以农地集中流转推动农业经营方式转型是我国农业政策的基本导向。但经过长达 30 多年的政策努力，我国农地流转市场发育仍相对滞后。课题组 2015 年对全国九省 2 704 个农户的调查数据表明农村劳动力转移率达到了 60%，但农地流转率不足 25%。已有关于农地流转滞后原因的研究，均将农户的农地流转行为仅仅视为科斯意义层面的一般要素或商品的经济交易（胡新艳等，2016），以致忽视了中国特殊农情下农民与农地之间的行为心理特征。其实，在现实世界中，农地流转不仅是预期收益和成本的权衡问题，还是农民的社会心理问题（罗必良，2013）。

以行为心理因素为切入点，学术界开始引入禀赋效应概念对农地流转滞后的原因展开了一些颇具启示的探索性研究。钟文晶、罗必良（2013）首次验证了农地流转中禀赋效应的存在性及其对农地流转的抑制效应。此外，陈通等（2014）将禀赋效应作为中介变量，同样也得出了禀赋效应抑制农地流转的结论。但是，他们均以农户为研究对象，这不符合禀赋效应是个体判断的概念逻辑，会存在主体回应偏差问题；此外，他们尚未系统地探究农地流转中禀赋效应因何产生，也未关注到禀赋效应作为一种心理行为现象可能存在的代际差异特征，也就无法辨识禀赋效应是影响农地流转市场发育的长期性抑或短期性因素。

鉴于此，本节以农民个体为研究对象，阐明农地流转中禀赋效应产生的内在机理及其代际差异特征，提出研究假说，并利用调查数据对研究假说进行实证验证，从而回答以下问题：农地流转中禀赋效应因何产生？农地流转中禀赋效应的存在性及其影响因素是否存在代际差异？

二、分析维度与推论

禀赋效应的概念由 Thaler（1980）首次提出，它是指与得到某物品所愿意支付的金钱（Willingness to Pay，WTP）相比，个体出让该物品通常要求得到更多的金钱（Willingness to Accept，WTA）。个体产生禀赋效应源于其在交易中会产生损失规避心理，即损失比等量的收益带来的心理感受更强烈。为了弥补损失物品给其带来的痛苦，个体通常会出现单方面提高卖价的行为，往往会影响交易的达成。已有研究表明，无论是对巧克力等有形物品（Kahneman D, et al.，1990），还是对空气等无形物品（MacDonald & Bowker，1994），甚至是对土地、房屋（卿志琼，2011）

等资产和权力，个体都会产生禀赋效应。钟文晶等（2013）、陈通等（2014）在农地流转研究中引入禀赋效应概念，验证了禀赋效应的存在性及其对农地流转的抑制作用。但他们以农户代替农民个体展开调查分析，对农地流转中禀赋效应的影响因素也未系统阐释。而且，理论上而言，禀赋效应概念表达的是个体行为偏好；从测度方法看，禀赋效应往往是用情景假设问项针对个体行为意愿进行测度，因此，从理论概念和测度方法的一致性角度看，调查农民个体更为恰当。下文梳理禀赋效应理论成果并应用于我国农地流转交易情境，构建本节的分析框架并推演研究假说。

（一）农地流转中禀赋效应的影响因素：一般分析

1. 人地依赖关系与禀赋效应。 物品交易既是人与物之间客观的物理剥离过程，也是主观的情感剥离过程（Rebecca，2006）。从这一角度看，禀赋效应定义中的 *WTA* 和 *WTP* 之所以不同，是因为拥有物品的人在出让物品时，经受分离的痛苦程度不同（Kahneman，et al.，1991）。影响这一分离过程中痛苦程度的因素有很多，既有客观物质层面的，又有主观心理层面的（Jacoby J，et al.，1977），可以归结为"人与物"客观依赖关系、"人与物"情感依赖关系两个方面。具体到农地，即包含人地客观依赖关系和人地情感依赖关系两方面。

（1）人地客观依赖关系与禀赋效应。已有学者研究发现，不同的物品类别、可替代性与重要性，会形成不同的"人与物"客观依赖关系，导致交易中个体的损失规避心理及其对物品价格估值不同，进而影响禀赋效应。在我国以公平为导向的农地均分制度安排下，农地不仅是生产资料也是福利保障，形成了农民对土地的就业、收入与社会保障功能的三重依赖关系。

对于以农为生的农民而言，土地的就业、收入功能占据主导地位，社会保障功能则依附于土地的生产要素功能。对于实现了非农就业转移的农民而言，他们不再完全依赖于土地提供的就业、收入功能，但是不能脱离土地的社会保障功能。因为尽管他们在城里就业、生活和消费，但其就业具有鲜明的被动性和不确定性（游和远、吴次芳，2010），难以实现永久迁移的完全城市化，其结果是：进城农民所获得的权利、福利与保障等远远不及本地居民，成为了"就业、收入和消费"与"长期保障或者社会保障"相分离的特殊群体（石智雷、杨云彦，2012）；这意味着农户一旦转出了土地，将失去一定的再择业的空间，也会造成对农村原有"家庭养老＋土地保障"模式的冲击。可见，无论是以农为生的农民，还是实现了非农就业转移的农民，土地都具有"风险规避"意义。土地这种不可或缺的功能和作用，导致农民将农地转出视为一种"生存保障损失"，会在土地要素价值上叠加社会保障价值，出现单方面的提价倾向，产生禀赋效应。综上，提出：

H_1：人地客观依赖关系越强，越存在禀赋效应。

（2）人地情感依赖关系与禀赋效应。已有学者研究发现，人们拥有物品的时间长短、物品是否承载人的特殊记忆或情感价值，会形成不同的"人与物"情感依赖关系，导致交易中个体损失规避心理及其禀赋效应不同。在我国严酷的人地关系背景下，形成了特殊的农耕文化传统。农民靠土地生存，土地是农民的"命根子"（费孝通，1948），他们对土地拥有天然的情感依赖和心理依赖。可见，土地之于农民，并不是一种单纯的经济要素，而是凝聚了情感因素的难以替代的人格化财产。依此逻辑，农民的农地流转交易行为，并不仅受价格引导，而且也会受情感因素的影响，这份情感价值会连同物品本身的经济价值一并纳入定价决策中，易于导致其夸大农地的转出要价，产生禀赋效应。不过，在当前市场经济转型条件下，学界关于农民对于土地的情感关系特征有两种观点：一种观点认为，改革开放以来，农民土地情结变迁的整体特征是由浓变淡（陈胜祥，2013）；另一种观点则认为，当前绝大多数农民对土地仍然有深厚的感情（康来云，2009）。如果人地情感依赖关系存在，农民流转土地时所感受的痛苦就更强烈，更易产生禀赋效应。综上，提出：

H_2：人地情感依赖关系越强，越可能存在禀赋效应。

（3）人地情感依赖关系的中介作用。需要注意的是，人地客观依赖关系与情感依赖关系并不是无关联的。人地客观依赖关系越强，一方面，农民从事农业耕作的可能性越大，与土地互动的概率也就越大，由此形成更强的人地情感依赖关系；另一方面，农民不愿放弃对土地的承包经营权，对该权利的所有期限越长，越会产生更强的人地情感依赖关系。也就意味着，人地客观依赖关系不但能够直接作用于禀赋效应，而且还会通过影响情感依赖关系进而影响禀赋效应。由此提出：

H_3：情感依赖关系是客观依赖关系与禀赋效应间作用关系的中介变量。

2. 人地权利关系与禀赋效应。产权权利是影响禀赋效应的重要因素（Inesi，2010）。土地产权状态表达了人对物的主体资格，界定了以土地为载体的产权主体与其他主体之间的权利关系。土地产权状态是通过影响产权主体认知，进而作用于禀赋效应的。法律的和实际的产权需要通过影响农民土地产权认知才能最终影响农民的土地利用行为（马贤磊等，2015）。

改革以来我国农地产权制度变革以赋权的身份化（成员权）、确权的法制化（承包合同）、政策的稳定化（长久承包权）为主线（罗必良、胡新艳，2015），由此使得农民的土地承包经营权从不稳定转向稳定、从不完全转向完全，成为了实质上的用益物权，产权强度逐步提升。产权强度的提升有助于提高农民的产权感知（Reerink & Gelder，2010）。从理论上而言，地权强度提升会通过两种相反的机制作用于禀赋效应：其一，农民地权强度的提升通过增强其产权感知，使其对土地产生所有权效应[①]。所有权效应的存在使得农民对土地的依恋感更强，在农地流转中的损失规避心理和所承受的痛苦程度更大，倾向于高估土地的价格，产生禀赋效应；其二，地权强度的提升通过增强其产权感知，稳定其对流转收益的预期并降低交易成本，这会引致其降低交易要价，由此使得禀赋效应的存在性降低。对于这两种理论机制在现实中究竟是如何作用的，目前仍缺乏相关的实证研究的支持，仅钟文晶等（2013）利用描述统计结果，得出了"确权会增强农户的禀赋效应"的结论。综上，提出：

H_4：人地权利关系的强化对其禀赋效应存在性的影响方向是不确定的。

（二）农地流转中禀赋效应存在性及其影响因素：代际差异分析

上述研究以农民同质性为研究的假定前提。事实上，目前农民内部是存在着很多差异和分层的，尤其是代与代之间的差异性更为显著（岳奎等，2015）。所以，有必要考虑农地流转中禀赋效应的代际差异问题。

1. 人地客观依赖关系的代际分化与禀赋效应。改革以后，大量农民进城务工，出现了农民就业从农到非农的职业分化（周其仁，1997）。以此为基础，带来了农民收入差距扩大的经济分化（许恒周等，2012）。值得注意的是，无

---

① 随着个体从不完全拥有物品到完全拥有物品，会比拥有前更喜欢该物品，有更强的依恋感，这种对已拥有物品的依恋感所产生的额外效用，被称为所有权效用。

论是农民的职业分化还是经济分化，都表现出显著的代际差异特征。职业选择上，老一代农民留在农业部门的比例远高于新生代农民（张藕香，2015）；就业能力方面，新生代农民表现出较强的竞争力和适应力。在城市的住所、工作单位以及收入相对稳定，也享有相对高水平的社会保障、子女教育、医疗保障等公共服务，融入城市生活的可能性更高（卢海阳等，2015）。由此，可以得出的一个推论是：新生代农民对于土地的客观依赖程度很低，这会减弱他们在农地流转交易中的禀赋效应存在性。综上，提出：

H₅：人地客观依赖关系对农地流转中禀赋效应的影响存在代际差异。

2. 人地情感依赖关系的代际分化与禀赋效应。 已有研究表明，随着年龄的增长个体越有可能对物品形成依恋（Lambert and Laurent，2010），产生禀赋效应。这意味着，年龄阶段不同的农民对土地的情感依赖可能存在差异，进而影响其禀赋效应。已有学者指出，不同代际农民在土地价值观方面的差异逐渐显现。50、60后的农民在非农就业市场受到排挤，其生存和就业主要依存于土地，会将时间和精力投入到土地中（陈英等，2013），将其视为身份的表达手段，强化农地的人格化财产特征，长期的土地事实占有和使用，会衍生出"恋地"情感。而80、90后农民通常认为，从事农业辛苦，难以致富；他们不愿留在农村，更愿意到城市生活。正是由于他们不再局限于安土重迁的思想圈子，更多地是想摆脱农业劳作，逃脱土地的束缚，因而对土地的情感相对淡薄。由此，新生代农民可能表现出弱于老一代农民的禀赋效应。综上，提出：

H₆：人地情感依赖关系对农地流转中禀赋效应的影响存在代际差异。

3. 人地权利关系、农民认知的代际分化与禀赋效应。 同一种客观存在的土地产权状态，对于不同个体而言，所感知的产权强度会呈现差异性，进而导致个体表现出的禀赋效应不同。虽然，目前我国正在推进强化农民产权强度的一系列措施。但是，农民个体代际上的差异会不会影响其感知的产权强度，进而对其禀赋效应产生不同影响呢？事实上，农民在经济、社会政治地位上的分化会导致其对农地产权认知和偏好的差异。陈胜祥（2009）通过对1995—2008年国内农业经济领域重要期刊上有关农民土地产权意识的文献进行Meta分析发现，农民土地产权认知状况与其年龄、学历、职业及社会地位等有关。值得注意的是，新生代农民在现代化、市场化的广泛冲击下，产权意识更强，更加注重维护自身的权利（吴红宇、谢国强，2006），对土地的产权认知更强（钱忠好等，2007）。这意味着，我国推进的农地确权改革可能更容易被新生代农民所感知和理解，产生较强的产权认知，进而在农地流转中形成与老一代农民不同的禀赋效应。综上，提出假说：

H₇：人地权利关系对农地流转中禀赋效应的影响存在代际差异。

综合两代农民禀赋效应影响因素差异的分析，提出假说：

H₈：农地流转中禀赋效应存在显著代际差异。

汇总所有研究变量之间的影响关系及其研究假说，见图 2-1。

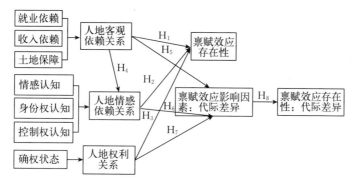

图 2-1　变量间的影响关系及其研究假说汇总图

三、数据来源、变量定义与描述统计

（一）数据来源与变量定义

1. 数据来源。 数据来源于 2016 年对广东省博罗县的农户问卷调查。研究重点为农民在农地流转中的禀赋效应问题，是一种农民个体心理特征，因此将调查对象设置为农民个体。但是考虑到农地流转决策实际上是一个农户的决策，所以在实证分析中，会考虑到农民所属家庭的影响，放入相关控制变量，进而控制农户特征的影响。问卷地点为广东省惠州市博罗县的 2 个镇 27 个村，共发放问卷 400 份，回收问卷 400 份，回收率为100%。剔除无效问卷后的有效问卷为 364 份，有效率为 91%。

2. 变量定义与测算。

（1）农民的代际划分。农民内部实际上存在着很多差异和分层，其中代际差异是一个应被重视且实际存在的问题。本节参照学界对农民工群体的代际划分习惯（段成荣、马学阳，2011；许恒周 等，2012；李培林、田丰，2012），将 1980 年以前的农民称为老一代农民，1980 年及其以后出生的农民称之为新生代农民。

（2）变量的选取和说明。模型变量的指标设置与赋值见表 2-4。

因变量为禀赋效应。在问卷中设置如下情景假设的问项：如果不得不转入土地，您愿意支付的最高流转价格为多少元（WTP）；如果不得不转出土地，您愿意接受的最低流转价格为多少元（WTA）。计算 WTA 与 WTP 的比值，如果 WTA/WTP 大于 1，表明存在禀赋效应；如果 WTA/WTP 小于等于 1，表明不存在禀赋效应。

表 2-4　变量指标说明

一级指标	二级指标	三级指标	赋　值
禀赋效应	—	是否存在	是=1（WTA/WTP>1）；否=0（WTA/WTP≤1）
人地客观依赖关系	就业依赖	就业对农业的依赖度	非农=1；非农兼业为主=2；农业兼业为主=3；农业=4
	收入依赖	收入对农业的依赖度	农业收入/农户总收入（%）
	土地保障	保障对农地的依赖度	是=1（商业医疗保险、商业养老保险都没有）；否=0（至少有上述两类保险中的一种）
人地情感依赖关系	身份权认知	农民拥有土地天经地义	从不同意到非常同意采用五级赋值
		土地是农民的命根子	从不同意到非常同意采用五级赋值
	控制权认知	流转后监督土地使用	是=1；否=0
	情感认知	土地感情的总体认知	从没感情到感情深厚采用五级赋值
人地权利关系	产权强度	土地确权状态	未确权=1；正在确权=2；已确权=3
控制变量	个体特征	性别	男=1；女=0
		受教育程度	受教育年限（年）
	家庭特征	总人口	实际值（人）
		总收入	家庭年收入约值（元）
		农业收入占比	实际值（%）
		承包地面积	实际值（亩）
		承包地质量	从很差到很好，采用五级赋值
		农地经营面积	实际值（亩）

核心自变量。包括人地客观依赖关系、人地情感依赖关系与人地权利关系，具体设置如下：

人地客观依赖关系。土地之于农民，具有就业、收入和社会保障三重功能，因此，采用农民就业、收入对农业的依赖度、社会保障对农地的依赖度三个指标来衡量人地客观依赖关系。

人地情感依赖关系。人地情感依赖关系的衡量参照目前学者对消费者对品牌、购物网店的依恋等研究成果设置。Park 等（2006）使用激情、感情和关联三个因素衡量消费者品牌依恋强度。姜岩（2013）从网站认同、网站喜爱和网站依赖三个维度进行分析。两者都使用了人与物品的关联程度和情感程度两个维度，说明这两个维度在衡量人对物的情感依赖上是被认同的。本节用农民对土地的身份权认知表达人与地的关联程度，用情感认知表达人与地的情感程度。需要指出的是，农民拥有的是土地承包经营权，能够用来交易的只是依附在承包权上的经营权。如此，也就意味着，流转后的土地最终还是会回到农民手中，土地质量等方面的变化最终要由承包地的农民来承担。考虑到流转契约的不完备性，为保护其土地免受机会主义的侵害，对土地情感依赖程度较高的农民有占有和控制土地的偏好（徐美银，2013）。由此，除了上述两个维度外，增设农民对土地的控制权作维度进行衡量。

人地权利关系。我国从 2009 年开始推进新一轮农地确权，这强化了农民的农地产权强度感知，因此采用确权状态这一指标衡量人地权利关系强度。

控制变量。禀赋效应作为农民的一种个体心理行为偏好，会受其个体特征影响，与此同时，也可能会受其归属的家庭特征影响，因此纳入个体特征、家庭特征作为控制变量。

（二）描述性统计

1. 核心自变量。 如表 2-5 所示，老一代农民就业、收入对农业的依赖度的均值都高于新一代农民，分别为 2.85、0.57，老一代农民对农地的保障功能依赖度的均值为 0.83，高于新生代农民的 0.74。这说明老一代农民对土地的客观依赖高于新生代农民。老一代农民对农民拥有土地天经地义和土地是农民的命根子的认同度的均值分别为 1.46 和 4.46，高于新生代农民的 1.34 和 4.17；老一代农民流转后监督土地使用的均值为

0.89，远高于新生代农民的 0.48；老一代农民对土地情感的总体认知均值为 4.29，高于新生代的 4.28；说明老一代农民对土地的情感依赖高于新生代农民。全部样本农民的土地确权状态均值为 1.80，表明当地目前正处于确权工作推进阶段。

表 2-5　核心自变量

指　　标	全部样本农民 (N=364)		老一代农民 (N=263)		新生代农民 (N=101)	
	均值	标准差	均值	标准差	均值	标准差
就业对农业的依赖度	2.58	1.27	2.85	1.25	1.88	1.06
收入对农业的依赖度	0.48	0.43	0.57	0.43	0.25	0.33
保障对农地的依赖度	0.80	0.40	0.83	0.38	0.74	0.44
农民拥有土地天经地义	1.42	0.86	1.46	0.93	1.34	0.64
土地是农民的命根子	4.38	0.96	4.46	0.90	4.17	1.09
流转后监督土地使用	0.77	0.41	0.89	0.31	0.48	0.50
土地感情的总体认知	4.29	0.96	4.29	0.94	4.28	0.99
土地确权状态	1.80	0.80	1.72	0.74	2.03	0.91

2. 禀赋效应的存在性。 样本农民禀赋效应存在性的测算结果见表 2-6。234 个样本农民存在禀赋效应，占全部样本的 64.29%。对 WTA/WTP 大于 1 的被访农民的禀赋效应的存在性进行 t 检验，结果表明：WTA/WTP 均值为 2.03，标准误为 0.12，$Pr(T>t)=0.0000$，这表明总体上农民农地流转中的禀赋效应是显著存在的。

在存在禀赋效应的 234 个样本中，老一代农民 214 个，占比 91.45%；新生代农民 20 个，占比 8.55%。从代际分组看，263 个老一代农民中，有 214 个农民存在禀赋效应，占比 81.37%；101 个新生代农民中，仅有 20 个农民存在禀赋效应，占比 19.80%。这表明总体上而言，老一代农民禀赋效应存在的可能性更高。

表 2-6　样本农民禀赋效应的存在性

		WTA/WTP<1	WTA/WTP=1	WTA/WTP>1	全部样本
	样本数	12	37	214	263
老一代农民	WTP 均值（元）	1 475	1 418.92	953.64	1 042.89
	WTA 均值（元）	1 066.67	1 418.92	1 705.84	1 636.31
	WTA 均值/WTP 均值	0.72	1	1.78	1.57

（续）

		WTA/WTP<1	WTA/WTP=1	WTA/WTP>1	全部样本
	样本数	35	46	20	101
新生代农民	WTP 均值（元）	1 751.43	1 447.83	1 205	1 458.42
	WTA 均值（元）	985.71	1 447.83	2 310	1 504.95
	WTA 均值/WTP 均值	0.56	1	1.92	1.03
全部样本农民	样本数	47	83	234	364
	样本占比	12.91%	22.80%	64.29%	100%

四、模型选择与计量分析

（一）模型选择

本节根据因变量的数据特征，设置了如下三种模型：

（1）Logit 回归模型。鉴于禀赋效应的存在性这一被解释变量符合二项分布函数的性质和特征，所以选择 Logit 回归模型分析禀赋效应存在性的影响因素。

（2）结构方程模型。在变量的中介作用机制检验分析中，由于人地客观依赖关系和情感依赖关系等变量均是潜变量，存在一定的测量误差，且涉及多个变量，这种模型分析适用结构方程模型。

（3）单因素方差分析。方差分析是用于解决两个及两个以上样本均值是否相等的问题。本节是检验两代农民禀赋效应存在性是否存在差异，由于只考虑年龄阶段对禀赋效应存在性的影响，所以使用单因素方差分析。

（二）计量分析

1. 农地流转中禀赋效应的影响因素：一般分析。模型计量结果见表 2 - 12。Logit 模型的 Prob＞chi2＝0.000 0，意味着模型运行结果在统计上显著。从计量结果看：

（1）人地客观依赖维度仅土地保障指标显著正向影响农地流转中的禀赋效应，假说 H_1 得到了部分验证。这表明农民越依赖于土地保障功能，农地流转中的禀赋效应越强，否则，反之。就业、收入依赖指标不显著，而土地保障指标影响显著的原因可能在于：目前有大量农民进城务工，他们在基本生存方面对土地的依赖度日益弱化，但在中国城乡二元体制下，即使实现了非农就业转移，但对他们而言，土地的社会保障功能仍未显著弱化，这会影响农民在农地流转决策时的损失规避心理，导致他们提高土地转出的价值评估，产生禀赋效应。

表 2-7　禀赋效应存在性分析的 logit 模型估计结果

变量分类	解释变量	回归系数	标准误
人地客观依赖关系	就业依赖于农业的程度	0.318	0.204
	收入依赖于农业的程度	0.314	0.684
	社会保障依赖于农地的程度	2.079***	0.451
人地情感依赖关系	农民拥有土地天经地义	0.727***	0.270
	土地是农民的命根子	0.621***	0.211
	流转后监督土地使用	1.982***	0.400
	土地感情的总体认知	0.758***	0.209
人地权利关系	农地确权	−0.998***	0.216
控制变量	性别	1.114***	0.354
	受教育程度	−0.122	0.0811
	家庭人口	0.0681	0.128
	家庭收入	6.11e−06	6.36e−06
	家庭农业收入占比	−0.00046	0.00836
	承包地面积	0.0101	0.165
	承包地质量	−0.1068	0.204
	农地经营面积	0.0667	0.144
	常量	−8.455***	1.934
模型检验	Prob > chi2= 0.0000; Pseudo R^2= 0.5029;　Log likelihood =−117.93946		
Observations	364		

注：*** $p<0.01$，** $p<0.05$，* $p<0.1$。

（2）人地情感依赖关系的三个指标，均会显著提高禀赋效应的存在性，假说 H₂ 得到验证。测度人地情感依赖关系的三个指标，均会显著提高禀赋效应的存在性。这一结论进一步印证了 Dhar 和 Wertenbroch

（2000）的研究结论，即对于禀赋效应而言，情感因素的影响大于客观依赖的影响。这表明：农户持有的"恋地"、"惜地"与"占有"的偏好观念，会使得他们形成主观上的价值错觉，高估农地流转的交易价格。农地流转交易是融入了农户对土地的身份认知、控制权认知以及情感认知的多重交易行为，会在转出农地的要素价值基础上叠加"情感依赖损失"价值，产生禀赋效应。

（3）农地确权状态显著负向影响农民的禀赋效应的存在性，由此验证并明确了假说 H_3 中确权对于禀赋效应的负向作用机制。也就是说，这表明随着新一轮确权的推进，农民所感知的产权强度增加，会降低禀赋效应的存在性。也就是说，农地确权更多的是通过明确而稳定的赋权，提升农民产权强度认知，增加农民对土地流转收益的预期，从而减少农户的损失规避心理和禀赋效应的存在性。

（4）在控制变量中，个体特征变量中仅性别指标的影响是显著的，且男性相对于女性而言，对于农地更易产生禀赋效应，其原因可能在于：从久远的中国社会文化传统看，男性被视为一家之主，他们承担着更多的家庭生活重担（王歌雅，2011），这种家庭社会责任压力可能会诱使他们更重视土地的经济价值以及风险规避功能。此外，在"男耕女织"职业定位的传统文化影响下，可能会强化男性对于土地的情感认知，从而使得男性在农地流转交易中赋予土地更高的价值评估。有关农户特征的所有变量均不显著，这表明禀赋效应更多地表现为个体的心理行为偏好。这个结论也在一定程度上支持了本节调查方法的合理性，即对禀赋效应的调查研究，更为恰当和合理的切入点是基于农民个体角度。

（5）中介效应检验。利用结构方程模型拟合检验，结果见图 2-2。标准化后，模型的检验指标 NFI（规范拟合指数）、IFI（增值适配指数）和 CFI（比较适配指数）的指标均为 1，表明模型数据拟合程度高。从图 2-2可以看出，人地客观依赖关系与情感依赖关系、人地客观依赖关系与禀赋效应存在性、人地情感依赖关系与禀赋效应存在性的路径系数分别为 0.08、0.05、0.87，分别通过了显著性为 1%、5%、1% 的检验。其中，人地客观依赖关系通过情感依赖关系对禀赋效应存在性产生的间接影响为 0.171 6（0.22×0.78），直接影响为 0.12，总效应为 0.291 6，中介效应占总效应的比重为 58.85%。表明人地情感依赖关系对人地客观依赖关系与禀赋效应存在性之间的关系起到了部分中介作用，且影响方向为正，因此假说 H_4 成立。

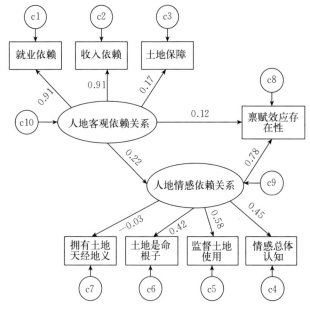

图 2-2　人地情感依赖关系的中介作用

2. 农地流转中禀赋效应的影响因素：代际比较分析。 从表 2-8 中的模型 1 和模型 2 的回归结果看，新生代农民禀赋效应存在性 Logit 模型的 Prob>chi2＝0.054 5，老一代农民 Logit 模型的 Prob>chi2＝0.000 0，说明两个模型运行结果在统计上均显著。

表 2-8　新老两代农民是否存在禀赋效应的 logit 模型估计结果

变量分类	解释变量	老一代农民（模型 1）		新生代农民（模型 2）	
		回归系数	标准误	回归系数	标准误
人地客观依赖关系	就业依赖于农业的程度	0.134	0.943	0.070 3	0.291
	收入依赖于农业的程度	0.861	2.559	0.202	1.106
	社会保障依赖于农地的程度	7.556 ***	1.739	0.141	0.779
人地情感依赖关系	农民拥有土地天经地义	1.245 *	0.694	0.241	0.741
	土地是农民的命根子	1.203 **	0.476	0.562	0.497
	流转后监督土地使用	3.109 **	1.265	0.048 5	0.638
	土地感情的总体认知	1.600 ***	0.568	0.657	0.529

（续）

变量分类	解释变量	老一代农民（模型1）		新生代农民（模型2）	
		回归系数	标准误	回归系数	标准误
人地权利关系	土地确权状态	−0.785	0.553	−0.878**	0.371
控制变量	性别	−0.709	1.081	1.177*	0.667
	受教育程度	0.409	0.262	−0.191	0.182
	总人口	−0.152	0.449	0.056 7	0.234
	总收入	0.000 1***	4.08e−05	−1.97e−05	1.25e−05
	农业收入占比	−0.000 6	0.021 0	0.003 3	0.015 9
	承包地面积	0.348	0.341	−0.354	0.428
	承包地质量	−0.315	0.461	0.180	0.411
	农地经营面积	−0.189	0.262	0.155	0.367
	常量	−17.67***	5.954	−3.370	3.892
模型检验		Prob > chi2 = 0.000 0		Prob > chi2 = 0.090 8	
		Pseudo R^2 = 0.786 0		Pseudo R^2 = 0.238 2	
		Log likelihood =−27.057 134		Log likelihood =−38.291 954	
Observations		263		101	

注：*** $p<0.01$，** $p<0.05$，* $p<0.1$。

根据表2-8计量结果分析如下：

（1）代表人地客观依赖关系的三个指标都不显著影响新生代农民的禀赋效应存在性。但是，其中的土地保障指标显著正向影响老一代农民禀赋效应的存在性。表明人地客观依赖关系测度指标中仅土地保障指标对禀赋效应的影响存在代际差异。导致这一现象的原因在于：老一代农民更依赖于土地保障。一方面，老一代农民受文化背景差异的心理文化影响，很难融入城市，不愿离开土地进城务工；另一方面，老一代农民的受教育程度低，知识和技能难以达到城市非农就业门槛的要求，被迫从事农业耕作，依赖土地保障。而且，由于年龄的原因，老一代农民对医疗和养老保障的需求远大于新生代农民。因此，老一代农民更在意土地为其提供的保障功能，更倾向于抬高农地的流转要价，促进禀赋效应的产生。

（2）代表人地情感依赖关系的三个指标均不显著影响新生代农民的禀

赋效应存在性，但均显著影响老一代农民的禀赋效应存在性。原因可能在于：老一代农民对土地的情感依赖普遍高于新生代农民，因为他们成长于中国农村变革时期，土地承包到户激发了他们对土地的热情，进一步加深了对土地的感情（Peck J. and Shu，2009）。因此，在农地流转过程中，老一代农民会在农地生产要素价值上叠加更多的情感价值，而新生代农民则更倾向于将农地流转视为纯粹的经济交易，从而对禀赋效应产生不同的影响。由此，验证了假说 H_6。

（3）代表人地权利关系的指标确权状态显著负向影响新生代农民的禀赋效应存在性，但不显著影响老一代农民的禀赋效应存在性。这表明：新生代农民的产权认知和意识都比老一代农民强，由新一轮农地确权带来的地权强度变化，更易被新一代农民感知，这会强化其对流转收益预期的稳定性，减弱其损失规避心理和禀赋效应存在性。由此，验证了假说 H_7。

3. 土地禀赋效应的代际差异显著性检验：方差分析。 单因素方差分析检验结果如表 2-9 所示，bartlett 的 P 值为 0.751，这表明不能拒绝同方差的假定。老一代农民的禀赋效应存在性平均数等于 0.81，新生代农民的禀赋效应存在性的平均数等于 0.20，两代农民禀赋效应存在性的均值的差值为 0.61，统计上显著地不为 0 成立（$p=0.000<0.01$），所以拒绝新老两代农民禀赋效应存在性平均数相等的原假设。也就是说，两代农民禀赋效应存在性存在显著差异，且老一代农民存在禀赋效应的概率更高。由此，验证了假说 H_8。

表 2-9　农地流转中禀赋效应代际差异的方差检验结果

变　　量	老一代农民	新生代农民	F 检验	显著性
禀赋效应存在性	0.81	0.20	179.10	0.000 0

五、进一步的讨论

农地流转滞后是阻碍我国农业规模化经营的主要因素。但是，已有关于农地流转滞后原因的研究中，大多将土地视为一般交易物，忽视了农民个体的心理因素。即使有研究从行为经济学角度出发，考察农民农地流转中的禀赋效应，也是将研究对象设定为农户，并且忽视农民个体的代际分化事实。因此，本节从农民个体角度，探究农地流转中禀赋效应及其影响因素的代际差异，研究结论及其启示在于：

（1）在影响因素方面：①人地依赖关系中，客观依赖维度的土地保障指标显著正向影响农民禀赋效应存在性，而就业、收入两个指标均不显著；情感依赖维度的所有指标均显著正向影响禀赋效应的存在性，且情感依赖关系对客观依赖关系与禀赋效应存在性之间的关系起到了部分中介作用。这表明，情感依赖关系是禀赋效应存在性的重要根源，必须重视农地流转中农民的社会心理问题及对其行为诱导；从客观依赖的影响角度看，重点在于提高农民的社会保障水平，进一步完善农村社会保障体系建设，由此替代土地保障需求。②人地权利关系显著负向影响农民禀赋效应存在性。这表明：农地确权会通过稳定农民对农地流转收益的预期，降低禀赋效应的存在性，进而推进农地流转市场的发育。但需要指出的是：人地权利关系强度必须被农民所感知才能影响禀赋效应的存在性，因此加大确权工作的宣传力度，由此强化农民的权利感知是必要的。

（2）从代际差异看：一是新生代农民禀赋效应存在的可能性较低，这表明：农民农地流转中的禀赋效应会随着新老两代农民的更替而弱化，因此禀赋效应是阻碍农地流转市场发育的短期性问题，不会构成长期的障碍作用。二是在影响因素方面也存在一定的代际差异。情感依赖维度的三个指标、客观依赖维度的土地保障指标正向影响老一代农民的禀赋效应存在性，但客观依赖、情感依赖维度的所有指标对新生代农民均无显著影响；农地确权对老一代农民无显著影响，但显著负向影响新生代农民禀赋效应。这表明要减弱禀赋效应对目前农地流转市场的抑制作用，需依据影响因素的代际差异性采取针对性的干预措施。

第三节　农地流转的契约不完全与“空合约”

一、不完全合约与农地流转契约

产权与契约问题是现代经济学的重要前沿领域。奥利弗·哈特（Oliver Hart）因在不完全契约理论方面做出的杰出贡献而荣获2016年度诺贝尔经济学奖。

关于契约的不完全性，Hart & Moore（1988）的解释是：①世界充满不确定性，无法将未来的不确定性写进契约；②即使能够预料到未来的某些情形，但难以用双方一致同意的语言表达；③即使能够用文字表达，但第三方无法识别其"原本"含义，因而难以"裁决"。Barzel（1989）提出不完全契约所导致的"公共领域"，易于引发机会主义行为。那么，如何解决契约的不完全问题？Williamson（1979，1985）开出的药方是实行"一体化"，即通过与交易费用匹配的治理结构来降低交易费用，并减少机会主义行为。但是 Hart（1995）发现，"一体化"并不能消除事后的机会主义行为。于是，Grossman & Hart（1986）提出了"剩余控制权"的概念——由于契约的不完全，导致契约中除了可以事前规定的具体权利外，还有很多权利是无法事前明确规定的，因而在所有权的基础上，还存在着一定的外部选择权，即剩余控制权。Hart & Moore（1990）进一步认为应该将"剩余的"权利赋予有利于创造更多"合作剩余"的那一方，以此实现次优条件下能够最大化总剩余的最佳所有权结构。

这显然是科斯逻辑的延伸。科斯定理的核心思想是，在交易费用为零的背景下，产权是不重要的，因为权利的任意配置可以无成本地得到直接相关产权主体有效率的纠正。但在交易费用为正的情景下，不同的产权界定方式会导致不同的效果。那么，如何界定产权？不同的产权主体使用同一资源的效率是有差异的，因此科斯（1998）认为产权应该界定给更有能力或者更有利于降低交易费用的人，这样总福利才会最大化。所以科斯的核心思想就是：关于稀缺要素的产权应该赋予或界定给更有能力的主体。这样，交易以及交易成本才可能由此节省，甚至省去，这就是他所关注的"生产的制度结构"。类似的逻辑是，如果契约是完全的，机制设计理论就总能设计出最优契约，使得在任何产权配置下都能够执行这个最优的契约，由此产权如何分配就成为了无关紧要的问题。在契约不完全的情形下，将剩余控制权（即契约中没有明确的控制资产的权利）和剩余收入权（即分享利润和承担损失的权利）放在同一方手中，是有效率的。哈特（1998）更为关注剩余控制权的分配，认为那些没有被界定的权利应该赋予缔约方中更有能力的人——在哈特看来，谁是所有者，谁就有对财产的控制权，也就有动力去解决契约不完全时的激励问题。可见，哈特的不完全契约理论与科斯的产权理论是一脉相承的。如果说科斯使人们看到了一个"正交易成本"的真实世界，那么哈特则进一步将人们引入到"不完全契约"的现实情景。

上述逻辑或许存在问题。在科斯的逻辑中，产权交易是有成本的，用什么办法可以规避交易成本呢？就是通过重新界定产权。产权界定给谁呢？科斯强调要界定给有能力的人或者有助于降低交易费用的主体。但问题在于谁是这样的主体？难道更有能力产权主体的发现过程就是免费的？科斯没有告知答案。科斯一方面批评了"市场交易费用为零"，但另一方面又假定了"主体能力的识别成本为零"与"界定成本为零"。

不完全契约理论关注于两个方面的研究，一是契约不完全的理论基础，二是剩余控制权的产权配置问题。对于前者，哈特的理论依然受到不同程度的质疑。一个重要的方面是关于为什么契约是不完全的。其中，Maskin & Tirole（1997）论证了"第三者不能验证"不能成为契约不完全的原因。对于后者，哈特本人也认为，关于剩余控制权的分配问题，不能适用于中国国有企业的复杂情形。即使是关于所有权与控制权的分离，哈特也没有提供完整的理论基础。在哈特的逻辑中，通过将交易成本转化为不完全契约，强调不完全契约中那些没有被界定的权利应该赋予缔约方中更有能力的人。由此引发的问题是：第一，谁是这样的人？哈特的回答是，在多数情形下只能是资产的所有者。这显然将问题绝对化了。典型的例子是，在强制式的奴隶制度中，尽管奴隶是其主人的私产，依然能够在劳动产品上获得一定程度的自主权。Barzel（1989）注意到，由于农业劳动的不可控制与监督，必然导致奴隶主对奴隶拥有的所有权不可能得到充分界定，奴隶就能够借此占得一些未被界定的支配他们自己的权利。第二，假定能够将剩余控制权界定给缔约中的某一方，不完全契约似乎就变成了完全契约。这无疑是一个悖论。

观察中国农地流转的租约安排，或许有助于对哈特不完全契约理论的认识与深化。

第一，农户的农地出租是农地流转的主要方式①。可以设想这样的情

---

① 2014 年底，全国家庭承包耕地流转总面积达到 4.03 亿亩，但以转包和出租方式流转的比重高达 79.72%。资料来源：农业部农村经济体制与经营管理司编：《2014 年全国农村经营管理统计资料》，2015 年 5 月。

景：农户 A 外出务工，考虑到撂荒会明显损害农地的质量与价值，因而将农地经营权转租给 B 是恰当的，因为租赁不仅可以获得租金，而且能够维护农地的可耕作性。关键是对农地的控制权，事实上落在了 B 的手上。由于农地质量难以度量考核，更不能明确写入契约条款，农户 A 显然不可避免会担心承租者 B 会过度耗费地力。在家庭承包经营制度下，作为村集体成员的 A 对于农地的承包权具有"垄断"地位，因而对农地拥有终极控制权。A 为了保证自己的权利，更可能不签订正式契约，或者不确定期限，以便于随时返乡后收回农地（退出威胁）。可见，农地出租的一般情形是：终极控制权属于 A，现场控制权属于 B，在固定租金的前提下，剩余索取权属于 B。因此，哈特关注于剩余控制权在不同缔约主体之间的分配问题，而没有考虑到剩余控制权的不同维度及其结构性问题。

第二，本课题组邹宝玲、罗必良（2016）的前期研究表明，一方面，农地租约的完全性程度与租约期限的长短紧密关联。契约条款越完备，农户越可能签订长期租约。但另一方面，更为普遍的事实是，农地租约不仅存在明显的不完全问题，而且表现为明显的短期化，并呈现"简单化"而加剧不完全性的现象。不仅如此，我们还能够进一步观察到"空合约"现象。由此表明，在农地租约中，不仅存在剩余控制权界定不清或缺乏有效配置的问题，而且还存在"放大"契约不完全性的特殊现象。耐人寻味的是，这些事实并未影响到农地租约市场的扩大。

上述两个方面是相互关联的。本节试图从经验事实出发，讨论人们为什么要签订不完全契约，并揭示从"关系契约"走向"空合约"的可能性机理。本节的理论贡献是，应对不完全契约问题，除了哈特给出的"剩余控制权的产权配置"方案外，利用关系治理与声誉机制而降低缔约的重要性，也是节省不完全契约所隐含交易成本的重要路径。

二、基本概念与逻辑推论

（一）概念界定

为便于阐述，我们对几个基本概念进行梳理。

1. 不完全契约。关于不完全契约，至今尚未形成一个确切的、唯一的定义。Tirole（1999）曾将它定义为：在一个给定模型中对可行契约的集合施加的特定限制。契约不完全通常可以作两种理解：一种是责任、义务的不完全或不明确，另一种是无法充分缔结状态依赖的合同。相应地，在长期、不确定情况下的完全契约是指能够将合同结果依赖于所实现自然状态的合同，或者包括通过某种机制实现状态依赖结果的契约。从便于行文，我们将第三方不可证实或者在自然状态实现后通过再谈判来解决权利与责任问题，视为不完全契约的重要特征。

2. 关系契约。关系契约与不完全契约紧密关联。由于契约条款的无法证实性、未来状况的不确定性与自然状况的难以描述性，交易双方只能满足于签订一个具有灵活性和适宜性的不完全的契约。因而契约安排在很多情形下是关系型契约与不完全的正式契约同时匹配的。完全契约理论往往高估了静态最优问题的重要性，而现实世界中的交易双方为了追求其关系目标愿意承担大量的明显的静态无效率，关系交易使得人们可能放弃短期效用最大的追求而通过维持长期关系取得整体动态利益最大。Macneil（1974）认为关系契约依赖于自我履约机制，关系契约中包含着很强的人格化因素，双方在长期合作中出现的问题都可以通过合作和其他补偿性技术来处理，因而是降低不完全契约治理成本的重要机制，并成为社会交换行为的主导方式。本节将关系契约视为节省不完全契约治理成本的重要机制。

3. 口头契约。口头契约是指缔约当事人不用文字表达契约内容、而以口头意思表示方式达成的协议。传统契约理论认为，口头契约是一种古老和初级的契约形式，其不完全程度超过了书面契约。书面契约与口头契约相比具有正规化、可视化、保障性高等优点；口头契约具有不可观察性、隐秘性和不确定性等特质。

如果将不完全契约与关系契约视为一个契约集，那么口头契约及其语境就可视为对前者的替代①。口头契约之所以存在，一方面源于关系契约，而重复性的交易关系能够保证关系契约的约束力；另一方面则是对不完全契约的缔约成本与执行成本的节省。

---

① 研究表明，在法律关系不健全时，关系合约可替代正式合约。同样可以认为，口头合约也能够成为对关系合约与不完全合约构成的合约集的替代。

4. 空合约。 在"口头契约"中，如果交易双方达成交易的契约，其内容不仅没有任何文字的表达，甚至也不存在任何的语言意思表达，我们将这类没有规定任何具体交易条款的契约，称之为"空合约"（noncontingent contract）。Granovetter（1973）认为在熟人社会与相互依存的社会网络中，其关系强度反映了人与人之间的交往频率、互惠与彼此义务的认可度及可信赖性，基于社会关系资本而形成的信任是保障合作自我执行的最有效的机制。因此，空合约一定存在于相互依存并具有未来合作价值的自然状态之中，是对"口头契约"缔约成本以及可能带来的摩擦成本的进一步节省。

（二）逻辑推论

哈特（2011）等有关契约理论的研究，大多数是以当事人缔约一种帕累托最优的长期契约作为假设前提的（即"参照点"）。从契约的签订来看，一项合意的、稳定的契约，显然对缔约双方而言是一个均衡。在自由缔约条件下，一个均衡契约，能够使交易双方达到帕累托最优，即只要做任何调整与改变，就会导致福利损失，因而他们没有理由中断这类交易。因此，一项均衡的契约，应该是一项长期的契约。有关契约的主流文献也论证了长期契约优于短期契约。譬如，Cheung（1970）主张一个相对较长的租约期限能够减少附着于土地的资产的转让（交易）成本，并降低信息不完全下转让产权的预期成本；而 Masten & Crocker（1985）则认为契约的期限越长，则意味着交易的可持续性，越能够促进关联专业性资产的投资，等等。Williamson（1985）也曾基于一个非正式模型做出判断：交易的专用性越高、不确定性越大、交易频率相对越高，契约期限就越长，长期契约比短期契约的治理效应就会更为明显。

既然是长期可执行的稳定的契约，也就意味着契约的相对"完全"。在一个相对长的时间里，可以将交易视为一种重复性的正和博弈，当然这并不排除缔约双方对前期契约进行内容上的修正与补充。因此，可提出以下推论：

推论1：可实施的长期契约应该是近乎均衡的契约。

然而，现实情形是不完全契约与短期契约普遍存在。Mises（1949）早就注意到，缔约期限的长短能够代表不同的契约关系，并影响缔约双方的行为，进而产生不同的交易效果。Hart & Moore（2008）指出，精细的契约是刚性的，有利于遏制双方的投机行为，但会导致事后灵活性的丧失；相反，粗糙的契约会带来投机行为，从而损失当事人的利益。因此，最佳的契约形式是在保护权利感受的刚性与促进事后效率的灵活性之间进行权衡。

问题是，一项不完全契约必然包含着机会主义的行为空间，从而可能诱导道德风险与逆向选择。进一步地，如果将不断续约所表达的长期契约，视为多个短期契约，或者将行为主体的交易活动视为一系列的缔约活动，那么，前期的契约选择是否会对后期的缔约行为产生影响呢？这显然是主流契约理论尚未重视的问题（2014）。

推论2：一个不完全的短期契约可能会诱导更为短期的契约。

在不完全与机会主义背景下，契约期限的选择一定存在类似于信息不对称条件下产品市场中的"逆向选择"，从而导致短期契约"驱逐"长期契约的"柠檬市场"趋势。从长期来说，交易应该停止或者消失（或者说"契约期限"为零）。但事实不是这样——即使是不完全的契约，依然能够存在可持续的交易；即使短期契约普遍存在，机会主义行为也并未泛滥成灾。因此，可以推断：一定存在另外一套"约定"发挥着有效作用。曹正汉和罗必良（2003）曾经证明：一套低效率的制度之所以能够长期延续，一定有一套高效率的制度相匹配。

推论3：维护一个低效率契约的存在，一定伴随着一个高效率的契约。

由此可以认为不完全契约的未来演变至少存在三种可能性：①因为逆向选择，不完全契约会导致交易中断（回归"零契约"状态）；②通过对剩余控制权的产权配置，保障契约的执行（对不完全契约的治理）；③通过一套关联治理机制的运行，降低契约的复杂性，从"不完全契约"转向"口头契约"甚至"空合约"。

三、农地租约"短期化"倾向

我们以农地租约为例，论证前期的契约选择不仅会影响后期的契约选择，而且有不断加剧的"短期化"倾向，即存在短期契约"驱逐"长期契约的"柠檬市场"趋势。

（一）分析维度

为了保证研究的一致性，我们设定：①在农户自主流转与自愿缔约的前提下，考察农户农地转出租约期限及其意愿；②将农户分为两个类型：一是已经发生农地转出行为的农户，二是尚未发生转出行为的农户。

尽管农户关于农地转出的预期涉及诸多因素，但是，未转出农地农户的事前认知与有转出行为农户的经验认知显然存在差异。一方面，Mises（1949）注意到人的行动是有目的性的行为，他会有意识地运用各种手段去实现预定目标，从而隐含着行为、时间和意愿的不确定性；另一方面，Simon（1997）认为人们的行为选择在很大程度上取决于人们对所处环境的感知和描述，取决于其所拥有或获得的信息如何影响行为选择所涉及的变量。因此，可以推断，在农地流转过程中，一个已经参与过农地流转的农户，相对于一个尚未参与流转的农户来说，在再次重新缔约的选择中应该具有相对完备的缔约经验与知识积累。一般来说，未转出过农地的农户只能依据描述信息情景来选择意愿期限，农地转出决策对其而言充满不确定性，往往容易高估小概率事件；而转出过农地的农户则处于经验信息情景中，则有低估小概率事件的倾向。为便于比较，可对农户做相应的分类：将尚未发生转出行为的农户称为"先验农户"，其流转意愿则称之为"先验意愿"；将已经发生农地转出行为的农户称为"经验农户"，其流转意愿则称之为"事后意愿"。

（二）"先验农户"与"经验农户"的比较

本课题组 2015 年年初通过分层聚类方法对农户进行抽样问卷调查，分别抽取了 9 个省份（包括东部的辽宁、江苏和广东，中部的山西、河南和江西，西部的宁夏、四川和贵州），在每个省份分别抽取了 6 个县域（合计 54 个），每个县按经济发展水平分别随机抽取 4 个乡镇（其中广东、江西为 10 个乡镇），每个乡镇选择一个代表性的村庄，每个村庄按照农户收入水平分组随机挑选 10 个农户，共发放问卷 2 880 份。在回收的 2 838 份问卷中，有效问卷为 2 704 份，有效率为 95.28％。在 2 704 个样本农户中，转出过农地的经验农户样本为 614 个，流转契约亦为 614 份（每个农户选取最主要的契约形式）。其契约期限选择如表 2-10 所示。

表 2 - 10 "先验农户"与"经验农户"的契约期限对比

契约期限	先验农户的意愿期限（$N=2\,090$）		经验农户的实际期限（$N=614$）	
	样本数（份）	占比（%）	样本数（份）	占比（%）
期限不确定	812	38.85	225	36.64
≤3 年	785	37.56	158	25.73
3～5 年	200	9.60	77	12.54
＞5 年	293	14.02	154	25.08
合计	2 090	100.00	614	100.00

表 2 - 10 说明：①在实际租约中，期限不确定具有普遍性，占比高达 36.64%；②在所有的农户中，租约期限具有显著的"短期"特征；③与"经验农户"相比，"先验农户"的租约期限选择短期现象更为明显。总体而言，农户倾向于选择短期租约。

（三）"经验农户"的实际与意愿期限：短期化

进一步考察"经验农户"农地租约的实际期限与"事后意愿"期限（表 2 - 11）。

表 2 - 11 "经验农户"的契约期限选择比较（$N=614$）

契约期限	实际期限		事后意愿期限	
	样本数（份）	占比（%）	样本数（份）	占比（%）
期限不确定	225	36.64	234	38.11
≤3 年	158	25.73	160	26.06
3～5 年	77	12.54	79	12.87
＞5 年	154	25.08	141	22.96
合计	614	100.00	614	100.00

表 2 - 11 显示：①在经验农户的事后意愿中，租约期限有进一步短期化的趋势，具体表现为租约期限为 5 年以内的比例增加，而 5 年以上的租约比重减少；②事后意愿中期限不确定的样本比例增加，并接近于事前农户的水平。

在契约理论中，缔约决策的重点不仅在于是否签订契约，更关键的还在于契约的时间持续性问题。一个期限不确定的契约将比一个期限明确的短期契约，隐含着更为强烈的不稳定性预期。据此，可以判断农户农地流转"事后意愿"的"短期化"特征将更为显著。这意味着，农地租约期限存在类似于信息不对称条件下产品市场中的"逆向选择"，从而导致短期契约"驱逐"长期契约的趋势。

（四）一个相伴而生的现象

第一，基于逻辑推论1，农户在农地流转中选择越发短期的契约，难道农户是非理性的吗？显然不是。因为土地承租者可能会利用土地质量信息的不可观察性与不可考核性，采用过度利用的掠夺性经营行为。为了降低这种风险，农户可能倾向于签订短期租约，或者即使签订长期契约亦有可能利用其终极控制权而随时中断契约的实施。Klein 等（1978）发现由于契约的短期性以及预期不足，土地承租者为了避免投资锁定与套牢，一般会尽量减少专用性投资、更多种植经营周期较短的农作物，从而加剧短期行为。由此诱发土地租赁的"柠檬市场"，即租约期限越短，租用者的行为将越发短期化；行为越短期化，租约期限将越短。

第二，基于逻辑推论2，随着时间的推移，农地租约市场是否会逐步消失？现实亦并非如此。农业部的数据显示[①]，全国家庭承包耕地的流转率，2011 年为 17.84％，2012 年为 21.24％，2013 年为 25.70％，2014 年为 31.36％，总体呈现快速提升的态势。

可见，农地租约期限的短期化，并未导致农地租约市场的消失，相反的是农地流转交易的发生率却不断提高。其中，一个值得关注的伴生现象是："期限不确定"即不申明期限的缔约意愿——关于期限的"空合约"的比例在提升。

四、农地租约中的"空合约"现象

如前所述，"空合约"指的是交易双方进行交易，却并未订立任何具体条款的合约（即"尽在不言中"）。可以推断，在乡土社会中，一个不完

---

① 农业部农村经济体制与经营管理司编：《2014 年全国农村经营管理统计资料》，2015 年 5 月。

全合约，通常就是"约定条款"（及相应的控制权配置）、关系合约以及"空条款"的混合体。各交易方的契约选择，不仅单纯着眼于对当前情景的可缔约性及其缔约能力，更关键的是规避契约执行过程中的再次谈判，从而节省对付未来难以预期的不确定状态的交易成本。按照 Hart & Moore（1999）所主张的，不完全合约是缔约者共同的理性选择；同样，一个没有任何具体内容约定的"空合约"，也是理性选择的结果。

（一）农地租约中的"空合约"

在农地流转中，不仅存在正式的书面合约，也存在无法通过第三方证实的口头合约，同时也普遍存在没有任何约定的"空合约"。由表 2 - 12 可以发现，农地租约中的口头合约与空合约等非正式合约，在全部 614 个样本中的占比高达 54.07%。

表 2 - 12　农地租约中的合约类型（N=614）

合约类型	书面合约	口头合约	空合约	合计
份数	282	160	172	614
比重（%）	45.93	26.06	28.01	100.00

空合约不仅表现为不签订任何形式的合约，而且还可以进一步表现为关于重要产权内容约定的缺位。在农地流转中，有关租赁期限与租金的条款，是重要的缔约内容，但由表 2 - 13 可以看出，在口头合约中，约定期限、未约定租金的合约占比为 11.88%，约定租金、未约定期限的合约占比为 20.62%，期限与租金均无约定的合约占比则为 16.25%。即使是正式的书面合约，约定租金、未约定期限的合约占比依然达到 13.82%（表 2 - 13）。

表 2 - 13　农地转出租约的分类统计

合约类型	书面合约		口头合约	
	份数	比重	份数	比重
期限与租金均有约定	227	80.50	82	51.25
约定期限、未约定租金	9	3.19	19	11.88
约定租金、未约定期限	39	13.83	33	20.62
期限与租金均无约定	7	2.48	26	16.25
合计	282	100.00	160	100.00

可见：①即使是正式的书面合约，也存在着合约的不完全性；②口头合约无疑也是普遍存在的现象；③无任何权利界定的"空合约"，亦是广泛存在的现象。

（二）对"空合约"的解释

1. 关系的嵌入型与封闭性。罗必良（2011）发现，中国乡土社会存在两个基本的特征：一是法律的不完全，二是土地使用规则的不确定性，从而使得农地产权存在明显的产权模糊性。问题是，土地交易关系仅仅是社会交互关系的一个方面，不可避免相嵌于复杂的关系网络之中，并进一步带来社区锁定效应。由此，关系嵌入性与封闭性会导致"空合约"的形成。按照 Hadfield（1990）所述，并不需要法院根据看见的条款来执行，而是代之以合作和威胁、交流与策略这样一种特殊的平衡机制。Segal（1999）引入状态复杂性，证明了现实中人们更愿意签订简单的不完全合约，其最优的合约即为空合约。

农地租赁市场总是并存着市场化交易和非市场化交易，且乡土社会背景下特殊的人地关系与交易关系对农地流转缔约对象选择的影响尤其值得重视。Gao et al.（2014）研究发现，农地租赁主要发生于亲戚、朋友、邻居等熟人之间。叶剑平等（2010）对中国 17 省区的调查表明，2008 年农户转出农地中，高达 79.2%转给了同村亲戚或其他村民，但农户转入土地却有 87.2%来自于同村亲戚或其他村民。进一步观察前述 614 个样本的农地租约，其缔约对象主要是亲友邻居与普通农户（占 88.48%），即缔约大部分发生于"村落里的熟人"之间，并呈现出依亲缘、地缘、业缘而依次下降的差序格局（表 2－14）。

表 2－14　农地流转对象分布（N＝614）

流转对象	亲友邻居	普通农户	农业企业	合作社	村集体	合计
合约份数（份）	204	327	18	13	52	442
比重（%）	33.22	55.26	2.93	2.12	8.47	100.00

Williamson（1985）重点强调了关系合约的不稳定性问题，但却忽视了乡土社会背景下农户与土地之间的特殊关系，忽视了关系嵌入性及其退出成本。交易费用范式关注了资产专用性、交易频率、不确定性等因素对

交易费用的影响。应该说，这一范式隐含着两个重要的假定：第一，产权主体对其拥有的产权客体是"冷酷无情"的。一方面，产权主体对物品（或者产权属性）潜在价值的发现仅仅依据其排他能力与处置能力所决定的产权租金；另一方面，产权主体只对物品市场价格做出反应（持有或者买卖）。该范式没有考虑到人与人、人与物之间的情感性关系及其禀赋效应问题。第二，产权主体与产权客体具有良好的可分性。该范式没有关注身份性与人格化财产问题。

在社会保障不健全和外出务工不稳定的情况下，农户生存保障离不开对土地和亲友邻居的依赖。邹宝玲和罗必良（2016）研究发现，土地并非一般商品。一方面，农户对土地的依赖性使得土地保障功能属性与农地流转缔约对象选择紧密联系在一起，从而意味着农户农地流转具有收益最大化和风险最小化的双重决策目标，村庄社会成为重要的生存风险规避机制；另一方面，特殊的人地关系引发了特殊的交易关系，土地可以作为连接社区和加强熟人间社会关系的工具，从而意味着农地流转并非简单的经济利益权衡，并表达为社会关系网络的投资和积累。

因此，熟人间的农地流转，不仅使得农户能够灵活地进入和退出农地流转市场，从而保持合约的灵活性，而且能够获取更多的保障资源，同时降低农地流转的风险。乡土社会信任和声誉机制以及由此形成的关系网络，能够降低农地流转中的事前、事中和事后的交易费用，从而确保合约的稳定性。进一步地，Kranton（1996）注意到发生在熟人、亲友之间的互惠交易实际上也是一种自我加强的均衡。因此，"空合约"是对"关系合约"进而对"口头合约"在维护相互依存性、规避生存风险、节省交易费用与治理成本并改善竞争性等方面的进一步超越，是更为"精致"的缔约选择的体现①。

---

① 补充一个关于婚约的案例。据说，信奉天主教的爱尔兰禁止离婚，但结婚可以设定从1年到100年不等的期限，结婚证书工本费随结婚期限不同而有差异。一年期的费用为2 000英镑，相应的婚约（结婚证书）则分为12编，365章，21 900款，厚如两本《辞海》，详细地规定了双方的权利义务，以及不履行或不完全履行义务所应承担的责任，几乎是"完全合约"。而100年期结婚证的工本费仅为0.5英镑，结婚证书只是一页粉红色纸片。上面写着都柏林首席法官的几句赠言："我不知道我的左手对右手、右腿对左腿、左眼对右眼、右脑对左脑究竟应该享有怎样的权利，究竟应该承担怎样的义务。其实它们本就是一个整体，因彼此的存在而存在，……"这无疑就是一纸"空合约"。参见张贤：《在爱尔兰结婚》，《视野》2007年第22期。

2. 履约特征及其声誉机制。 Telsel（1980）将合约的自我履约定义为合约的实施与完成不依赖于第三方强制，而是私人的履约成本。而克莱因（1998）进一步分析，一项合约能够自我履约，往往是因为能够满足一些执行条件：①租金流的存在而形成的违约成本；②频繁交易；③自我履约的范围是明确的；④因违约而遭遇损害的一方有能力终止合约；⑤交易含有专用性投资与声誉资本。梅纳德（2002）认为合约自我履约需要稳定而简约的实施机制，并在频繁的交易中实现缔约方的信息对称，而且违约方很容易遭遇合约被终止的惩罚。

因此，对于没有任何具体条款约束的"空合约"，其可执行的重要机制就在于承诺、信任与声誉。福山（1998）将中国乡土社会信任关系的基础归结为家族主义，即社会成员之间的信任源于宗教、传统、历史、习惯等文化共性。韦伯（2004）进一步将中国社会的信任关系大体分为两种，一是在血缘性社区的基础上所形成的对圈内人的"特殊的信任"，二是在共同信仰的基础上所形成的类亲缘关系的"普通的信任"。Granovetter（1973）认为社会信任的增强得益于人与人之间的交往频率、互惠与彼此义务的认可度以及可信赖程度的增加。Kreps & Wilson（1982）观察到当交易不是一次性时，缔约方为了维持交易的可持续性，进而能够得到长期收益，会在多次的交易中建立自己的声誉。Kranton（1996）认为承诺的能力实际上也反映了可被信任的程度，并通过声誉机制来表达。Halonen - Akatwijuka & Hart（2013）的研究也表明，信誉良好的私人信息在开始阶段尤为重要，并随着缔约关系的延续，合约会变得更加不完整。

"空合约"的自我执行，源于声誉机制的多重效应。洪名勇和钱龙（2015）认为多重效应包括声誉所表达的信号发送效应、身份甄别效应以及社会外溢效应。此外，两个方面的作用尤为重要：

（1）声誉是一种降低交易成本的激励机制。如果交易关系不是一次性的而是多次性的，即使没有显性激励契约，"时间"本身可能会解决问题，并通过博弈形成的"隐性激励机制"来缓解激励问题。隐性激励来源于这样一个事实：在显性激励远不充分的前提下，组织中为什么仍有一部分成员仍在努力工作？这涉及隐性激励的一个重要因素，即声誉激励。Fama（1980）认为，在合作交易中，即使没有显性激励约束，参与者也有积极性努力工作，因为这样做可以改进自己在竞争市场上的声誉，从而提高未来收益。因此，Sauermann（1978）明确指出，信誉与信任降低了"交易成本"。它表现在两个方面：第一，信誉是个人与其环境达到一致的一种节约交易费用的工具，它以"说真话"的形式出现，从而减少了信息搜集、信号显示、信息甄别、合约签订从而达成"合作"的信息费用与谈判费用。第二，信誉是保证合约实施的一种节约交易费用的工具，它以"做实事"的形式出现，从而减少了合约实施和行为监督从而完成合作的履约成本及考核成本。信誉能够修正个人行为，是因为现期的努力通过对产出的影响能够改进市场对能力的判断，因此任何弱化这个声誉效应的做法都会弱化事后的合作选择空间，从而修正、减少或克服合作行动中的机会主义行为。

（2）声誉是一种获取租金的激励机制。在 Kreps（1984）看来，"声誉"的建立并不需要要求双方保持长久的交易关系。只要有一方是长期存在的，而其他人又可以观察到它的商业行为，这就足以使"声誉"发挥作用。这时，任何人都可以与"长寿"的一方签订协约，表示接受"长寿"一方的权威指令。这对双方交易是有益的，而且另一方不必担心"长寿"一方会滥用权威，因为它会考虑到今后的声誉，而此时声誉已成为无形资产。信誉来自于何种激励？Akerlof（1970）著名的"柠檬市场"理论表明，如果卖者不能从向其声誉投资行为中得到好处，他就缺乏足够的动力向市场提供高质量的产品或服务。因此，结论是声誉投资可带来"声誉租金"。无疑，声誉租金一方面为其投资行为提供了动力与激励，同时也使竞争对手进入市场的难度加大，从而设置了进入障碍、限制了相应的竞争程度，同时也带来了退出威胁效应。因此，信誉租金在很大程度上可以看作是一种垄断利润。

五、进一步的讨论

Macaulay（1963）早就发现，在商业交换领域，即使存在争议也通常不援引契约或潜在的或实际的法律制裁而得以解决。他们不愿意谈起法律权利或威胁提起诉讼，因为他们不想被作为一个罪犯来对待。诉讼解决争议不仅可能使双方终止关系，而且还意味着背信弃义这种弦外之音。后来的文献也多次证明，如 Ghoshal & Moran（1996），Jap & Ganesan

（2000）等认为正式合同的存在本身就表明了不信任，而且 Wuyts & Gey-skens（2005）还发现正式合同可能导致交易渠道氛围趋于紧张。郭继（2009）认为，在中国的村庄社会，"斤斤计较"地选择合同形式会使村民普遍倚重的"人情链条"松弱甚或断裂，并由此失去赖以应付生活风险的屏障（人情网络）。这与传统村庄的族群（ethnic group）特性密切关联。族群村落由于其血缘共同体和本土文化，能够形成强烈的社会认同（Smith，1991），包括：①对血统和谱系的重视超过基于土地的认同；②在情感上有强大感召力和动员效果；③对本土的文化（语言、价值观、习俗和传统）的重视超过法律。

在乡土村庄，人们之间的交互关系是多样而复杂的，某一类交易总是与其他类交易关联、某类交易中的不同"交易维度"也是相互关联的，并且是相互"牵制"的。将某类交易、甚至是某个维度的交易"单独重新缔约"，无疑是对"共同秩序"的破坏。一方面，缔约意味着不信任，哪怕口头合约也意味着是对受邀人声誉的损伤；另一方面，一旦在某项事务上进行缔约，也意味着在其他方面也必须按合约"公事公办"，从而为了解决一个问题而引发更多的问题。因为在乡土社会的交互（交易）关系是通过"互欠机制"得以实现的，即费孝通（1991）所言："亲密社群既无法不欠人情，也最怕'算账'。'算账'、'清算'等于绝交之谓，因为如果相互不欠人情，也就无需往来了"。正式缔约显然是一种"算账"。

正式合约可实施的关键在于获得第三方证实。但在关联交易中，一个交易维度的关系稳定，依赖于众多其他交易规制（缄默规则）形成的协同治理。由此，交易成本可以定义为：合约的可执行性、或者第三方证实的可能性程度。如果存在相互关系的嵌入性，从而不需要第三方证实，那还需要签约吗？回答显然是否定的。

设想一种情景：假设两个陌生人，尚未发生交易，即初始状态处于"零"合约状态。如果两者间要进行一项交易，在第一轮交易选择签一份合约（a）。当然，这将是一份不完全合约。不可避免地，在合约执行过程中，那些没有界定的权利与责任会诱发纠纷，对此第三方又无法完全证实。那么，交易要么终止，要么因为个人的道德或公平与正义感、相互依存性以及由此诱发的承诺与信任，或者外部利益相关群体形成的社会认同与声誉机制——所构成的社会关系网络——使交易得以延续。这时，关系合约由此形成。Elfenbein & Zenger（2014）认为在交易存在道德风险情况下，关系资本对交易显得尤为有价值。

等到第二轮交易，交易双方将就已有的部分经验知识达成共识——为了降低缔约成本，只能将交易涉及的主要事项通过补充条款进行明确约定——签订补充合约，从而使得新的合约相比第一轮的合约更为完全（假定为 $a+b$）。罗必良（2011）认为，合约 $a+b$ 依然不可能完全，为了使交易得以延续，他们可能一方面通过关系交易来弥补合约的不完全性，另一方面则对新的共同知识签订新的补充合约——由此而形成"以合约匹配合约、以合约治理合约"的可持续执行机制。

以此类推可以设想：①在一个长期交往、不断地以合约治理合约的过程中，相互依存的交易双方会形成 $a+b+c+\cdots+n$ 的多重缔约，并形成"熟人"关系（村庄社区、同业群落、产业集群等）。这是一个双方可自我纠错的、可自我执行的履约过程。②重复交易所形成信任机制，使得合约条款会逐步转换为承诺，约定转换为"习俗"……a 首先成为惯例，进一步的交易，b 再次成为惯例……由此形成惯序。于是，合约演化为空合约（图 2-3）。

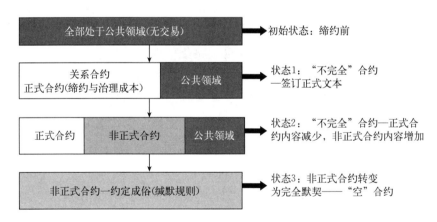

图 2-3　交易过程中的合约状态

因此，鉴于完全合约隐含的高昂缔约成本及其事后调整灵活性的丧失，选择一个不完全的合约无疑是交易双方理性的选择；而不完全合约所内含的公共领域及其租值耗散，以及所引发的剩余控制权的界定成本与能力竞争，必然形成相互的妥协、忍让与相容，关系合约由此成为重要的补充机制。关系合约最大的好处是能够通过信任和声誉保障来保障合约执行。关系合约的延伸与扩展，会逐步将原有的正式合约"惯例化"。关系合约则表达为口头合约或"君子协定"。既然是"君子协定"，当然不需要第三方证实或者强制执行，口头合约就没有必要了，"尽在不言中"，"空合约"由此产生。

"空合约"是长期正和博弈的结果，是合作延续时间的函数。可以猜想：从完全合约到不完全合约，再到"空合约"，可视为一个关于合约类型的演替过程（图2-4）。

图2-4 合约形式的演变

进一步考虑交易中的分离成本。如前所述，关于一项物品或一类事务的交易，往往不是独立的。一方面，该项交易通常与其他类型的交易相互关联，另一方面，即使是一类物品的交易也涉及多个有价值属性的交易。不仅如此，一旦交易的标的物是一种人格化产权，就意味着人与物品具有不可分离性，或者说分离的成本极高。由此，要清晰界定各交易方的权利与义务，就几乎是不可能的。所以，当缔约双方互相熟悉、交易持续稳定时，可能会出现一种情况：缔约双方及其"交易"存在不可分离性，这就类似于"情同手足"。可以将这种情况下的交易合约视为"空合约"，即"超越"完全合约的一种情形。因此，我们推测：产权主体与产权客体的不可分离性、交易主体的相互依存性（以及交易关系的多重性）、时间的延续性，将促使不完全合约向关系合约，进而向超越完全合约的空合约演替。鲁滨逊的世界是"零合约"，不完全竞争的世界是"不完全合约"（并呈现多样化），一个均衡的世界（完全竞争）则意味着完全合约，"空合约"则是一个充满包容性情感的超越完全合约的理想世界（图2-5）。

上述猜想隐含着广泛的现实意义。其中，随着城市化进程的加快，传统农村社会的解体、村落的衰退，村庄封闭性与稳定性的打破，以及传统乡土文化的稀释，加之外部力量的渗透与干预，中国存在的关系合约以及那些不言而喻的"空合约"将不断消亡。那么，是否要以及如何保护"乡土中国"的制度遗产？这是一个值得思考的问题。本节认为一味地推动农村组织的规范化与契约化，或许会将中国农村带到一个机会主义泛滥与交易成本不断放大的境地。

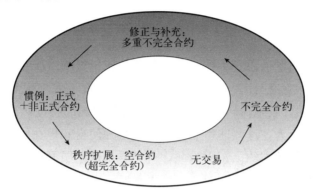

图 2-5 合约秩序扩展

值得注意的是，乡土社会广泛存在的关系型交易与空合约，在非正式制度安排下能够自我实施，这实际上表达了微观治理的效率基因与秩序扩展。这或许是个两难的选择：一方面要推进新农村建设与农业现代化，另一方面更需要保护农村村庄内生的基于关系信任而自发形成的交易秩序。而后者对于维护中国这样的人口大国的稳定性来说，意义尤为重要。

第三章　农地流转的缔约对象及其"差序格局"

差序格局用以描述乡土社会关系的亲疏所呈现的差序化特征，而在农地流转过程中，乡村社会关系的差序格局也导致了农地流转的"差序格局"。如前所述，农地流转内含着明显的关系型契约特性，表现出普遍的非市场化缔约行为。这些非市场化的缔约行为使得农户在面对不同的流转对象时签订不同的契约。正因为此，有必要从理论层面探讨差序格局对契约签订带来的影响。与此同时，一个更重要的问题在于，政府介入有可能使非市场化交易非人格化。本章则利用多个农户调查数据实证检验上述问题。

第一节　农地租约及其对象选择

一、分析的起点

农地租赁及其契约选择问题，一直以来是学界重视的前沿研究领域。已有文献主要关注于契约类型（如定额租约、分成契约）、契约期限（如短期契约、长期契约）(Cheung, 1969)、契约形式（如口头契约、书面契约）（Allen & Lueck, 1992）、契约治理机制（如关系治理、契约治理）（罗必良，2010）等，而较少关注缔约对象选择问题。不仅如此，虽然研究者注意到社会关系嵌入导致市场分割（Macours, 2014），但侧重于比较亲属与非亲属等不同缔约对象之间的市场差异性，比如分成制契约效率差异（Sadoulet et al., 1997）、租赁价格差异（Siles et al., 2000）、流转行为与规模差异（Holden & Ghebru, 2005）、契约形式差异（Noev, 2008）、农业产出差异（Jin & Deininger, 2009）、农地投资行为差异（郜亮亮、黄季焜，2011）等。在中国，由于农地经营权依附于农户的土地承包权,因此在农地流转中占主导地位的流转方式即为农地租赁。因此,深化对农户在农地租约中缔约对象选择及其机理的理解,特别是我国加快推进农地流转的现实背景下,尤具理论与实践意义。

事实上,农地租赁市场普遍存在着市场化交易和非市场化交易。一方面,在整体上,农地租赁主要发生于亲戚、朋友、邻居等熟人之间(Belay & Manig,2004;Gao et al.,2012)。对中国 17 省区的调查表明,2005 年农户转出的农地中,高达 87.6% 转给了同村亲戚或其他村民;2008 年这一比例为 79.2%,农户转入的土地有 87.2% 来自于同村亲戚或其他村民(叶剑平等,2006,2010)。另一方面,在区域上,农地租赁范围扩大,参与主体趋于多元化(Noev,2008)。根据江苏省农林厅统计资料,2007 年农地转出给种养大户和农业龙头企业的土地面积占比分别为 48.61% 和 26.71%(包宗顺等,2009)。

在解释土地租赁缔约对象选择问题时,Jin & Deininger(2009)认为,村集体限制农地流转范围,使得农地租赁范围受限于亲友邻居。其困难在于,即便村集体不限制农地流转去向,农地流转同样主要发生于熟人之间。Xu & Tao(2004)关注了土地保障功能的重要性,认为进城农民缺乏社会保障和面临潜在的失业风险使其不可能放弃土地,而仅仅是短期内将农地流转给亲戚朋友,但忽视了较低发育水平的农地流转市场存在着较高的交易费用。Siles 等(2000)、Macours 等(2004)则认为,信任和社会资本影响农地交易市场的缔约对象选择。研究者强调缔约双方的交易关系产生较低的交易费用(Sadoulet et al.,1997;Brandt et al.,2002;Tefera & Subaro,2013),但忽视了乡土社会背景下人地关系的严酷性。可见,已有文献虽然注意到土地保障功能的重要性,但着重于从交易费用的角度进行定性解释。

必须注意的是,乡土社会背景下特殊的人地关系与交易关系对农地流转缔约对象选择的影响尤其值得重视。过于强调交易关系的特殊性,可能忽略对人地关系的理解。因此,有必要将两者进行结合。一方面,土地并非一般商品,农户对土地的依赖性使得土地保障功能属性与农地流转缔约对象选择紧密联系在一起,从而意味着农户农地流转具有收益最大化和风险最小化的双重决策目标。另一方面,特殊的人地关系引发了特殊的交易关系,土地可以作为连接社区和加强熟人间社会关系的工具,从而意味着农地流转并非简单的经济利益权衡，也可能是社会关系网络的投资和积累。

本节从农户农地出租的角度，将承租的缔约主体分为"关系主体"（亲友邻居）与"社会主体"（包括普通农户、生产大户、农业合作社、农业企业），将由此形成的租赁契约分为"关系型契约"和"要素型契约"。一般而言，"关系型契约"面临契约不稳定性、缺乏治理规制而往往隐含着交易风险（Woldeamanuel & Kenee，2012），但为什么农户的农地流转依然选择"关系型契约"？对农民而言，土地并非一般商品，而是其身份、文化和社会关系的一部分（Robison et al.，2015），为什么农地流转会出现缔约主体多元化？鉴于此，本节试图构建"土地依赖—交易费用—农地流转收益—缔约对象选择"的理论框架，建立农地流转缔约对象选择的决策模型，并分别从契约类型选择和主体类型选择两个方面进行实证分析。

二、理论与假说

（一）情景分析：初始假定

1. 土地依赖与缔约类型选择。农户对土地的依赖程度反映在土地依附性、家庭保障水平和社会保障水平三个方面的差异。农户对土地和亲友邻居的依赖、家庭和社会保障水平是两种保证农户生存安全的替代机制，使得农户农地流转具有风险最小化和收益最大化的双重决策目标。农村社会保障不健全、外出务工面临失业风险，土地仍然承担着生存保障、失业保障和养老保障等功能（Xu & Tao，2004）。同时，亲友邻居间互惠关系成为农户寻求生存安全的替代方式，土地成为连接社区和加强熟人间社会关系的工具，从而强化了乡土社会的"差序格局"。因此，农户不敢轻易转出土地而倾向于选择"关系型契约"。

2. 交易费用与缔约对象选择。威廉姆森的交易费用范式关注了资产专用性、交易频率（规模）和不确定性对交易费用的影响（Williamson，1985）。农业资产专用性和固定性降低土地的可交易性，进而阻碍土地转出（张忠明、钱文荣，2014）。农地细碎化分散增加了交易频率，使得单位协商和契约实施成本较高，农户选择将农地转出给亲戚、朋友和同村村民（Dong，1996）。地权不稳定性限制了土地交易范围（Lanjouw & Levy，2002），进而影响缔约对象选择（Macours et al.，2004）。由于信息不对称性和不完全性，缔约主体可能存在的道德风险和事后机会主义行为同样影响缔约对象选择。

缔约双方的关系强度极大地影响交易性质，社会关系网络与土地流转中介组织是两种降低农地流转交易费用的替代机制。乡土社会背景下，村庄内部信息公开、对称，人情关系、信任和声誉机制、重复博弈约束农地缔约双方的行为。信任和社会资本影响缔约对象选择（Siles et al.，2000；Macours et al.，2004）。与非亲友间缔约相比，亲友间缔约的搜寻成本较低（Le，et al.，2013），容易商议和实施对缔约双方有利的合同条款（Otsuka & Hayami，1988），存在较少的监督成本、道德风险、事后机会主义行为和农地纠纷（Sadoulet et al.，1997；Crookes & Lyne，2001；Woldeamanuel & Kenee，2012；Le，et al.，2013）。因此，在农地市场发育水平低、土地流转中介组织不完善的情况下，信任与社会关系网络有助于降低农地流转的交易费用，进而促使农户选择"关系主体"。

3. 农地流转收益与缔约对象选择。从收益成本的角度，农户将农地流转给社会主体具有以下特点：在品种选择、种植成本、市场风险控制等方面具有明显优势（刘向南、吴群，2010）；流转租金较高，并且较为稳定（孔祥智、徐珍源，2010）；可以获取流转租金甚至是收益分红，同时成为雇工而获得就业机会（郝丽丽等，2015）。租金差异显著影响农地转出对象选择，市场化流转租金超过熟人间流转租金越多，农户倾向于将农地转出给"社会主体"（孔祥智、徐珍源，2010）。

（二）农户决策模型与假说

为了更直观地厘清农地流转缔约对象选择的决策机理，并为实证分析的变量选择提供依据，本节借鉴并拓展孔祥智和徐珍源（2010）的分析线索，提出以下假设：①假定某地块的保障价值为 U^0；②农户选择"关系型契约"的交易费用为 TC_1，选择"要素型契约"的交易费用为 TC_2。一般而言，$0 \leqslant TC_1 \leqslant TC_2 \leqslant 1$；③农户第 i 年收回农地的概率 P_i，$0 \leqslant P_i \leqslant 1$。当转出户要收回农地时，缔约双方可能发生纠纷，转出户获得的土地保障价值为 $P_i U^0$ 乘以一个小于 1 的系数（$1 - TC_1$）和（$1 - TC_2$），即转出户与不同缔约对象的交易效率；④农户选择"关系型契约"的农地流转收益

为 π_1，选择"要素型契约"的农地流转收益为 π_2。一般而言，$\pi_2 \geqslant 1$；⑤为简化处理，假定跨期贴现因子为 1；⑥交易费用的决定因素遵循威廉姆森的分析范式（由资产专用性、交易频率、不确定性表达）。

因此，农地流转缔约对象选择的决策为：

第一种情形：农户选择"关系型契约"，则 n 年内其期望收益为：

$$E_l = \pi_l + [P_2 U_0 (1 - TC_l) + (1 - P_2)\pi_l] + L + [P_n U_0 (1 - TC_l) + (1 - P_n)\pi_l] \tag{3-1}$$

即

$$E_l = n\pi_l + [(1 - TC_l)U_0 - \pi_l]\sum_{i=2}^{n} P_i \tag{3-2}$$

第二种情形：农户选择"要素型合约"，则 n 年内其期望收益为：

$$E_h = \pi_h + [P_2 U_0 (1 - TC_h) + (1 - P_2)\pi_h] + L + [P_n U_0 (1 - TC_h) + (1 - P_n)\pi_h] \tag{3-3}$$

即

$$E_h = n\pi_h + [(1 - TC_h)U_0 - \pi_h]\sum_{i=2}^{n} P_i \tag{3-4}$$

比较以上两种情形，农户选择"关系型合约"，则 $E_l \geqslant E_h$；

$$n\pi_l + [(1 - TC_l)U_0 - \pi_l]\sum_{i=2}^{n} P_i \geqslant n\pi_h + [(1 - TC_h)U_0 - \pi_h]\sum_{i=2}^{n} P_i \tag{3-5}$$

即

$$\frac{\sum_{i=2}^{n} P_i}{n} \geqslant \frac{1}{\dfrac{(TC_h - TC_l)U_0}{\pi_h - \pi_l} + 1} = P_0 \tag{3-6}$$

式（3-6）左边近似为农户未来 2 至 n 年收回农地的概率平均值，右边取决于土地保障价值 U^0、不同缔约对象的交易费用差异（$TC_2 - TC_1$）以及农地流转收益差异（$\pi_2 - \pi_1$）。换言之，在其他条件不变的情况下，土地保障价值 U^0、不同缔约对象的交易费用差异（$TC_2 - TC_1$）越大，或者不同缔约对象的农地流转收益差异（$\pi_2 - \pi_1$）越小，式（3-6）越容易满足，即农户倾向于选择"关系型契约"；反之，土地保障价值 U^0、不同缔约对象的交易费用差异（$TC_2 - TC_1$）越小，或者不同缔约对象的农地流转收益差异（$\pi_2 - \pi_1$）越大，式（3-6）越不容易满足，即农户倾向于选择"要素型契约"（图 3-1）。

首先，从 $\sum_{i=2}^{n} P_i/n$ 和 U^0 看，农户第 i 年收回农地的概率 P_i 或土地保障价值 U^0 越大，式（3-6）越容易成立。换言之，农户对土地的依赖程度与其选择"关系型契约"的可能性成正比，而与其选择"要素型契约"的可能性成反比。农户对土地的依赖程度主要取决于土地依附性、家庭保障水平和社会保障水平三个方面，并且家庭保障水平和社会保障水平是土地依附性的替代机制。

H_1：农户对土地的依附性越大，越倾向于选择"关系型契约"；相反，家庭或社会保障水平越高，农户越倾向于选择"要素型契约"。

其次，从式（3-6）看，不同缔约对象的交易费用差异（$TC_2 - TC_1$）越大，式（3-6）越容易成立。换言之，不同缔约对象的交易费用差异与其选择"关系型契约"的可能性成正比，而与其选择"要素型契约"的可能性成反比。

H_2：在其他条件不变的情况下，农地转给社会主体的交易费用相对较多，农户倾向于选择"关系型契约"；反之，则选择"要素型契约"。

再次，从式（3-6）看，不同缔约对象的农地流转收益差异（$\pi_2 - \pi_1$）越大，式（3-6）越不容易成立。换言之，不同缔约对象的农地流转收益差异与其选择"要素型契约"的可能性成正比。

H_3：在其他条件不变的情况下，农地转给社会主体的农地流转收益相对较高，农户越倾向于选择"要素型契约"。

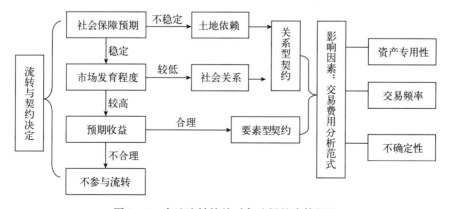

图 3-1　农地流转缔约对象选择的决策机理

三、实证分析Ⅰ：契约类型的选择——基于全国样本

（一）数据来源与基本判断

本课题组于 2011 年 8 月至 2012 年 2 月进行全国 26 个省份的抽样问卷调查，共发放 1 000 份调查问卷，有效问卷 890 份，有效率为 89.00%。在 890 个样本中，转出农地的样本农户有 192 个，其中，有 11 个农户同时将农地转给两种不同的缔约主体。这里重点考察全国 192 个样本农户所签订的 203 份契约。

1. 契约类型的分布情况。 从表 3-1 可知，在 192 个样本农户中，不仅有 66.01% 的农户将农地转给亲友邻居，而且流转的农地在全部流转面积中的比例高达 80.48%。可见，农户对关系型契约具有强烈的选择倾向，表现出明显的亲缘与地缘特征。

表 3-1　样本农户农地转出契约类型的分布情况

契约类型	缔约对象	契约分布		流转面积	
		份数（份）	占比（%）	面积（亩）	占比（%）
关系型契约	亲友邻居	134	66.01	822.7	80.48
要素型契约	普通农户	43	21.18	106.58	10.43
	生产大户	19	9.36	62.92	6.16
	农业合作社	5	2.46	19	1.86
	农业企业	2	0.99	11	1.08
总计		203	100.00	1 022.20	100.00

2. 不同契约的异质性检验。 利用独立样本 T 检验进一步考察农户农地流转的契约类型选择（表 3-2）。可以发现，无论是农地流转的全国市场还是区域市场，农地转出租金和转出面积在"关系型契约"与"要素型契约"之间均存在显著差异。其中，"关系型契约"的流转租金显著较低。此外，与区域农地流转市场相比，全国农地流转市场的转出租金和转出面积差异更加明显。

表 3 - 2　　农地转出租金和面积的独立样本 *T* 检验

地区	契约类型	样本数（户）	转出租金（元/亩·年）				转出面积（亩）			
			均值	标准差	Levene	t 双侧	均值	标准差	Levene	t 双侧
全国	关系型契约	134	324.36	499.41	30.83***	−2.50**	6.19	8.09	11.78***	4.07***
	要素型契约	69	1 406.67	3 335.35	(0.00)	(0.02)	2.89	3.35	(0.00)	(0.00)
东部	关系型契约	30	226.80	309.74	5.02**	−1.99*	2.66	2.01	3.47*	−0.55
	要素型契约	35	1 007.40	2 163.90	(0.03)	(0.06)	2.66	2.01	2.97	2.64
中部	关系型契约	39	174.87	375.32	25.07***	−1.30	7.95	8.20	5.41**	4.04***
	要素型契约	9	2 062.50	4 095.88	(0.00)	(0.23)	2.36	1.32	(0.03)	(0.00)
西部	关系型契约	65	459.08	595.55	15.50***	−1.34	6.77	9.30	3.98**	2.56***
	要素型契约	25	1 746.19	4 402.49	(0.00)	(0.20)	2.97	4.61	(0.05)	(0.01)

注：括号中为 *p* 值，*、** 和 *** 分别表示 10%、5% 和 1% 的显著性水平。

（二）计量模型与变量选择

农地流转契约类型选择，属于二元选择问题，适合采用 Logistic 模型。根据图 3 - 1，本节设置的主要变量包括：

1. 土地依赖体现在土地依附性和社会保障水平两个方面，采用"农业经营收入占家庭总收入比重"和"是否参加养老保险、合作医疗"测度。

2. 交易费用包括资产专用性、交易规模和不确定性三个维度。其中，资产专用性采用"土地肥力"、"农户平均参加农业技能培训的人次"、"近三代生活在本村"和"地块类型"测度；交易规模采用"农地转出面积占家庭承包面积的比重"测度；不确定性采用"农地调整"、"农地转出价格决定权"和"农地流转合同形式"测度。

3. 农地流转收益采用"农地转出租金的自然对数值"测度。

4. 控制变量中，主要考虑农地市场发育程度，采用"农地转出方式"测度。

表 3 - 3　　变量定义与统计描述

变量名称		变量定义	关系型契约		要素型契约	
			均值	标准差	均值	标准差
因变量：选择关系型契约		是否转出给亲友邻居，是=1，否=0	1	0	0	0
土地依赖	土地依附性	农业经营收入占家庭总收入比重	0.200 9	0.335 7	0.234 2	0.319 3
	社会保障水平	是否参加养老保险、合作医疗，没有=0，参加一项=1，参加两项=2	1.559 7	0.654 8	1.420 3	0.673 1

（续）

变量名称		变量定义	关系型契约		要素型契约	
			均值	标准差	均值	标准差
资产专用性	非专用土地资产	土地肥力，肥沃=1，比较肥沃=2，一般=3，比较贫瘠=4，贫瘠=5	3.104 4	0.926 0	2.846 6	0.916 4
	专业性人力资本	农户平均参加农业技能培训的人次	0.028 6	0.156 4	0.025 4	0.122 4
	专用性社区资本	近三代生活在本村，是=1，否=0	0.475 8	0.501 4	0.406 3	0.495 0
交易规模	非专用地理位置	地块类型，平原=1，丘陵=2，山地=3	2.000 0	0.834 8	2.044 8	0.842 7
	流转规模	农地转出面积占家庭承包面积的比重	0.717 3	0.337 3	0.529 2	0.341 5
不确定性	地权不稳定性	农地调整，没有调整=0，大调整或小调整=1，大小调整都发生=2	0.716 4	0.906 2	0.710 1	0.892 8
	行为确定性	农地转出价格决定权，双方协商=1，您家或对方决定=0	0.701 5	0.459 3	0.753 6	0.434 1
	契约稳定性	农地流转合同形式，没有合同=0，口头合同=1，书面合同=2	0.947 8	0.739 0	1.289 9	0.729 7
农地流转收益	农地转出租金	农地转出租金（元/亩·年）的自然对数值	3.360 8	3.040 1	6.129 6	1.296 2
农地市场发育	农地转出方式	被强迫的=1，自主=2，干部协调=3	1.992 5	0.193 7	2.044 1	0.363 8

从表3-3可知，与"要素型契约"相比，"关系型契约"具有以下特征：专用性社区资本较多；地权不稳定性较大；农地流转规模较高，波动性较小；农地转出租金较低，波动性较大。

（三）计量结果与分析

从表3-4可知，计量结果基本验证了前文的假说。为进一步分析计量结果的稳健性，本节纳入农地市场发育程度作为控制变量。可见，计量结果具有较好的稳健性，土地依赖、交易费用和农地流转收益对农户选择"关系型契约"具有重要影响。结果表明：①土地依附性越高，农户倾向于选择"关系型契约"。②非专用土地资产促进农户选择"关系型契约"，但考虑农地市场发育程度时，其影响作用不再显著。③专用性社区资本促进农户选择"关系型契约"，但考虑农地流转收益和农地市场发育程度时，其影响作用不再显著。④农地流转的交易规模越高，农户选择"关系型契约"的可能性越大。⑤契约稳定性和农地流转收益促进农户选择"要素型契约"。

表 3-4 基于 Logistic 模型的计量结果

变　量	模型一		模型二		模型三	
	系数	Wald 值	系数	Wald 值	系数	Wald 值
常数项	−1.403 2	1.605 3	0.954 6	0.369 9	3.217 1	1.484 5
土地依附性	1.045 9*	2.806 7	1.913 2***	6.683 9	1.853 5**	6.283 5
社会保障水平	0.110 1	0.152 2	0.338 6	1.181 7	0.304 8	0.939 1
非专用土地资产	0.318 4*	2.575 0	0.446 4*	2.600 5	0.389 1	1.907 1
专用性人力资本	1.282 5	0.820 4	2.182 7	1.779 3	2.283 6	1.798 0
专用性社区资本	0.650 2*	2.631 7	0.538 1	1.130 2	0.658 6	1.575 5
非专用地理位置	0.228 2	1.004 5	0.260 2	0.872 2	0.291 8	1.065 0
交易规模	1.647 1***	7.815 1	1.884 0***	6.710 2	1.884 4***	6.645 6
地权不稳定性	−0.020 2	0.010 0	−0.265 7	1.159 1	−0.288 4	1.347 4
行为确定性	0.017 0	0.001 7	−0.255 3	0.215 0	−0.266 8	0.234 1
契约稳定性	−0.827 9***	9.274 3	−0.658 1*	3.773 5	−0.622 0*	3.329 2
农地流转收益	—	—	−0.580 0***	16.450 5	−0.581 0***	16.440 8
农地市场发育	—	—	—	—	−1.059 5	1.156 6
观测值	203		203		203	
-2 Log likelihood	190.181 2		132.173 2		130.954 1	
Cox & Snell R^2	0.147 8		0.324 4		0.329 4	
Nagelkerke R^2	0.206 4		0.464 6		0.471 8	
Hosmer & Lemeshow 检验	Chi-square=12.237 8, df=8, Sig=0.140 9		Chi-square=5.212 3, df=8, Sig=0.734 7		Chi-square=7.253 2, df=8, Sig=0.509 6	
模型系数的 Omnibus 检验	Chi-square=27.669 6, Df=10, Sig=0.002 0		Chi-square=64.320 4, Df=11, Sig=0.000 0		Chi-square=65.539 5, Df=12, Sig=0.000 0	
初始预测准确性（%）	67.63		71.34		71.34	
模型预测准确性（%）	75.72		81.71		81.71	

注：*、** 和 *** 分别表示 10%、5% 和 1% 的显著性水平。

四、实证分析Ⅱ：缔约对象的选择——基于广东样本

为了进一步考察农户农地转出的缔约对象选择，有必要进行分类参

考。但由于全国样本农户只签订了203份契约，并且缔约对象集中分布于亲友邻居之间，不能满足分类考察的要求，为此我们进一步基于广东的农户问卷进行补充研究。

（一）数据来源

本课题组于2014年进行广东省抽样问卷调查，共发放3 000份调查问卷，收回有效问卷2 779份，有效率为92.63%。在2 779个样本中，转出农地的样本农户有285个，其中，有48个农户同时将农地转给两种不同的缔约主体，有7个农户将农地转给三种不同的缔约主体，这里主要考察广东省285个样本农户所签订的340份契约。

1. 样本户农地流转缔约对象的分布情况。从表3-5可知，在区域上，农地流转缔约主体呈现多元化。广东省有59.12%的农户将农地转出给社会主体（包括普通农户、生产大户、农业合作社和农业企业），占全部转出农地面积的比例更是高达77.04%。

表3-5　样本农户农地转出缔约对象的分布情况

缔约对象	契约分布		流转面积	
	份数（份）	占比（%）	面积（亩）	占比（%）
亲友邻居	139	40.88	231.7	22.96
普通农户	87	25.59	147.36	14.61
生产大户	59	17.35	503.9	49.94
农业合作社	11	3.24	32.8	3.25
农业企业	44	12.94	93.2	9.24
总计	340	100	1 008.96	100

2. 广东省农地流转市场的异质性检验。利用独立样本 T 检验来考察农户在农地流转中针对不同的缔约主体所表达的定价机制。由表3-6可知，农地流转租金在"亲友邻居"与"社会主体"之间存在显著差异，再次证明了亲友邻居间土地交易存在显著较低的价格。此外，普通农户、生产大户、农业合作社和农业企业与亲友邻居的农地转出租金差异，依次递增。

表 3 - 6　广东农地转出租金的独立样本 T 检验

缔约对象	户数	转出租金（元/亩·年）		Levene 同质性检验	双侧 t 检验
		租金平均值	租金标准差		
亲友邻居	139	416.506 0	669.786 0	—	—
社会主体	201	1 214.701 5	1 940.432 7	8.594 2 *** (0.003 7)	4.360 7 *** (0.000 0)
其中：普通农户	87	1 090.169 5	1 949.285 0	12.051 0 *** (0.001 0)	2.549 7 ** (0.013 0)
生产大户	59	1 624.871 8	2 589.476 6	13.847 8 *** (0.000 3)	2.869 4 *** (0.006 5)
农业合作社	11	1 171.428 6	856.279 3	0.945 0 (0.333 7)	2.803 7 *** (0.006 2)
农业企业	44	926.896 6	635.363 2	0.009 4 (0.923 1)	3.578 5 *** (0.000 5)

注：以"亲友邻居"为参照组，括号中为 p 值，*、** 和 *** 分别表示 10%、5% 和 1% 的显著性水平。

（二）模型设定

以选择"亲友邻居"作为参照组，定义为 $y=0$；选择"普通农户"为 $y=1$，"生产大户"为 $y=2$，"农业企业"为 $y=3$[①]。因变量为离散型，类别为三类及以上，且类别之间并无序列关系，因此采用多元 Logistic 模型。其基本形式为：

$$\ln \frac{p(Z_2)}{p(Z_1)} = \alpha_1 + \beta_{1k} X_{1k} + \mu_1 \qquad (3-7)$$

$$\ln \frac{p(Z_3)}{p(Z_1)} = \alpha_2 + \beta_{2k} X_{2k} + \mu_2 \qquad (3-8)$$

$$\ln \frac{p(Z_4)}{p(Z_1)} = \alpha_3 + \beta_{3k} X_{3k} + \mu_3 \qquad (3-9)$$

其中，p 是农户选择某类缔约主体的概率；Z_i 是缔约主体选择的类型，Z_1 是"亲友邻居"，Z_2 是"普通农户"，Z_3 是"生产大户"，Z_4 是"农业企业"；α_i 和 β_{ik} 是待估计系数，μ_i 是随机误差；X_{ik} 是影响因素向量。

（三）变量选择与统计描述

根据图 3-1，各变量定义与统计描述如表 3-7 所示。

[①]　农户还会选择将农地转给农业合作社，但通常是以股份合作的方式参与，并非土地经营权的交易。因此，本节不考察这类流转形式。

表 3-7 变量定义与统计描述

变量名称		变量定义	亲友邻居		普通农户		生产大户		农业企业	
			均值	标准差	均值	标准差	均值	标准差	均值	标准差
因变量: 缔约对象		亲友邻居=0, 其他=1	0	0	1	0	1	0	1	0
土地依赖	土地依附性	农业经营收入占家庭总收入比重	0.38	0.36	0.34	0.30	0.34	0.30	0.32	0.34
	社会保障水平	是否参加养老保险、合作医疗, 没有=0, 参加一项=1, 参加两项=2	1.59	0.60	1.69	0.56	1.58	0.53	1.52	0.59
资产专用性	非专用土地资产	土地肥力, 肥沃=1, 较肥沃=2, 一般=3, 较贫瘠=4, 贫瘠=5	2.64	1.06	2.47	1.20	2.70	1.16	2.50	1.50
	专业性人力资本	参加农业技能培训的人次	0.15	0.30	0.15	0.29	0.15	0.29	0.20	0.34
	专用性社区资本	近三代生活在本村, 是=1, 否=0	0.79	0.41	0.75	0.44	0.85	0.36	0.86	0.35
	非专用地理位置	平原=1, 丘陵=2, 山地=3	1.87	0.77	1.72	0.73	1.86	0.68	1.89	0.69
交易规模	流转规模	农地转出面积占家庭承包面积比重	0.71	0.76	0.67	0.83	0.61	0.36	0.65	0.33
不确定性	地权不稳定性	农地调整, 没有调整=0, 大调整或小调整=1, 大小调整都发生=2	1.53	0.69	1.45	0.70	1.31	0.80	1.56	0.70
	行为确定性	农地转出价格决定权, 双方协商=1, 您家或对方决定=0	0.55	0.50	0.62	0.49	0.43	0.50	0.38	0.49
	契约稳定性	农地流转合同形式, 没有合同=0, 口头=1, 书面=2	0.89	0.70	1.20	0.79	1.61	0.91	1.55	0.85
农地流转收益	农地转出租金	转出租金的自然对数值	3.37	3.19	5.36	2.67	6.76	1.13	6.44	1.41
农地市场发育	农地转出方式	被强迫=1, 自主=2, 干部协调=3	1.98	0.39	2.02	0.21	2.25	0.58	2.52	0.59

从表 3-7 可知, 与农地转给亲友邻居的情形相比, 农地转给普通农户、生产大户和农业企业则具有以下特征: 土地依附性较低, 交易规模较小, 地权稳定性和契约稳定性较高, 农地转出租金和农地市场发育程度较高。

(四) 计量结果与分析

从表 3-8 可知, 计量结果基本验证了前文的假说。为进一步分析计量结果的稳健性, 本节纳入农地市场发育程度作为控制变量。可见, 计量结果具有较好的稳健性, 土地依赖、交易费用、农地流转收益以及农地市场发育程度对农地流转缔约主体多元化具有重要影响。具体而言: ①土地依附性和非专用土地资产抑制农地转给普通农户，但考虑农地市场发育时，其影响作用不再显著。②专用性人力资本促进农地转给生产大户。③非专用地理位置促进农地转给农业企业。④地权不稳定性抑制农地转给普通农户和生产大户。⑤契约稳定性、农地流转收益和农地市场发育促进农地转给生产大户和农业企业。

表 3-8　基于多元 Logistic 模型的计量结果

变　量	模型四			模型五		
	普通农户	生产大户	农业企业	普通农户	生产大户	农业企业
常数项	0.004 3	−5.156 5*	−4.559 5*	−1.919 9	−12.172 6***	−16.099 6***
	(0.000 0)	(2.841 6)	(3.511 6)	(0.625 1)	(8.708 1)	(13.507 1)
土地依附性	−1.283 8*	−0.815 5	−0.047 8	−1.138 1	−0.197 2	1.141 2
	(2.668 0)	(0.724 6)	(0.002 9)	(1.873 2)	(0.032 7)	(0.978 1)
社会保障水平	0.410 3	−0.059 9	−0.458 6	0.190 1	−0.395 1	−1.260 8
	(0.552 8)	(0.008 5)	(0.622 9)	(0.117 7)	(0.300 7)	(2.476 1)
非专用土地资产	−0.342 1*	−0.178 4	−0.276 9	−0.282 3	−0.177 6	−0.376 1
	(2.616 4)	(0.426 7)	(1.150 6)	(1.613 3)	(0.343 0)	(1.290 0)
专用性人力资本	0.376 4	1.564 1*	0.911 2	0.468 0	1.725 9*	1.198 4
	(0.193 4)	(2.896 0)	(1.130 1)	(0.299 8)	(3.191 7)	(1.352 2)
专用性社区资本	−0.791 2	0.525 1	−0.456 1	−1.038 6	0.256 9	−0.844 5
	(1.477 5)	(0.274 0)	(0.303 5)	(2.318 5)	(0.049 6)	(0.549 6)
非专用地理位置	0.189 5	0.005 8	0.568 9	0.363 2	0.462 9	1.384 7**
	(0.342 6)	(0.000 2)	(1.773 2)	(1.058 6)	(0.816 6)	(5.350 3)
交易规模	0.536 0	0.061 5	1.286 2	0.828 9	0.774 0	1.622 7
	(0.364 2)	(0.003 0)	(1.564 4)	(0.744 3)	(0.378 5)	(1.435 4)
地权不稳定性	−0.724 1*	−1.375 3***	−0.157 2	−0.758 9*	−1.188 7**	0.352 7
	(2.994 0)	(7.410 5)	(0.082 2)	(3.120 3)	(4.602 0)	(0.228 0)
行为确定性	0.361 9	−0.984 9	−0.708 8	0.225 0	−1.148 1	−0.610 0
	(0.500 7)	(2.000 5)	(1.221 1)	(0.188 3)	(2.384 1)	(0.643 8)
契约稳定性	0.471 3	1.074 9**	1.065 8*	0.415 5	0.978 8**	1.032 5**
	(1.877 9)	(5.101 9)	(6.288 3)	(1.590 6)	(4.166 5)	(4.423 4)
农地流转收益	0.113 2	0.822 1***	0.441 2*	0.151 9	0.952 5***	0.646 7**
	(0.955 7)	(6.588 5)	(3.622 3)	(1.569 5)	(7.567 7)	(5.213 3)

（续）

变　量	模型四			模型五		
	普通农户	生产大户	农业企业	普通农户	生产大户	农业企业
农地市场发育	—	—	—	0.890 2	2.561 2***	4.030 1***
	—	—	—	(1.376 4)	(8.569 0)	(18.986 3)
观测值	340			340		
Pseudo R - Square	Cox and Snell=0.459 5, Nagelkerke=0.486 5, McFadden=0.212 8			Cox and Snell=0.587 6, Nagelkerke=0.622 1, McFadden=0.306 3		
Likelihood Ratio Tests	Chi - Square=78.763 9***, Df=44, Sig.=0.001 0			Chi - Square=113.384 0***, Df=48, Sig.=0.000 0		
- 2 Log Likelihood	288.585 5			253.965 5		

注：以转给"亲友邻居"为参照组，括号中为 Wald 值。*、** 和 *** 分别表示 10％、5％和 1％的显著性水平。

五、进一步的讨论

本节将农地缔约主体分为"关系主体"与"社会主体"，进而将农地流转契约分为"关系型契约"和"要素型契约"，构建了"土地依赖—交易费用—农地流转收益—缔约对象选择"的分析框架，并对其进行实证分析。主要结论如下：

（1）在全国整体上，亲友邻居间土地交易存在显著较低的价格，而且农地转出面积在"亲友邻居"与"社会主体"之间也存在显著差异；在区域上，亲友邻居间土地交易同样存在显著较低的价格，而且普通农户、生产大户、农业合作社和农业企业与亲友邻居的农地转出租金差异，依次递增。

（2）基于全国的调查样本表明，土地依附性、非专用土地资产、专用性社区资本和交易规模对农户选择"关系型契约"具有显著的促进作用，而契约稳定性和农地流转收益则显著促进农户选择"要素型契约"。

（3）基于广东省的调查样本表明，专用性人力资本、交易规模、非专用地理位置、契约稳定性、农地流转收益和农地市场发育对农地流转缔约主体多元化具有显著的促进作用，而土地依附性、非专用土地资产和地权不稳定性则存在显著的抑制作用。

重新审视本节的计量结果，可以发现，农户契约选择、农地流转缔约主体选择的影响因素中，不仅与威廉姆森交易费用范式中的资产专用性、交易规模和不确定性相关，而且土地依赖、社会关系网络、农地流转收益和农地市场发育同样存在显著影响作用。这意味，其一，土地租赁缔约对象选择的成因，不局限于反映交易关系的交易特性，同时，还包括反映人地关系的土地依赖性。其二，在乡土社会背景下，缔约双方的关系强度极大地影响交易性质，比如专用性社区资本促进农户选择"关系型契约"。其三，农地市场发育程度的提高和合理的农地流转收益有助于促进农地流转缔约主体多元化。

值得注意的是，社会保障水平对契约选择和主体选择都不存在统计上的显著影响。其可能的原因：第一，当前的农村社会保障水平不健全，不足以成为降低农户对土地和亲友邻居依赖的替代机制。事实上，全国和广东的调查问卷表明，参与"关系型契约"和"要素型契约"的不同农户群体中，其享有的社会保障水平不存在显著差异[①]。第二，农户对土地的依赖程度体现在土地依附性、家庭保障水平和社会保障水平三个方面的不同。虽然农户对土地和亲友邻居的依赖、家庭和社会保障水平是两种确保农户生存安全的替代机制，但并不意味着农户需要在二者中选择其一，相反，农户可能在享有农村社会保障福利的同时，预期土地持续升值、恋农情结和惜土心理、对社会保障水平预期不足等原因而致使其继续持有土地。

第二节　缔约对象及多重"差序格局"

一、分析的起点

"差序格局"一词源于费孝通（1948）对中国特有的社会关系的描述，

---

① 2011年全国26省份调查问卷中，不同市场类型中的社会保障水平，其同方差检验 F 值为0.536 6（Sig值为0.464 7），同均值检验 T 值为1.423 3（Sig值为0.156 2），方差和均值同样都不存在显著差异；2013年广东省20市调查问卷中，不同市场类型中的社会保障水平，其同方差检验 F 值为0.936 3（Sig值为0.333 9），同均值检验 T 值为-0.422 8（Sig值为0.672 7），方差和均值都不存在显著差异。

即以自我为中心，向外圈逐步扩散，像水的波纹一样，一圈圈推出去，越推越远，越推越薄，也就是人际关系网因亲疏的不同而呈现出差序化特征。吕德文（2007）认为"差序格局"本质上表达了两层含义，一是纵向上以刚性的等级化而产生的"序"，二是横向上以自我为中心导致的"差"。如果将这种现象扩展开来，从人的社会关系延伸到人的社会行为，即由于社会关系的差序格局，所形成的因人而异的行为标准，进而导致行为决策及行为结果的"差序格局"，或许有助于人们更好地解释乡土社会广泛发生的现象。农户的农地流转行为即是如此。罗必良（2014）注意到，农地流转市场是掺杂地缘、亲缘、人情关系的特殊市场，集中表现为"关系型人情市场"。因而在这样的社会关系的差序格局影响下，农户所签订的农地流转契约也会因为缔约对象的不同，而呈现出契约的不同选择。

埃里克·布鲁索（2010）提出契约是一种合意的结果，即交易双方根据自己的预期而达成的对彼此的承诺——双边协调的安排。费方域等（2008）发现经济社会中的交易都是以契约为媒介来治理和实现的。比如，如何设计契约解决交易中的信息不对称问题，如何解决契约执行中的承诺问题，如何在信息不能被证实的情况下设计契约的问题，以及在契约不能被执行的情况下如何通过制度的安排提高效率的问题。因此，契约理论重点关注两点，一是因为事前信息的不对称引发的败德行为及其治理；二是因为事后行动的不可观察性而引发的搭便车及其约束。全部契约理论几乎总是假定缔约者努力追求契约合作的剩余最大化及其分享，并通过缔约承诺的可执行及其治理而力求契约合作得以维护。尽管经典的契约理论注意到了交易内容（标的物）的差异，如 Cheung（1983）据此细分为要素契约与产品契约，但并未对交易对象（不同的缔约者）的差异予以足够的重视。

产权交易及其契约选择，不仅涉及不同物品（产权客体）的价值属性所表达的交易含义，而且对于同样的物品而言，在面临不同的交易对象（产权客体）也隐含着不同的行为发生学意义。我国农地的承包经营权流转即是如此。由于人地关系的严酷性，决定了土地对于农民兼具生产资料和社会保障双重功能。对于农民来说，农地具有重要的人格化产权特征，因而并不仅仅是一个单纯的生产要素，而是涉及生存依赖、福利保障、身份表达以及农耕情感等多个方面，从而决定了农地流转并非是一个简单的产权交易，而是包含了经济利益、政治利益、安全保障与情感收益等多重福祉权衡的选择性交易。由此，农地流转契约问题，不仅涉及契约协调及其治理，更多地涉及缔约机制的选择机理。尤其值得重视的是，在存在差序格局的乡土社会及其"关系型人情市场"背景下，农地流转缔约及其契约治理并不是相互分离的，而是通过多重差序格局来共同表达的。

已有研究注意到了农地流转契约差序格局的不同方面，如钟文晶、罗必良（2013）重点考察了以亲友邻居为主而呈现的缔约对象差序，郭继（2009）发现了以口头契约为主而呈现的契约形式差序，而高强等（2013）探讨了以短期契约为主而呈现的缔约期限差序，等等。但是，多重差序格局的相互关系及其决定机制并未受到重视。本节的基本判断是，农地流转缔约对象的选择，是决定多重契约差序格局的决定机制。

农地流转是依附于承包农户的经营权的交易，本质上即是产权的交易，而产权特征又与物品属性及交易情景密切相关。农地流转契约的特殊性在于：

一是依附性。农户是否转出农地，取决于离地的比较收益及其风险，考虑到外出务工等的不确定性，以及对土地所承担福利保障功能的依赖，签订一项短期的或者可以随时变更与终止的流转契约，显然是合意的。由此，寻找具有共同知识与共同信念的缔约对象也是恰当的。

二是地域性。农地流转受限于土地区位的不可移动性，其交易的地理范围一般不会太大，更多地发生在村内或者毗邻的村之间。

三是不可观察性。农地经营权依附于承包权，决定了农地流转并必然表现为一种"时段性"的交易，在流转期间，承租者如何使用土地，承包农户是难以观测和监督的，由此，信任机制将发挥重要作用。

四是利益关联性。对于以农为生的农户来说，村庄社会是一个重要的生存风险规避机制，而土地作为连接社区和加强熟人间社会关系的工具，意味着农地流转并非简单的经济利益权衡，有时甚至是农户社会资本的积累与改善安全关系网络的投资。可见，农地流转契约会因缔约对象的不同而呈现多重差序化格局。

二、理论与假说

农户的农地流转参与是阶段性的选择决策，兼有风险与收益。Scott（1976）提出在人地矛盾紧张的背景下，农民的理性原则是以生存安全为第一要素，其经济决策的基础是生存伦理而不是经济理性。一般来说，信任程度越高，实施机会主义行为的可能性越小。因此，信任机制对于农地流转的交易特征具有重要影响。

弗兰西斯·福山（1998）将中国乡土社会信任关系的基础归结为家族主义，即社会成员之间的信任源于宗教、传统、历史、习惯等文化共性。马克思·韦伯（2004）进一步将中国社会的信任关系大体分为两种，一是在血缘性社区的基础上所形成的对圈内人的"特殊的信任"，二是在共同信仰的基础上所形成的类亲缘关系的"普通的信任"。而 Jacobs（1979）提出社会关系产生的一个重要基础是社会身份的某些共性，费孝通（2006）将这种共性称为"缘"，如血缘同源则可以称为血缘，地域临近可以成为地缘，还有学缘、业缘等，杨国枢（1988）认为相对重要的是血缘与地缘。Granovetter（1973）发现具有社会关系的人之间的关系强度，反映了人与人之间的交往频率、互惠与彼此义务的认可度以及可信赖性；杨国枢（1988）则更具体地根据不同主体描述了社会关系对信任的影响，如家人关系讲究责任，会无条件信任；而熟人关系侧重人情，有条件的信任；生人关系基于利害原则。因此，社会关系的不同导致了人与人之间的信任程度的差异性。不同的信任机制决定的差序格局成为乡土社会交互关系的基本秩序，以及个人行动逻辑与潜在的行为约束规则。Putnam（2001）对信任与资源交换的关系进行了解释，认为在资源交换中，信任本身也形成了主体依据其所处社会关系网络位置的资源获取模式。

那么，在农地流转市场中，基于农户与不同流转对象之间的社会关系的差序格局，及其所隐含的特殊社会关系行为规范与准则等的契合性与嵌入性，林文声、罗必良（2015）将其称为"非市场行为"，结果就是本节所指的"差序格局"。由于农户转出农地并非是为了经济收入最大化，在缔约对象可供选择的条件下，农户更倾向于选择规避风险。因此，根据信任程度来选择缔约对象是其理性选择。以信任作为农地流转交易准则，对于风险规避的作用逻辑是：其一，信任程度越高，缔约对象的行为可预期性越强，不确定性越小，能够形成相对稳定的流转预期，规避承租方机会主义行为带来的损失；其二，信任程度越高，社会关系更强，声誉机制更可能在农地流转契约的保障执行与违约惩罚中发挥作用；最后，农地流转中，农地作为一种资源，将其流转给具有社会关系的对象，可能起到社会资本投资的作用，导致社会关系的强化发展，有利于农户形成更有利的社会关系网络支持。对于一般农户而言，假定亲友邻居、普通农户、生产大户等潜在的缔约对象是可选择的，不难推测，亲友邻居带有血缘、地缘关系而关系较为紧密；普通农户与其具有同业或同个社区成员关系，关系比亲友邻居疏远一些；生产大户有同业关系，身份相近，而其他合作社与龙头企业，接触机会较少以及交往频率不高，更接近于生人关系，因而缔约对象的信任程度将依"亲友邻居—普通农户—生产大户—其他主体（合作社、龙头企业）"而逐次降低，呈现出信任程度的差序格局特征。已有的研究中，罗必良（2014）是从禀赋效应的角度，揭示在农地流转中，农户对农地的禀赋效应将依"亲友邻居—普通农户—生产大户—龙头企业"而逐次增强，因此农户更倾向于选择亲友邻居以及普通农户，而排斥其他主体。因此，本节猜想农户与缔约对象之间的差序格局是造成农地流转契约多重差序化的核心所在。

1. 缔约对象对契约形式的影响。契约形式可以分为口头与书面形式，在我国"口说无凭，立字为证"的信用原则下，人们往往认为口头契约具有随意性，不能作为有效的维权证据。而书面契约具有稳定性，通过详细记录缔约双方的合意结果，能够成为约束缔约双方未来行为的依据，并进一步在发生纠纷且诉诸法律进行权益维护时能够被第三方所证实。郭继（2009）指出，两者的本质区别在于，口头形式是依靠人际信任来化解未来风险，并借助人情约束机制来保证履约；而书面形式是依靠制度信任来降低风险，借助于正式规治机制来防范契约实施风险。契约形式的选择是交易成本和履约风险的权衡，缔约双方间信任程度越高，未来的不确定性越少，履约风险也越小，因而交易成本较低。在这样的情况下，口头契约能够在声誉的信号传递效应、激励效应与惩罚威胁下，产生较好的自我履约效果。而且口头契约更具有灵活性，降低了调整契约内容或重新缔约的成本，同时避免了签订书面契约可能需要的针对具体条款的协商成本以及第三方进行公正的成本。因而，缔约双方的信任程度越高，选择口头契约的可能性越大，选择书面契约的可能性越小。因此，导致契约形式的差序格局分布特征。就此，提出假说：

H_1：契约形式会随着缔约对象的差异而呈现差序格局的分布特征；具体表现为随着农户对缔约对象信任程度的降低，口头契约发生的概率越小。

2. 缔约对象对契约期限的影响。 Mises（1949）注意到，缔约期限的长短能够代表不同的契约关系，并影响缔约双方的行为，进而产生不同的契约效果。Cheung（1970）认为，选择一个相对较长的租约期限是为了减少附着于土地的资产的转让（交易）成本，并降低信息不完全下转让产权的预期成本；而选择较短的租约期限是为了避免长期租约执行中彼此潜在的违约行为的监督成本，降低风险，而且便于再谈判。Farrell and Shapiro（1990）指出在信息对称的情形下，长期的有效契约可以被一系列短期契约复制。由于农地流转中缔约的对象选择更多是依据信任度原则，信任程度越高，彼此间的信息不对称会更小，再谈判的交易成本更低。因此，农户倾向于选择短期契约。同时较短的流转期限也有助于保持产权的灵活性，这对于面临非农就业的不稳定问题的兼业农户而言具有重要的现实意义。也就说明，契约期限会随着缔约对象的信任程度的变化而呈现差序格局的分布特征。就此，提出假说：

H_2：契约期限会随着缔约对象的差异而呈现差序格局的分布特征；具体表现为农户对缔约对象的信任度越高，选择短期期限的概率越大。

3. 缔约对象对流转租金的影响。 租金可能带来的现金流并非农户参与农地流转的根本动机。孔祥智、徐珍源（2010）以转出土地农户为研究对象进行研究，发现农地流转出现分化现象，流转给有亲缘、地缘关系的人所获得的流转收益主要体现为保障收益；而流转给无亲缘、无地缘关系的大户或企业，其流转收益主要体现为经济收益。江淑斌、苏群（2013）基于江苏省 684 份农户调查样本，发现农地流转中因流转对象的不同而呈现出"租金分层"现象，亲戚朋友的租金为每亩 400 元以下，企业和合作社在 700 元以上，其他流转对象在此区间均有分布。特别是在农民外出务工预期不稳定的情景下，农户为了避免农地弃耕而荒芜，往往会以较低甚至零租金的方式流转农地并由此获取对土地的"护理"与"照看"。一般地，信任程度越高，农民会越放心其照看效果。上述分析表明，在农地流转中，社会关系的信任对于社会关系网络保障的投资以及信息不对称下的风险规避均能够起到一定的作用，以至于信任实质上转化为农地流转中的另外一种"租金"。可见，农地流转租金决策确实与缔约对象选择紧密关联。就此，提出假说：

H_3：流转租金会随着缔约对象的差异而呈现差序格局的分布特征；具体表现为农户对缔约对象的信任度越高，流转租金越低。

4. 缔约对象对流转面积的影响。客观而言，农户转出的农地面积受到均包制赋权方式的制约，一方面是初始赋权的细碎化，决定了难以以集中连片的方式进行规模化流转；另一方面是面积有限的小块承包地也很难给农户带来可观的租金收益，因此，农户更可能将其与人情往来的社会收益进行权衡决策。不同的缔约对象，也能够推断农户的流转行为的动机。把农地转出给亲友邻居，更看重的是彼此之间的情谊，一般就不涉及经济利益，因而更多小规模的流转。而选择合作社、龙头企业等作为缔约对象，因为彼此感情关联程度较弱，获取经济收益的动机更强。据此，提出假说：

H_4：流转面积会随着缔约对象的差异而呈现差序格局的分布特征；具体表现为农户对缔约对象的信任度越高，流转面积越小。

三、实证分析

（一）数据来源与样本描述

本课题组于2013年进行广东省农户调查，共发放问卷3 000份，经筛选获得有效问卷2 779份，问卷有效率为92.63％。在2 779份问卷中，转出农地的样本农户共有216个。考虑到农地经营权流转依附于农户作为农村集体成员所获得的承包权的主体地位，拥有农地流转的最终决策权，具有流转契约谈判的绝对优势，因此，为了考察农户农地流转契约的差序格局，本节聚焦于农地转出农户。由于部分农户同时将土地流转给不同的主体，因此包括口头与书面的农地流转契约共有254份。在此对于不同的契约类型做分类描述。

1. 缔约对象。从不同的转出对象来看，农地流转主要发生在农户间，包括亲友邻居、普通农户和生产大户，占比合计为81.50%。表3-9显示，亲友邻居、普通农户、生产大户等对象与农地转出农户之间的血缘、地缘、业缘等社会关系逐渐减弱，其缔约比重依次下降，呈现出明显的差序特征。

表3-9 农地流转契约的缔约对象分布

缔约对象	亲友邻居	普通农户	生产大户	其他主体	合计
契约份数（份）	92	65	50	47	254
比重（%）	36.220	25.591	19.685	18.504	100.000

2. 契约形式。将契约形式分为口头契约及书面契约两种形式。表3-10表明：①口头契约是农户流转缔约的主要方式，占比达52.10%；②相对规范的书面签约主要发生于生产大户与农业龙头企业等市场型交易主体之间，从而呈现出契约形式的差序格局。

表3-10 缔约对象与契约形式的交叉表

缔约对象	口头契约		书面契约		小计
	样本（份）	比重（%）	样本（份）	比重（%）	
亲友邻居	74	54.015	18	15.385	92
普通农户	47	34.307	18	15.385	65
生产大户	10	7.299	40	34.188	50
其他主体	6	4.380	41	35.043	47
合计	137	100.000	117	100.000	254

3. 契约期限。其主要特征是：①随着期限延长，其契约所占的比重逐渐减小；②3年以内的短期契约及不定期的契约主要集中于亲友邻居与普通农户等关系型主体之间，3~10年以及10年以上的中长期契约以生产大户和其他主体为主（表3-11）。

表3-11 缔约对象与契约期限的交叉表

缔约对象	不定期		3年以内		>3~10年		>10年		小计
	样本（份）	比重（%）	样本（份）	比重（%）	样本（份）	比重（%）	样本（份）	比重（%）	
亲友邻居	26	42.623	41	44.09	18	29.032	7	0.184	92
普通农户	23	37.705	32	34.41	6	9.677	4	0.105	65

（续）

缔约对象	不定期		3年以内		>3~10年		>10年		小计
	样本（份）	比重（%）	样本（份）	比重（%）	样本（份）	比重（%）	样本（份）	比重（%）	
生产大户	7	11.475	12	12.90	22	35.484	9	0.237	50
其他主体	5	8.197	8	8.61	16	25.806	18	0.474	47
合计	61	100.000	93	100.00	62	100.000	38	1.000	254

4. 流转租金。调查结果显示农地流转的租金整体偏低，集中于每年每亩 500 元以内，但依然表现出差序化分布特征，即随着租金的提高，关系型契约有逐渐减少的趋势（表 3 - 12）。

表 3 - 12　缔约对象与流转租金的交叉表

缔约对象	不确定		500元/年以内		>500~1 500元/年		>1 500元/年		小计
	样本（份）	比重（%）	样本（份）	比重（%）	样本（份）	比重（%）	样本（份）	比重（%）	
亲友邻居	4	57.143	65	43.624	19	26.027	4	16.000	92
普通农户	1	14.286	43	28.859	12	16.438	9	36.000	65
生产大户	2	28.571	22	14.765	22	30.137	4	16.000	50
其他主体	0	0.000	19	12.752	20	27.397	8	32.000	47
合计	7	100.000	149	100.000	73	100.000	25	100.000	254

5. 流转面积。表 3 - 13 显示，农户的农地转出以小规模为主，1 亩以内的契约比例达到 50.95%。总体而言，随着流转面积的增大，契约所占比重减小，同样呈现出明显的差序化特征；分对象来看，亲友邻居与普通农户的流转面积更多是在 1 亩以内；流转面积越大，与其他主体的缔约的契约占比越大。

表 3 - 13　缔约对象与流转面积的交叉表

缔约对象	1亩以内		1~2亩		2~5亩		5亩以上		小计
	样本（份）	比重（%）	样本（份）	比重（%）	样本（份）	比重（%）	样本（份）	比重（%）	
亲友邻居	57	42.537	19	31.148	14	28.571	2	20.000	92
普通农户	36	26.866	17	27.869	11	22.449	1	10.000	65
生产大户	26	19.403	13	21.311	10	20.408	1	10.000	50
其他主体	15	11.194	12	19.672	14	28.571	6	60.000	47
合计	134	100.000	61	100.000	49	100.000	10	100.000	254

基于上述内容，可以认为农户的农地流转契约不仅具有差序化特征，而且表现出多重性。值得注意的是，无论是契约形式、契约期限、流转租金，还是流转面积，其契约分布均与缔约对象的差序格局具有一致性。由此可以判断，多重差序格局是缔约对象差序格局的扩展。

（二）模型构建

为了验证缔约对象的差序格局导致了农地流转的"差序格局"，本节做进一步的计量模型分析作为检验。已有的研究也对农地流转的影响因素进行了广泛关注，如张明辉等（2016）采用 Bivariate Probit 模型证明了农户家庭劳动力比重、人均耕地等资源禀赋是影响农户参与农地流转的重要因素，聂建亮、钟涨宝（2015）利用中国五省样本进行实证分析，发现社会保障对于农地保障功能的替代明显影响了农户转出农地的意愿。结合前面的理论分析，农户农地流转决策受到农户与缔约对象之间的社会关系而形成的信任机制的主要影响，但是也必然同时受到农户本身的家庭禀赋条件、土地禀赋条件的影响，以及社会保障环境、村庄环境等内外部因素的影响。因此，构建计量模型如下：

$$\begin{cases} F_i = \alpha_{F0} + \alpha_{F1} x_i + \sum_{i=1} \alpha_{Fmi} H_{mi} + \varepsilon_{Fi} \\ P_i = \alpha_{P0} + \alpha_{P1} x_i + \sum_{i=1} \alpha_{Pmi} H_{mi} + \varepsilon_{Pi} \\ R_i = \alpha_{R0} + \alpha_{R1} x_i + \sum_{i=1} \alpha_{Rmi} H_{mi} + \varepsilon_{Ri} \\ S_i = \alpha_{S0} + \alpha_{S1} x_i + \sum_{i=1} \alpha_{Smi} H_{mi} + \varepsilon_{Si} \end{cases} \quad (3-10)$$

式中，i 代表样本观测值下标；F_i、P_i、R_i 和 S_i 分别表示农户农地流转的契约形式、契约期限、流转租金和流转面积的决策行为。其中，F_i 是指农户农地流转契约形式的二分变量，0 为口头契约，1 为书面契约；P_i 是指农户农地流转过程中所约定的流转期限，单位为年；R_i 是指农户让渡农地经营权所收取的租金，单位是元；S_i 是指农户与缔约对象所约定的转出的农地面积，单位是亩。而 x_i 是指农地流转的缔约对象，H_{mi} 表示农户的家庭特征、农地特征、村庄特征和区域虚拟变量等；$\alpha_{F0} \sim \alpha_{S0}$ 是四个方程的常数项，$\alpha_{F1} \sim \alpha_{S1}$、$\alpha_{Fmi} \sim \alpha_{Smi}$ 是估计系数，$\varepsilon_{Fi} \sim \varepsilon_{Si}$ 是随机误差项。

同一方程的随机误差项在不同的观测值之间不存在自相关，但是就农地流转的一项决策而言，契约形式、契约期限、流转租金、流转面积决策是属于一项决策的不同层面，本身存在一定的相关性，应该使用似不相关回归方法对上述方程组进行系统估计。尽管似不相关回归方法要求每个方程选择线性，而对于契约形式方程，采用线性概率模型形式，可能存在一些问题，如预测概率值可能超出范围，但是由于本节主要考察不同的缔约对象对于农地流转契约各个维度的影响，因而将其设定为线性形式进行估计仍然是可以接受的。

（三）变量设置

1. 因变量。为了考察缔约对象对于农地流转契约其他维度的影响，本节将契约形式、契约期限、流转租金、流转面积作为因变量。

2. 主要自变量。根据前文分析，农地流转契约的形式以及期限、租金、面积内容均受到缔约对象的主要影响，在计量模型中由于对象是多分类变量，适合设置成多个虚拟变量进行运算。在此，将缔约对象设置成 4 个虚拟变量，而亲友邻居这一类对象作为基准组。

3. 控制变量。控制变量主要是为了避免变量遗漏，将影响农地流转行为的内外部因素引入模型进行计量，获得更严谨的模型估计结果。控制变量主要包括农户家庭特征、农地特征、社会保障特征、村庄特征等变量与区域虚拟变量。具体设置是：①农户家庭特征通过农户家庭务农劳动力数量、家庭种植业收入比率来刻画，因为两者均反映了农户对于农地的依赖程度。钟文晶、罗必良（2013）指出，农户对于农地的依赖程度越高，则会根据农地的重要性而赋予其价值，从而形成较强的禀赋效应，对农地流转行为造成负向影响。②农地特征可以通过农地面积、农地块数、肥力与灌溉条件等进行刻画。农地本身的属性特征，一方面成为约束农地流转的客观条件，另一方面也影响了农地经营权的定价，比如农地面积与块数同时反映了农地的细碎化特征，这对于承租方的规模经营实现的难易程度有影响，而肥力与灌溉条件则是农地经营质量的直接体现，从而决定农地价值，对租金、期限等造成影响。农地质量越好，禀赋效应越高，导致其更倾向于规避损失，需要更高的租金进行补偿。③社会保障特征。农户的生活保障水平是影响其农地流转决策的重要方面。胡霞、丁浩（2015）对 CHIPS2008 的 8 000 户农户数据进行了分析，发现养老保险和医疗保险可以弱化农户对农地的依赖性而促进农地转出。因而本节主要通过养老保险、医疗保险来考察其影响程度。④村庄特征由村庄地形、交通条件、经济水平来刻画。村庄地形主要分为山区、丘陵与平原，而村庄交通条件与经济水平变量分为较好、一般和较差三个等级。包宗顺等（2009）提出，区域经济发展水平不同将导致农地流转存在区域差异，张海鹏、曲婷婷（2014）发现区域地形地貌特点可能会限制土地的集中，而李尚蒲、郑茉馨（2012）证明平原地形有利于农地流转。⑤区域特征变量。由于不同的区域间的经济发展水平、文化背景、社区封闭程度等将影响农户的农地流转行为，本节由此设置了粤东、粤西、珠三角的区域虚拟变量，而粤北作为基准组。

具体指标设置结果如表 3-14 所示。

表 3-14 变量说明与描述性统计分析

变	量	定义与赋值	均值	标准差
因变量	契约形式	书面协议＝1；口头协议＝0	0.461	0.499
	契约期限	合同期限与多久（年）	6.514	10.442
	流转租金	耕地流转价格（元/亩·年）（取对数）	4.202	3.214
	流转面积	转出耕地面积	1.758	1.804
主要自变量	缔约对象	亲友邻居（亲友邻居＝1；其他＝0)(基准组)	0.362	0.482
		普通农户（普通农户＝1；其他＝0)	0.256	0.437
		生产大户（生产大户＝1；其他＝0)	0.197	0.398
		其他主体（合作社或龙头企业＝1；其他＝0)	0.185	0.389
家庭特征	务农劳动力	家庭务农劳动力数量（人）	1.929	1.097
	农业收入占比	种植业收入占家庭收入比率	0.268	0.285
农地特征	耕地面积	耕地面积（亩）	5.678	25.326
	耕地块数	耕地块数（块）	5.006	3.738
	肥力状况	较差＝3；中等＝2；良好＝1	1.748	0.596
	灌溉状况	较差＝3；中等＝2；良好＝1	1.728	0.678
社会保障	养老保险	有＝1；无＝0	0.736	0.442
	医疗保险	有＝1；无＝0	0.909	0.288
村庄特征	村庄地形	平原＝3；丘陵＝2；山区＝1	0.909	0.288
	交通条件	较差＝3；一般＝2；较好＝1	2.177	0.767
	经济水平	较差＝3；一般＝2；较好＝1	1.626	0.614

（续）

变量		定义与赋值	均值	标准差
区域变量	粤北	粤北＝1；其他＝0（基准组）	0.311	0.464
	粤东	粤东＝1；其他＝0	0.098	0.298
	粤西	粤西＝1；其他＝0	0.169	0.376
	珠三角	珠三角＝1；其他＝0	0.421	0.495

（四）计量结果与分析

表3-15是相关系数矩阵，反映了农地流转中，契约形式、契约期限、流转租金与流转面积之间存在着一些相关性。因而，使用似不相关回归模型是合适的。

表3-15 契约形式、契约期限、流转租金与流转面积相关系数矩阵

变量	契约形式	契约期限	流转租金	流转面积
契约形式	1.000	—	—	—
契约期限	0.378	1.000	—	—
流转租金	0.233	0.006	1.000	—
流转面积	0.002	0.060	0.012	1.000

表3-16是关于缔约对象对于农地流转差序格局的影响，采用似不相关模型估计的结果。计量结果验证了前文的假说。从模型整体来看，模型拟合度满足基本要求。

1. 缔约对象的影响。相对比与亲友邻居这一类主体，普通农户的影响在统计意义上不显著，但是生产大户、其他主体（合作社、龙头企业）这些群体对于契约形式、契约期限、流转租金与流转面积的影响系数符号为正，并且基本上是能够通过1％显著水平上的检验。说明随着缔约对象与农户的关系的疏远、信任程度的降低，或者说缔约对象越具有市场交易特征，那么流转过程中，契约形式的最低类别——口头契约的概率会减少，而最高类别——书面形式的概率会增加；同理，契约期限随着农户与缔约对象关系的疏远而变得相对长期，流转租金会随着农户与缔约对象关系的疏远而提高，流转面积则会随之扩大。表明越是有能力参与市场化、规模化经营的主体，能够支付较高的租金，转入较大的面积，并且越会选择具有稳定预期的农地流转契约，表现为契约形式规范化与期限的长期化。

2. 控制变量的影响。家庭特征中，农户家庭务农劳动力数量对契约期限有显著的负向影响，说明农户对农地就业依赖性越强，越倾向于选择短期契约。农地特征中，耕地面积越大的农户，越有可能转出较大的面积，说明资源禀赋条件客观上成为农地流转的约束条件；而耕地块数越多，流转租金则越低，说明农地本身质量会影响市场价格，如农地块数多而导致的细碎化程度越高，则在农地流转市场中越处于不利地位，租金较低。灌溉状况较好的农地有助于流转租金的提高。社会保障对于农地流转契约的各个维度均无显著影响，可能的原因在于农村社会保障还不够完善，尚不能弱化农户对于农地的依赖，而不能有效促使农户参与农地流转。村庄特征中，村庄地形越平坦，越有助于形成相对长期的契约。村庄的经济水平对于农地流转契约的规范化、租金水平的提高有显著的正向影响，而对于流转面积有显著的负向影响。这表明，一个区域的经济发展水平的提升，对于农地要素市场发育具有重要的促进作用。区域虚拟变量结果显示，与粤北相比，粤东、珠三角地区的契约期限呈现出一定的短期化特征，粤西的流转租金处于一个较低的水平，反映了农地流转市场的区域差异性。

此外，值得说明的是，由于模型拟合优度（R^2）可以反映模型的解释力，因此可以进一步发现，缔约对象的差序格局，分别对农地流转面积、契约期限、流转租金以及契约形式等差序格局的影响，有依次增强的趋势。

表 3 - 16　契约形式、期限、租金、流转面积与缔约对象似不相关模型估计结果

变　　量		Ⅰ契约形式	Ⅱ契约期限	Ⅲ流转租金	Ⅳ流转面积
缔约对象	普通农户	0.073 (0.065)	−1.135 (1.559)	0.514 (0.487)	0.001 (0.279)
	生产大户	0.596 *** (0.070)	4.787 *** (1.685)	1.422 *** (0.527)	0.353 (0.302)
	其他主体	0.635 *** (0.074)	6.747 *** (1.792)	1.257 ** (0.560)	1.190 *** (0.321)
家庭特征	务农劳动力	−0.024 (0.023)	−1.361 ** (0.566)	−0.197 (0.177)	0.031 (0.101)
	农业收入占比	0.030 (0.090)	0.711 (2.170)	0.157 (0.679)	−0.003 (0.389)

（续）

变　量		Ⅰ 契约形式	Ⅱ 契约期限	Ⅲ 流转租金	Ⅳ 流转面积
农地特征	耕地面积	−0.001 (0.001)	−0.000 (0.024)	0.003 (0.007)	0.013 *** (0.004)
	耕地块数	−0.009 (0.007)	−0.055 (0.176)	−0.172 *** (0.055)	0.023 (0.031)
	肥力状况	−0.034 (0.050)	−1.254 (1.202)	0.173 (0.376)	0.152 (0.215)
	灌溉状况	−0.004 (0.044)	1.154 (1.055)	0.615 * (0.330)	−0.131 (0.189)
社会保障	养老保险	0.046 (0.058)	−1.957 (1.402)	0.687 (0.438)	0.041 (0.251)
	医疗保险	−0.018 (0.092)	−2.426 (2.212)	0.241 (0.692)	0.238 (0.396)
村庄特征	村庄地形	0.011 (0.036)	1.597 * (0.862)	−0.048 (0.270)	0.042 (0.154)
	交通条件	0.044 (0.045)	−0.122 (1.080)	0.157 (0.338)	−0.260 (0.194)
	经济水平	−0.122 *** (0.044)	0.905 (1.065)	−0.726 ** (0.333)	0.537 *** (0.191)
区域变量	粤东	−0.120 (0.100)	−4.322 * (2.398)	0.035 (0.750)	−0.152 (0.430)
	粤西	0.003 (0.078)	−0.441 (1.886)	−1.191 ** (0.590)	0.436 (0.338)
	珠三角	−0.039 (0.064)	−3.710 ** (1.536)	0.419 (0.480)	−0.069 (0.275)
常数项		1.520 *** (0.205)	8.178 * (4.934)	3.949 ** (1.542)	0.178 (0.884)
观测值		254	254	254	254
拟合优度（R^2）		0.389	0.188	0.162	0.126

注：* 、** 、*** 分别表示 10%、5%、1% 的显著性水平；括号内数据为估计标准误。

四、进一步的讨论

本节以广东省农地流转契约作为样本，分析了农户与缔约对象的社会关系差序格局如何导致农地流转的差序格局特征。主要结论是：第一，农户与缔约对象之间社会关系的差序格局，导致了信任上的差异，如农户对于亲友邻居信任程度更高，而对于合作社、龙头企业等其他市场化主体信任程度较低，导致农户更倾向于选择关系亲密的主体作为缔约对象。第二，由于社会关系的差序格局，导致农地流转交易的差序格局，具体体现为社会关系越亲密，越可能选择口头契约形式，短期而灵活的契约期限，相对低的流转租金，较小的流转面积；而关系疏远的主体的农地流转契约选择则呈现出规范化、市场化趋势。第三，缔约对象差序格局对农地流转面积、契约期限、流转租金以及契约形式的影响，有依次增强的趋势。

值得进一步思考的是，农地流转的差序格局本质上就是由于社会关系的内嵌而形成的一种关系型交易。关系型交易与市场化交易截然不同，其所表现的农地流转契约形式的非正式化、契约期限的短期化，并不利于农地流转交易的稳定预期以及执行的监管。此外，农户间的农地流转，由于市场化租金未能显现以及细碎化的原始土地禀赋，也未能有效促进农地的集中，未能实现农地流转的效果。关系型农地流转的发生具有现实情景依赖性，存在一定合理性。原因在于，农地自农耕社会以来，就为农户提供了基本的生存保障，在目前的家庭承包制环境下，农户不仅能够通过农业生产获取收入，还能够通过土地租赁，获取租金，满足生活或养老所需。罗必良（2013）观察到农户具有预期土地持续升值、恋农情结和惜土心理，会导致农户对于土地的依附性和禀赋效应，将更可能强化农户对于农地的持有；并认为目前农村社会保障不足，会强化农地流转的关系型特征（罗必良等，2009）。但是，就农地流转的初衷来看，农地流转的差序格局会与农地流转的规范化、契约化进程相悖，不利于农地要素市场培育。而实证分析结果又表明，养老保险、医疗保险变量对农地流转及其契约选择并不存在统计上的显著影响，一定程度上反映了目前政府部门所提供的正式社会保障的不足，未能显著弱化农户对于农地的依赖性。

因此，本节研究的政策启示是，在目前农村社会保障机制难以短期内改善，加上农地属于"不动产"，其流转与经营受到地理位置的影响，不利于跨村流转，那么应该因势诱导，基于传统社区社会关系的差序格局而导致的农地流转的关系型交易，发展以社区为载体的土地股份合作社，鼓励社区内农地有效集中，降低细碎化程度，促进连片规模化经营，并利用好社区农户间的信任机制与"声誉机制"，保证较高的承诺能力，提高经营预期的稳定性。

第三节 "差序格局"的形成与破除

一、分析的起点

农地流转的"差异格局"是基于农村社会独特的信任"差异格局"建构的。郑也夫（2011）的研究表明，农村地区居民的信任是以血缘和地缘关系为依托的，而且这种封闭性的信任格局从未超越家庭的范畴。这就决定了农地流转中的信任"差序格局"具有形塑农地要素交易的人格化倾向，而且人情关系型交易往往规模小、范围窄、价格显化程度不高。

那么该如何破除这种人格化交易的局面呢？North（1990）认为人格化交易往往发生在局部区域，受非正式社会规则的制约。随着市场的发展和交易的非人格化，第三方实施通过规则制定为交易双方提供稳定的预期并有助于降低交易成本。而政府作为最大的第三方实施主体，对于稳定市场、提供交易信息、制定市场规则等方面均具有重要作用（维塞尔，2012；凯恩斯，2014）。在农地流转中，政府主导土地流转虽然可能损害农户的土地财产权益，但也因其保证了土地流转的有序性和可控性，进而缓解了农地流转中存在的矛盾（于传岗，2011），而且政府作为中介组织的土地流转可以有效实现流转的"去人际关系化"及交易价格显化（于传岗，2012）。因此，政府主导土地流转对农地交易人格化向非人格化转变可能具有一定的推动作用，即农地流转的"差序格局"可能因此得以破除。鉴于农地交易的非人格化趋势和人格化交易呈现出较低的经济绩效，本节将利用江西和辽宁两省的转出户调查数据经验分析信任格局对农地流转"差序格局"形成的影响，并考察政府主导土地流转对交易非人格化的影响，为推动农村生产要素交易的非人格化和提高资源配置效率提供经验参考。

二、理论与假说

"差序格局"是传统中国形成的由"亲"而"信"的社会结构和人际关系特征（卞长莉，2003），这种格局不仅具备建构伦理道德和社会信任关系的作用，也是一种配置社会稀缺资源的模式（孙立平，1996；于光君，2006）。尤其是在自给自足的自然经济条件下，家庭或亲缘关系网络作为社会最基本的生产、生活和消费等维度的"社会组织"，具有垄断和配置重要稀缺资源的功能（钟契夫，2000）。为刻画"差序格局"在农地流转中的具体表现形式，本节界定了农地流转中的信任"差序格局"和交易"差序格局"。信任"差序格局"是指农户依据与其他社会主体的亲疏关系建构自己社会关系网络和信任格局的模式，交易"差序格局"则是由信任"差序格局"诱使的农地交易中呈现出稀缺资源配置的近缘社会关系网络"内卷化"特征。进一步地，为刻画推动农地交易从人格化向非人格化转变的第三方实施机制，本节选择了政府作为交易实施的第三方主体。这是因为在目前的农地流转过程中，政府主导或作为中介组织土地流转为交易的非人格化提供了包括规则制定、信息传导、契约规范等功能，这与North（1994）对于第三方实施通过制定交易规则、降低交易费用和稳定交易预期，有助于促进交易的非人格化和显化经济绩效的阐述一致。

（一）信任"差序格局"与交易"差序格局"的形成

农村社会信任"差序格局"的形成不仅受到中国传统道德和伦理关系的影响，也是由农村零散的村落布局和封闭性的特征造成的（费孝通，2012）。这种封闭性的社会组织或团体具有典型的互动内卷化特征，导致农户互动经常性地发生在具有相似社会背景或熟人社会关系网络中。Fishman 和 Khanma（1999）研究发现一个社会中的双向信息交流有助于通过降低认知偏误而提高社会主体间的相互信任，但随着身处同一社会阶层的主体内部互动的增强或群体规模的增加，由低社会阶层上行的互动将随之弱化（林南，2004），互动偏弱进而造成了跨越社会群体的社会信任水平的下降。当前的城乡互动壁垒和村庄传统惯习形塑了农村社会的熟人关系网络，伴随着农户社会弱关系网络的稀缺和萎缩①，由资源占据的目的导向和表达性行为的互锁形成的强关系网络取代了弱关系网络的工具性作用（马贤磊、仇童伟等，2015）。由此可见，农户的信任"差序格局"在封闭性的熟人关系网络中具有自我强化的属性。

信任"差序格局"的形成建构了社会关系网络中资源流和信息流的分配和互动模式。作为内嵌于社会关系网络中的"资本"，信任本身也形成了主体依据所处关系网络位置的资源获取模式（Putnam，2001）。当农户依据亲疏关系形成了以自己为中心的信任关系网络后，稀缺资源的配置通过强关系得以实现。如果不考虑市场经济的资源价格发现功能，信任关系网络中的资源配置将以"信任资本"作为主要媒介。即与农户的社会关系越近，要素越倾向于流向熟人占据的网络位置，并且这种交易往往具有人

---

① 林南（2004）依据主体所处场域的位置和资源获取方式，将其社会关系区分为强关系和弱关系。强关系是指基于主体亲密性而实施的以维持社会资源和自我表达为目的的社会关系，弱关系则是以获取社会资源为目的的功利性社会关系。

格化特征，表现为交易价格和契约规范性均内嵌于"信任资本"，市场经济属性显化不足，即要素交易呈现内生匹配①。依据上述逻辑，本节识别了农地交易的人格化特征——交易对象亲缘性、交易价格低显性和契约去规范化。作为农村重要的稀缺资源，农地资源的配置方式也内嵌于社会关系网络的位置占据模式中。交易对象与农户的社会关系越近，这种依托"信任资本"的交易的价值显化程度越高。此时农户从信任交易中获取的边际效用越高，封闭环境中该类型的交易也益发普遍，市场价格和人情价格的显化程度则分别下降和提高。此外，与市场契约的风险约束功能不同，信任关系网络中的风险由熟人社会的非正式规则得到控制，即后者对前者存在某种程度的替代。而从信任资本的影响独立性来说，也可以发现与外生交易相比，信任资本对内生型交易的激励作用更强。这是因为，就信任资本构建的风险防范和资源配置网络而言，内生型交易的交易媒介较为单一，而外生型交易较为依赖物质资本和中介组织，信任资本的增加虽然可以促进外生型交易的发生，但边际效力仍然低于对内生型交易的影响。

H₁：信任"差序格局"内嵌于农地要素的配置方式，易诱发农地交易的人格化倾向，且信任资本对交易的影响也呈现"差序格局"特征。

（二）第三方实施与交易的非人格化

随着农村社会商品经济的发展，传统"差序格局"下的物质、符号和情感网络重合的现象已经发生了分化，由重合变为交叠（袁小平，2007）。虽然在涉及利益或直接利益时，农户仍按照血缘和亲缘关系选择关系类型（王雪，2006），但一种基于"情感＋利益"的建构方式在"差序格局""乡村版"向"差序格局""城市版"转型过程中，突出了经济利益在建构现代"差序格局"中的作用（于光君，2006）。换言之，基于传统信任"差序格局"的交易，"差序格局"正悄然向非人格化交易转型。但程志强（2012），洪名勇、尚名扬（2013）的研究表明，目前的农地流转仍然以亲缘流转和私人流转为主，缺乏市场经济的规范性。这表明，以经济利益为导向的市场交易模式在推动农地要素交易非人格化的过程中仍乏善可陈。

---

① 内生性交易是指发生在信任差序格局内部的交易，外生交易则是市场化程度更高和发生在信任格局外沿的交易，分别与人格化交易和非人格交易相对应。

其中，市场交易机制的缺乏（如交易规则不健全、信息平台稀缺、中介组织不完善等）是造成流转市场发育不健全的重要原因。第三方实施机制的不健全则造成了农地要素供给和需求信息的不匹配，农地交易的预期难以稳定，进而干扰了市场的价格发现功能。

政府作为重要的第三方实施主体，具有规则制定、市场稳定和提供稳定交易预期等作用，可促进价格的市场发现（North，1990）。而这些功能来源于政府合法性的强权地位，因此，作为实施主体的政府在农地流转中也存在充当"运动员"的潜在可能。此时，基于信任"差序格局"的交易，"差序格局"面临着经济利益嵌入和权力嵌入的双重制约。在现实中，部分地区出现了政府强行充当流转中介实施农地流转或通过"以租代征"的途径收回农户土地的情况（于传岗，2012），或者通过规则制定限制农户的自由流转权，以限定农地的用途或实现政府的利益。无论是规则制定或充当中介组织，土地流转都是政府依靠行政权力实施的第三方交易匹配，这就决定了政府推动的农地流转必然存在社会利益和政府利益的双重诉求。一方面，推动农业现代化和保障农民的土地财产权益具有显化农地交易价格的诉求，另一方面，地方政府必须遵守中央关于培育新型农业经营主体、推进农地流转和适度规模经营及适当引入农业生产资本的政策需求。虽然二者的利益导向不同，但实施的路径存在共性，即引入社会生产性资本，促进农村生产要素的非人格化交易。因此，政府组织土地流转，实则充当了破除农村土地的交易"差序格局"内嵌于熟人关系网络的局面，通过契约关系和市场规则取代了信任"差序格局"的风险抵御作用，进而实现了要素价格的市场化，提高了交易外生的匹配。

此外，虽然第三方组织实施农地流转可以提高交易的外生性，但信任资本对物质资本的替代决定了信任资本在第三方组织实施农地流转的过程中仍呈现交易激励的"差序格局"特征。由上文分析可知，政府主导土地流转可以提高交易的外生性和交易的非人格化特征，但随着交易的外生性提高，第三方组织实施的作用绩效如何变化？一方面，内生型交易借助信任资本建构的社会关系网络形塑了资源配置和风险防范机制，第三方组织实施农地流转虽然可以提高交易的非人格化程度，但物质资本与信任资本的内在替代机制将弱化政府主导对内生性交易非人格化的激励作用。相反，当交易的外生性提高时，交易的媒介倾向于货币化和物质化。此时，信任激励作用的下降表明交易实施中信任资本构建的关系网络更多地嵌入了经济属性，从而强化了第三方实施中法律规范性和市场导向性的作用绩效。当然，不可否认的是，第三方组织实施、交易外生和交易的非人格化具有内在的一致性，但就交易"差序格局"的属性而言，非人格交易的实现仍然取决于物质资本与信任资本在农地资源这一社会人格化资产配置中作用大小。在以经济利益为目的的交易中，交易的对象也会逐渐消除其"差序格局"特征，从而仅表现出交易的非人格程度的高低，这也是市场经济带来的商品化交易特征。

H₂：政府主导土地流转可破除交易"差序格局"和促进交易的非人格化，且随着交易外生性的提高，政府主导对交易非人格化的激励作用增强。

三、实证分析

（一）数据来源

本节的数据来源于课题组 2015 年 1 月和 8 月组织的对江西省丰城市和遂川县、辽宁省东港市和苏家屯区的农户调查，本次调查涉及 15 个乡镇、56 个村的 1 628 户农户。本次调研的目的是了解目前不同经济发展阶段地区农村土地流转和产权实施状况，为保证调研质量，调查的主要步骤包括：①根据地理位置和区域代表性，选择了辽宁省和江西省两个地区，主要是因为这两个地区的经济发展水平和土地制度的实施均存在明显的差异，易于考察农村地区差异化的土地流转特征；②为保证样本选择的随机性，课题组在每个县（区、市）随机选择 3～4 个乡（镇），每个乡（镇）选择 2～3 个村，每个村随机挑选 20～30 户农户进行入户调查；③为保证调研数据的质量，本次调研的调查员全部为本校的研究生，在正式调研之前，对每个人进行了系统的培训，内容包括问卷的内容和每个问题的确切含义。由于本节需要的样本为发生过土地转出行为的农户，因此，经过对资料缺失和不适宜本节研究样本的处理，本节最终采取的样本包括 55 个村的 486 户转出户。

（二）变量定义与描述

本节选择的变量包括因变量、主要自变量、户主特征变量、家庭特征变量和土地特征变量。为控制区域未观测到的社会、经济和制度等要素对因变量的影响，本节也设置了东港市、丰城市和遂川县三个区域为虚拟变量。具体的变量定义见表 3-17。

1. 因变量。本节的因变量为农地交易的对象、租金规模和流转契约的形式，其中农地交易的对象在模型 5 和模型 6 中被作为主要自变量使用。流转的交易对象方面，农户农地转出的对象主要为亲戚和同村农户，二者占转出户总量的 71.8%，交易对象为外村农户和新型农业经营主体的比率仅为 28.2%；其次，农地交易的租金包括固定租金（现金）、实物租金和浮动租金，为便于比较，将三者均折算为当年的货币租金。对于不同年份发生的流转，通过历年的通货膨胀率折算成 2015 年的当量货币值。可以发现，农地流转租金的均值仅为 316 元，低于土地随机前沿生产的贡献率；第三，土地流转契约的形式方面，签订正式书面契约的转出户仅占样本的 22%，契约形式仍以口头协议为主。

2. 主要自变量。主要自变量包括转出户的信任水平和土地流转是否由政府主导。在调研中，让农户对"您认为亲戚在多大程度上可以相信"、"同村的农户在多大程度上可以相信"、"外村的农户在多大程度上可以相信"、"合作社在多大程度上可以相信"及"农业企业在多大程度上可以相信"等问题进行 1-10 的打分，1 表示完全不信任，10 表示完全信任，值越大表示农户的信任程度越高。其中对合作社和农业企业的信任值进行加权平均表征转出户对新型农业经营主体的信任。从表 3-17 中可知，农户存在典型的信任"差序格局"，对亲戚、同村农户、外村农户和新型农业经营主体的信任具有逐渐下降的趋势。进一步，本节利用农户信任值建构了信任指数（引入计量检验）：首先将各信任水平加权平均作为农户的社会信任水平，然后利用各信任水平除以农户的总体社会信任水平作为信任指数；其次，政府主导土地流转方面，有 25.5% 转出户的土地流转由政府主导，行政干预水平整体较高。

3. 其他控制变量。为控制例如户主特征、家庭特征和承包地特征等因素对转出户土地交易对象选择和流转租金及契约选择的影响，本节也对上述变量进行了控制。户主特征变量选择了户主受教育程度和户主非农就业经历，其中转出户中户主的平均受教育年限约为 6 年，仅有 28% 的户主从事了非农就业；家庭特征包括了家庭半年以上外出务工人数、家庭农业固定资产和家庭收入主要来源，土地转出户家庭中平均 26% 的人员从事半年以上的非农工作，但在家庭主要收入方面，兼业户和完全非农农户的比重分别为 21.6% 和 60.9%，农业收入的重要性已较低。此外，农户家庭平均农业固定资产为 0.426 万元；土地特征变量选择了家庭承包地面积和承包地块数，样本转出户家庭平均承包地面积为 6.809 亩，但平均地块数也达到了 5.012 块，土地细碎化程度较高。

表 3 - 17　变量定义域描述

变　　量	定　　义	最大值	最小值	均值	标准差
因变量					
土地转给亲戚	1=土地流向亲戚，0=其他	1	0	0.181	0.385
土地转给同村农户	1=土地流向同村农户，0=其他	1	0	0.537	0.499
土地转给外村农户	1=土地流向外村的农户，0=其他	1	0	0.154	0.362
土地转给新型经营主体	1=土地流向新型农业经营主体，0=其他	1	0	0.128	0.334
土地流转租金	将各类地租折算成现值	3 000	0	316.186	272.919
土地流转契约选择	1=正式书面合同，0=其他	1	0	0.220	0.415
主要自变量					
信任（亲戚）	1~10 值越大表示信任感越强	10	1	8.051	1.805
信任（同村农户）	1~10 值越大表示信任感越强	10	1	6.628	2.158
信任（外村农户）	1~10 值越大表示信任感越强	10	1	4.508	2.520
信任（新型经营主体）	1~10 值越大表示信任感越强	10	1	5.491	2.394
政府主导	1=政府主导流转，0=自发流转	1	0	0.255	0.436
户主特征变量					
户主受教育程度	受教育年限	15	0	6.837	2.799
户主非农就业经历	1=有非农就业经历，0=无非农就业经历	1	0	0.282	0.450
家庭特征变量					
半年以上外出务工人数	半年外出务工人数占家庭总人口的比重	1	0	0.260	0.253
农业固定资产	万元	30	0	0.426	2.595
兼业型农户	1=兼业型农户，0=其他类型农户	1	0	0.216	0.412
完全非农农户	1=完全非农农户，0=其他类型农户	1	0	0.609	0.488
土地特征变量					
家庭承包地面积	亩	49	0.38	6.809	4.723
家庭承包地块数	块	30	1	5.012	4.069
区域控制变量					
东港市	1=东港市，0=其他	1	0	0.370	0.483
丰城市	1=丰城市，0=其他	1	0	0.286	0.452
遂川县	1=遂川县，0=其他	1	0	0.267	0.443

（三）描述性证据

1. 信任格局、交易对象与农地流转。 表 3 - 18 汇报了农户信任、交易对象、流转租金和契约形式的统计结果。初步的发现是：第一，农地流转中转出户交易对象主要为亲戚和同村农户；第二，交易"差序格局"与信任"差序格局"呈现一致性；第三，随着交易"差序格局"的外延，农地交易价格和契约规范性均提高。

表 3 - 18　信任格局、交易对象与农地流转市场化

流转对象	占比（%）	信任水平	租金（元）	书面契约（%）
流向亲戚	18.11	8.05	166.06	2.27
流向同村农户	53.70	6.63	298.81	9.58
流向外村农户	15.43	4.51	431.39	54.67
流向新型经营主体	12.76	5.49	463.05	62.90

2. 政府主导土地流转对交易"差序格局"的影响。 表 3 - 19 和表 3 - 20 分别给出了政府主导土地流转对交易"差序格局"的影响及交易对象给定时政府主导对交易市场化的影响。表 3 - 19 的结果表明：政府主导土地流转抑制了基于血缘和地缘形成的交易"差序格局"，并且提高了农地交易价格和契约的规范性；表 3 - 20 的结果表明：在交易对象给定时，政府主导土地流转仍然提高了交易的租金规模和契约的规范性。更为严格的计量检验见实证部分。

表 3 - 19　政府主导与交易"差序格局"破除：描述 1

政府主导	流向亲戚（%）	流向同村农户（%）	流向外村农户（%）	流向新型经营主体（%）	租金（元）	书面契约（%）
存在政府主导	2.42	25.81	41.13	30.65	468.35	62.10
无政府主导	23.48	63.26	6.63	6.63	264.06	8.29

注：流转契约分为书面正式契约（1）和非正式流转契约（0）。

表 3 - 20　政府主导与交易"差序格局"破除：描述 2

流转对象	政府主导	租金（元）	书面契约（%）
流向亲戚	存在政府主导	263.33	NA[a]
	无政府主导	162.62	2.35

（续）

流转对象	政府主导	租金（元）	书面契约（％）
流向同村农户	存在政府主导	509.45	50.00
	无政府主导	269.38	3.93
流向同村农户	存在政府主导	456.94	64.71
	无政府主导	377.08	33.33
流向新型经营主体	存在政府主导	465.24	73.68
	无政府主导	459.58	45.83

注："NA"表示该选项中的农户样本过小导致统计偏差较大。

（四）模型选择

为考察信任"差序格局"对农地交易"差序格局"的影响及政府主导土地流转对交易"差序格局"的解构机制，本节识别了以下基本表达式：

$$Y_i = a_0 + a_1 X_i + a_2 Z_i + a_3 X_i Z_i + \sum_{n=1} a_4 D_{ni} + \varepsilon_i \quad (3-11)$$

式中，Y_i 表示第 i 个转出户的交易对象。因此，依交易对象的不同可识别为 4 组模型（对象为亲戚、同村农户、外村农户及新型农业经营主体）。X_i 和 Z_i 分别表示农户对亲戚的信任水平和土地流转是否由政府主导，$X_i Z_i$ 表示交叉项。D_{ni} 表示户主特征、家庭特征、土地特征、区域特征和时间特征等控制变量，a_0 表示常数项，$a_1 \sim a_4$ 为待估计系数，ε_i 为误差项，并符合正态分布。

为了考察农地流转租金与契约选择的生成机理，本节进一步设立下列表达式：

$$Y_i = a_0 + \sum_{l=1}^{3} a_1 X_{li} + a_2 Z_i + \sum_{l=1}^{3} a_3 X_{li} Z_i + \sum_{n=1} a_4 D_{ni} + \varepsilon_i$$

$$(3-12)$$

式中，①Y_i 表示第 i 个农户的流转租金（租金水平的对数值），X_{1i}、X_{2i} 和 X_{3i} 分别表示农户的土地交易对象是否为同村农户、外村农户和新型农业经营主体，$X_{li} Z_i$ 为交叉项；②Y_i 表示第 i 个农户土地流转的契约形式，1 表示正式流转契约，0 表示非正式流转契约。

鉴于因变量的特征，文章将采用 probit 模型对模型 1 到模型 4 和模型

6 进行估计，利用 OLS 模型对模型 5 进行估计。

（五）信任格局、政府主导与交易对象选择

表 3-21 汇报了引入交叉项分析转出户土地流转对象选择的影响因素的估计结果，表 3-22 给出了信任格局和政府主导土地流转对交易对象选择的边际影响。可以发现，转出户对交易对象的信任水平越高，土地交易的匹配度越高，并呈现从同村农户、外村农户到新型经营主体交易匹配效力依次下降的特征。这是因为，转出户的信任"差序格局"决定了土地流转也呈现出"差序格局"特征；其次，政府主导土地流转分别降低和提高了土地流转的内生匹配和外生匹配，并激励了农地交易的非人格化。这表明政府介入在促进人格化交易市场向非人格化交易市场的过程中起到了积极作用。进一步地，表 3-22 也给出了不同的政府主导土地流转下信任对农地流转交易匹配的影响。结果表明，政府主导土地流转强化了信任对农地交易的正向匹配效力，但匹配效应仍呈现从同村农户、外村农户到新型农业经营主体依次下降的趋势。这表明，政府主导土地流转可以强化信任对交易的匹配效力，但固有的信任"差序格局"决定了匹配效力的主体"歧视"。

表 3-21　土地转出对象选择的影响因素分析

变　　量	流向亲戚	流向同村农户	流向外村农户	流向新型经营主体
主要自变量				
信任（亲戚）	−0.354 (0.247)			
信任（同村农户）		0.404 (0.321)		
信任（外村农户）			0.163 (0.389)	
信任（新型经营主体）				−0.084 (0.265)
政府主导	0.832 (1.015)	−1.836 *** (0.558)	1.090 ** (0.437)	0.243 (0.481)
信任（亲戚）×政府主导	−1.719 ** (0.775)			
信任（同村农户）×政府主导		0.662 * (0.371)		
信任（外村农户）×政府主导			0.581 (0.513)	
信任（新型经营主体）×政府主导				0.862 ** (0.447)
户主特征变量				
户主受教育程度	−0.023 (0.027)	0.005 (0.026)	−0.062 ** (0.033)	0.079 *** (0.029)

（续）

变量	流向亲戚	流向同村农户	流向外村农户	流向新型 经营主体
户主非农就业经历	−0.105 (0.194)	0.273 * (0.026)	−0.242 (0.252)	−0.073 (0.203)
家庭特征变量				
家庭半年以上外出务工人数	0.283 (0.268)	−0.242 (0.302)	−0.096 (0.483)	0.029 (0.425)
家庭农业固定资产	−0.006 (0.025)	−0.039 * (0.022)	0.051 ** (0.021)	0.006 (0.015)
兼业型农户	0.451 ** (0.227)	−0.044 (0.170)	0.167 (0.227)	−0.403 ** (0.204)
完全非农农户	0.723 *** (0.227)	0.106 (0.178)	−0.380 * (0.202)	−0.451 ** (0.207)
土地特征变量				
家庭承包地面积	−0.010 (0.016)	−0.006 (0.019)	0.040 ** (0.020)	−0.011 (0.025)
家庭承包地块数	0.009 (0.009)	0.008 (0.017)	−0.035 * (0.022)	−0.004 (0.016)
区域特征变量				
东港市	−0.431 * (0.261)	0.086 (0.318)	0.664 ** (0.313)	−0.151 (0.302)
丰城市	0.153 (0.225)	−0.042 (0.318)	−0.027 (0.399)	−0.150 (0.340)
遂川县	−0.180 (0.247)	0.037 (0.357)	0.714 ** (0.328)	−0.465 (0.357)
常数项	−0.557 (0.420)	−0.213 (0.462)	−1.674 *** (0.488)	−1.340 *** (0.453)
观测值	486	486	486	486
平均膨胀系数	3.82	4.67	2.66	3.42
极大似然对数值	−195.274	−300.616	−149.983	−154.625
伪 R^2	0.151	0.104	0.283	0.167

注：***、** 和 * 分别表示在 1％、5％ 和 10％ 水平上显著；上述回归控制了 54 个村的聚类标准差。

表 3 - 22 信任格局、政府主导对交易对象选择的边际影响

		流向亲戚		流向同村农户		流向外村农户		流向新型经营主体	
		系数	Z值	系数	Z值	系数	Z值	系数	Z值
政府主导	总体边际影响	−0.199 ***	−6.30	−0.397 **	−4.28	0.359 ***	6.16	0.235 ***	3.08
	总体边际影响	−0.101 *	−1.79	0.194 *	1.88	0.079 *	1.81	0.057 *	1.54
信任	政府主导	−0.114	−1.54	0.314 ***	2.90	0.255 **	2.27	0.251 **	2.23
	非政府主导	−0.100	−1.48	0.149	1.28	0.018	0.41	−0.010	−0.26

注：***、** 和 * 分别表示在 1％、5％ 和 10％ 水平上显著。

其他控制变量方面，转出户家庭以兼业和纯务农收入为主有助于提高

土地流向亲戚，而抑制向新型农业经营主体的流转。这是因为外出务工将土地转给内生性主体具有保障性和风险抵御功能，提高了农户面对失业的能力；户主受教育程度越高导致土地向新型农业经营主体的概率越大，一方面是受教育程度降低了农户对土地的依赖度和提高了农户外出务工的几率，另一方面也意味着农户对国家政策和新型农业经营主体具有更高经济绩效具有更深的认知；区域特征变量方面，东港市和遂川县转出户与苏家屯区农户相比土地主要流向外村农户，丰城市农户的土地流转对象与苏家屯区无显著差异。其他变量则对转出户土地流转对象选择无显著影响。

（六）交易对象、政府主导与农地流转市场化

表 3-23 汇报了引入交叉项分析农地流转市场化影响因素的估计结果，表 3-24 给出了交易对象和政府主导对农地流转市场化的边际影响。

表 3-23 农地流转市场化的影响因素分析

变　　量	土地流转租金	土地流转的契约选择
主要自变量		
土地转给同村农户	1.257 *** (0.314)	0.128 (0.229)
土地转给外村农户	1.734 *** (0.405)	1.237 *** (0.456)
土地转给新型经营主体	1.877 *** (0.592)	1.775 *** (0.473)
政府主导	0.672 (1.344)	−2.818 *** (0.493)
土地转给同村农户×政府主导	−0.045 (1.391)	4.695 *** (0.387)
土地转给外村农户×政府主导	0.466 (1.438)	3.886 *** (0.550)
土地转给新型经营主体×政府主导	0.314 (1.649)	3.781 *** (0.651)
户主特征变量		
户主受教育程度	−0.047 (0.031)	−0.029 (0.024)
户主非农就业经历	−0.138 (0.255)	−0.070 (0.198)
家庭特征变量		
家庭半年以上外出务工人数	0.630 (0.399)	−0.368 (0.395)
家庭农业固定资产	−0.034 (0.026)	0.028 (0.035)
兼业型农户	0.166 (0.239)	0.126 (0.349)
完全非农农户	0.272 (0.274)	0.010 (0.201)

（续）

变　量	土地流转租金	土地流转的契约选择
土地特征变量		
家庭承包地面积	0.011 (0.016)	0.024 (0.018)
家庭承包地块数	−0.074 *** (0.023)	−0.000 (0.021)
区域特征变量		
东港市	−0.449 * (0.234)	−0.282 (0.262)
丰城县	−2.229 *** (0.319)	−0.931 *** (0.356)
遂川县	−3.662 *** (0.424)	−0.280 (0.350)
常数项	5.049 *** (0.492)	−1.445 *** (0.488)
观测值	486	486
平均膨胀系数	6.15	6.15
极大似然对数值		−148.288
伪 R^2		0.421
调整的 R^2	0.494	

注：*** 、** 和 * 分别表示在 1%、5% 和 10% 水平上显著；上述回归控制了 54 个村的聚类标准差。

表 3 - 24　交易对象、政府主导对农地流转市场化的边际影响

变量 1	变量 2	土地流转租金		土地流转契约选择	
		系数	Z 值	系数	Z 值
政府主导	总体边际影响	0.760 **	2.07	0.347 ***	8.02
	总体边际影响	1.245 ***	3.11	0.103 ***	4.56
流向同村农户	政府主导	1.212	0.91	0.437 ***	7.63
	非政府主导	1.257 ***	4.00	0.019	0.56
	总体边际影响	1.852 ***	4.25	0.301 ***	3.15
流向外村农户	政府主导	2.200 *	1.64	0.506 ***	9.94
	非政府主导	1.734 ***	4.28	0.250 **	2.04
	总体边际影响	1.957 ***	3.85	0.442 ***	4.07
流向新型经营主体	政府主导	2.191 *	1.54	0.431 ***	3.18
	非政府主导	1.877 ***	3.17	0.547 ***	11.35

注：*** 、** 和 * 分别表示在 1%、5% 和 10% 水平上显著。

可以发现，随着交易"差序格局"的外延，土地流转租金规模和契约

规范化程度依次提高，这表明土地流转的非人格化和交易"差序格局"的破除有助于提高农户的经济福利和促进农地要素契约型市场的发育；此外，政府主导土地流转也提高了土地流转租金规模和契约规范化程度。进一步，表3-24给出了不同交易对象下政府主导土地流转对农地流转租金规模和契约类型的边际影响。结果表明，在交易对象给定的情况下，政府主导土地流转的使得交易对象对流转租金规模的影响不再显著。这说明政府介入确实可以破除交易"差序格局"对土地流转市场的抑制作用。其次，政府主导土地流转提高了交易主体对规范化契约的选择，对外生性交易的激励作用强于内生性交易。这是因为，与内生性交易相比（流转给亲戚），政府主导可以弱化交易的非人格化倾向。随着交易对象向外村农户或新型农业经营主体转变，激励效应逐渐强化。

由此可见，随着政府的介入，土地流转中以传统的血缘和地缘关系网络为基础的交易模式将逐渐为市场力量取代，而且政府介入在交易人格化向非人格的过渡阶段具有较强效应。但政府的介入在市场化后期往往易导致"市场失灵"和"政府失灵"的双重陷阱。同时，就不同区域和不同行为能力的农户而言，政府的介入虽然可以带来要素配置效率的提高和交易的市场化，但经济福利的增加并不意味着农户主观福利的增加。尤其是出现的诸如剥夺农户的自主决策权和土地收益权、以规模经营为借口收回农民土地、与民争利、随意调整和切割村庄土地等情况，同时某些地区也出现了农民被限制或强制流转土地的现象，由政府主导的土地流转可能成为某些农业经济组织和个人牟利的手段。因此，政府主导土地流转在交易"差序格局"破除和建构新交易格局方面的经济效率并不一定满足农户的主观福利，需要理性对待这一事实。

其他控制变量方面，承包地块数降低了土地流转的租金规模，可能的原因是细碎化的土地与整块土地相比具有交易方面劣势，尤其是细碎化土地容易面临零租金的情形；区域控制变量方面，与苏家屯相比，东港市、丰城市和遂川县的土地流转租金整体较低。同时，丰城市转出户的土地流转契约规范程度显著高于苏家屯。其他控制变量对土地流转的租金规模和契约类型影响并不显著，这表明在当前的土地流转市场的发育中，起主导作用的是政府力量和外生的市场机制，即土地流转尚处于需求方占主导优势的市场发育阶段。

四、进一步的讨论

本节利用江西和辽宁两省的转出户调查数据经验，分析了信任格局对农地交易对象选择的影响及政府主导土地流转对交易"差序格局"的解构作用。研究结果表明，信任"差序格局"内嵌于农地要素的配置方式，政府主导土地流转有助于破除交易"差序格局"及诱发交易的非人格化。经验结果表明：第一，转出户对交易主体信任水平的提高有助于提高交易的匹配程度，随着信任"差序格局"的外延匹配效力下降；第二，政府主导土地流转提高了交易对象的外生性，但信任的交易匹配效力随之下降；第三，交易对象外生性的提高有助于显化土地交易价格和契约规范化程度，政府介入强化了该效应。

农村社会传统的信任"差序格局"决定了资源配置较为依赖熟人关系网络，呈现出典型的村庄"内卷化"和排他性特征。但随着市场经济和社会化交往的发展，传统由亲而信的关系网络逐渐过渡到业缘甚至基于书面契约的社会交往局面。这一方面带来了农村资源配置的资产化特征，另一方面则提高了第三方组织实施的参与程度，引致了物质资本与信任资本对交易的双重嵌入。但由上文的分析可知，这种农村固有的群体内部信任仍然呈现出对非人格化交易的阻力。North（1990）在对制度变迁的分析中阐述了交易人格化向非人格化演变的过程中相对价格的重要性，即由第三方组织实施带来的交易成本下降和交易预期稳定有助于提高交易外生性。但即使在商品化程度较高的情境下，信任资本依然可以起到约束主体行为和提高交易稳定性的作用。这一方面肯定了信任资本在市场经济中的作用，另一方面则表明信任资本具有主体锁入效应，强化了互信主体间的交易发生和交易过程中信任资本对物质资本的替代。这一现象在商品经济中具有提高经济发展稳定性和降低交易费用的作用（福山，1998），但在人格化交易向非人格化交易的初始阶段和社会信任呈现"差序格局"特征时则面临较为复杂的局面。

基于研究结果，提出以下政策建议：

1. 破除城乡互动壁垒，拓宽农村社会网络边际。农地流转"差序格局"形成的根源在于农村固有的信任"差序格局"，这种信任格局的形成是由农村社会自封闭和脱离社会整体发展所造成的，具有典型的排他性和内部正反馈特征。当然，这种脱离整体的局域互动有助于促进相同社会背景和同一地域农户的相互信任（林南，2004），但由体制结构造成的城乡差别化管理模式和互动逻辑形成了农户对陌生主体较低的社会信任。这些不合理的制度包括城乡户籍制度、要素价格形成机制、差异化的社会公共服务供给方式等，虽然目前这些城乡壁垒正逐渐被破除，但与形式上的破除相比更为关键的是如何在财产权益和身份上消除城乡差异，建构城乡对等的社会化服务体系。社会信任是通过不同主体长期互动形成的一种稳定的心理契约，因此，只有将农村社会关系网络的边际不断外移，消除城乡壁垒和促进农村社会融入社会化大交往，才能促进农村社会信任由血缘、地缘、业缘不断外扩，进而推动农村生产要素交易的非人格化和契约型市场的发育。

2. 强化政府市场"守夜人"身份，避免权力崇拜。 应该看到，政府参与对于要素市场的发育和破除交易的人格化具有重要作用。主要体现在作为第三方实施主体担任信息平台，发现农地要素市场的潜在需求和潜在供给；制定要素市场交易规则和规范交易程序；构建要素市场纠纷仲裁机制，保障交易双方的合法权益等。目前，政府作为第三方实施主体在发现农地要素市场的潜在需求和潜在供给的作用逐渐显化，并带动了农地要素交易的去"差序格局"和市场效率的提高。但正如上文所述，政府的干预过多依赖于行政权力的介入，造成部分农户自由流转权和主观意愿得不到尊重，甚至出现土地被"以租代征"的情况，造成他们经济福利和主观福利双重损失。因此，作为土地流转市场的第三方实施主体需要严格控制自身的权力范围，避免权力滥用，规范作为市场"守夜人"的职能，进而避免权力崇拜诱发的"农地财政"。同时，政府当前需进一步发挥规则制定和构建农地交易平台的作用，强化自身的社会服务职能，引导价格机制在农村要素配置中起主导作用。

第四章　农地流转的契约期限及其逆向选择

　　农地集体所有权与农户承包经营权的分离，进而农户承包权与农地经营权的进一步分离，使得农地经营权的流转成为了可能。农地经营权流转的本质是产权交易。一般物品的产权交易，通常表象为物品的让渡，是产权主体的转换，具有交易的独立性与市场出清的特性。但是，由于农地经营权依附于农户承包权，从而使得经营权的流转并不是交割式的市场出清，由此导致两个重要特征：第一，在产权主体开放的条件下，任何进入土地经营的主体，要获得该土地的经营权，必然地并且是唯一地只有得到该农户的同意并实施产权流转，由此，作为承包主体的农户具有"产权身份垄断"的特性；第二，由于土地的终极控制权属于承包农户，任何形式的农地经营权流转在时间上不可能是永久性的，而只能是时段性的，由此，产权流转具有"期限性"特征。尽管我国的农地流转可以采用多种方式，但农户土地的出租或者租赁经营是最为普遍的形式。正因为如此，农地租约及其期限选择是一个值得关注的问题。

第一节　契约期限的确定：资产专用性维度的考察

一、理论线索

（一）文献回顾

　　自 20 世纪 70 年代以来，契约理论一直是经济学界非常活跃的前沿研究领域。其研究的核心问题在于：一是不对称信息下的收入转移；二是不同风险态度的当事人之间的风险分担（Hart & Holmstrom，1987）。契约理论大体可分为完全契约理论和不完全契约理论两大流派（杨其静，2003；杨瑞龙、聂辉华，2006）。然而，无论是哪个流派，契约期限问题始终是受到关注的焦点（Coase，1937；Williamson，1979；Klein，1980；

Grossman & Hart，1986；Hart & Moore，1990）。例如，完全契约理论以机制设计为中心，关注于信息与激励问题；不完全契约则力图解决不可自我执行所引发的套牢与打折扣问题。由于不完全契约不仅仅考虑信息约束问题，而且还涉及未来自然状态的不确定性，因此不完全契约往往成为"长期契约"的一种替代表达（费方域、蒋士成，2008）。在信息对称的情形下，长期的有效契约可以被一系列短期契约复制（Farrel & Shapiro，1990；Fudenberg 等，1990）。由于以自然状态的未来确定性与否来判断契约的时间节点，所以在整个契约理论中，契约期限及其决定问题，被掩盖于动态契约、不完全契约及其效率问题之中。尽管如此，关于契约期限问题的研究依然取得一些进展。Mises（1949）注意到，缔约期限的长短能够代表不同的契约关系，并影响缔约双方的行为，进而产生不同的契约效果。由此，契约期限的决定机理成为关注的焦点。Cheung（1970）认为，选择一个相对较长的租约期限是为了减少附着于土地的资产的转让（交易）成本，并降低信息不完全下转让产权的预期成本；而选择较短的租约期限是为了避免长期租约执行中彼此潜在的违约行为的监督成本，而且便于再谈判。Masten 等（1985）的经验证据表明，关联专用性投资越大，契约期限越长。Bergemann 等（1998）进一步揭示了不确定性与风险的重要性，并通过信息不对称下的动态代理模型证明了投资项目的风险性将会加强长期契约的选择倾向。

契约期限的长短及其所决定的行为预期，将对契约的实施及其稳定性产生重要影响。大量的文献强调了土地长期契约的重要性。不论经营主体是自己耕种土地还是雇佣他人耕种抑或租赁经营，长期契约都是地权稳定性在时间维度上的反映（Place et al.，1994）。流转期限过短或经营期限的不确定性均会诱导受让方在生产上的短期行为，容易形成掠夺式经营，不利于保持地力（姚洋，1998）。Klein 等（1978）、Grout（1984）、Williamson（1985）、Tirole（1986）等从不同方面指出，不完全契约会导致投资激励不足，而投资不足则会导致契约的短期化，短期契约又会反过来抑制专用性投资，从而揭示了资产专用性与契约选择的关系。Crawford（1988）、Rey 等（1990）甚至认为，长期契约与短期契约均是节省交易费用的可相互替代的两种机制。对于农地租赁的流转契约而言，多数文献倾向于强调长期契约的合理性。

事实上，中国农地流转市场普遍存在的要么是没有缔约、要么是口头契约或者契约期限过短。对湖北与浙江两省的典型调查表明，农户的农地流转中大多没有约定转让年限，比例分别高达 86.2％和 68.5％（钟涨宝、汪萍，2003）。2000 年山东、浙江、江苏农户间的租约平均期限分别为 1.50 年、3.16 年、4.10 年，2009 年浙江农户间的租约平均期限为 3.31 年（田传浩、方丽，2013）。2005 年对全国 17 省的调查表明，在转出土地经营权的农户中，高达 46％的农户没有约定期限，其余 54％有约定期限的农户中又有一半农户的流转期限在 1 年以内，只有 6％的农户曾经约定超过 10 年的流转期限（叶剑平等，2006）。

已有文献主要是通过实证研究识别各类因素对农户农地流转契约期限的影响，以及围绕资产专用性，从司法干预、赔偿、治理结构、产权控制以及履约等多个视角，对契约期限问题进行了广泛的研究（杨瑞龙、聂辉华，2006）。但对其影响机理并没有做出解释。Hart and Moore（2008）指出，精细的契约是刚性的，有利于遏制双方的投机行为，但会导致事后灵活性的丧失。相反，粗糙的契约会带来投机行为，从而损失当事人的利益。因此，最佳的契约形式是在保护权利感受的刚性与促进事后效率的灵活性之间进行权衡取舍。因为在租佃契约的形成过程中，缔约主体可以接受、也可以不接受正在商议的契约条款，契约期限的选择也不例外，所以，更重要的问题并不是长期或者短期契约是否有效率，而是为什么缔约当事人会选择不同租期（张五常，2000）。

（二）分析维度及其假说

分析不同农户土地流转的缔约行为，有助于强化对农地流转契约特征的认识。但是，过于强调农户的异质性，有可能忽略对农地功能特性及其决定机制的理解。因此，将两者结合显然是必要的。必须注意到，土地所承担的福利保障及经济价值功能，大大强化了乡土中国背景下农民对土地的依附性，使得土地的资产属性与农地流转的契约选择紧密联系在一起。Crawford（1988）曾经证明，除非引入"资产专用性"，否则难以解释长期契约与短期契约的替代问题。因此，本节基于资产专用性的理论维度，结合农地流转的环境特征与交易特性，从理论和实证结合的层面分析契约期限的决定机理，以期揭示不同类型农户在农地转出中对不同期限契约的选择与匹配。

1. 资产专用性与契约期限选择。每一次交易涉及一份契约。所以，契约方法成为分析交易最基本的方法。不同的契约安排有利于不同的交易，不同的交易则需要匹配不同的契约关系（张五常，2000；Williamson，1985；费方域，1998）。为了实证"对各种组织安排的选择始于对每笔交易的成本的比较"，学者将交易成本的大小与交易的可观测属性联系在一起（Williamson，1979；Klein et al.，1978），交易契约的期限就是其属性之一。期限反映的是一个持续的时间概念，时间是分析人类行为的一个基本维度（Mises，1949），是缔约的关键内容之一（Guriev & Kvasov，2005）。

张五常（2000）认为，选择较长的租期是为了降低依附于土地的资产的机会成本；选择短期租约更多是为了便利重新谈判，而不是为了降低实施条款的成本。为了进一步解释和说明契约期限安排的问题，Williamson（1996）曾给出过一个非正式模型的判断：交易的专用性越高、不确定性越大、交易频率越高，契约期限就越长，长期契约比短期契约的治理效应就会更为明显。大量经验研究表明：关系专用性投资越大，契约期限越长（Masten & Crocker，1985）。一般来说，与交易相关的投资资产专用性越强，则对土地流转交易关系的持续性要求就越强，从而设立交易契约的保障机制就越重要（罗必良、李尚蒲，2010）。因此，对于农地流转交易的契约期限安排，资产专用性具有重要的行为发生学意义。

资产专用性具有预测的作用，以固定资产投资即具有交易专用性的资产投资为依托，各种交易就产生了"锁定"效应（Williamson，1979）。Klein et al.（1978）曾指出，为了避免投资形成资产专用性及其锁定效应，农业经营者往往通过租赁而不是自己拥有土地，来耕种一年期以内能够收获的庄稼，如水稻、蔬菜、甜菜、棉花或麦子。相反，那些用于种植果树（如各类坚果、橘子、生梨、杏树以及葡萄藤等）的土地，由于具有显著的专用性，则往往是种植者自己拥有的土地。因此，与其他行业相比，专用性投资所形成的农业资产更易于"沉淀"，即缺乏流动性。在农业结构的调整中，这种"沉淀成本"表现得尤为显著：一方面构成结构调整的退出障碍，形成产业壁垒；另一方面农户在面对交易机会时，由于形成了专用性资产而易于被"敲竹杠"（项桂娥、陈阿兴，2005）。一般来说，租约期越长，土地的资产专用性程度可能越高，反之则相反。由此，专用性投资及其面临的风险将一些潜在的土地租佃需求者挡在了门外（肖文韬，2004）。因此，农业的土地经营所形成的资产专用性特征，对农地流转的契约期限选择具有内生决定的性质。

2. 基本假设。 按照 Williamson（1996）的定义，资产专用性是指资产能够被重新配置于其他备择用途，并由其他使用者重新配置而不牺牲其生产性价值的程度。Williamson（1996）将资产专用性划分为六类：场地专用性、物质资产专用性、人力资本专用性、专项资产、品牌资本、临时专用性。本节关注于与农户农地转出相关的资产专用性，主要包括场地专用性、物质资产专用性、人力资本专用性、社会资本专用性。

（1）场地专用性。场地专用性可以表达为地形、肥力、适于不同方式种植的地块类型等多个方面。在经营权流转之后，农地利用方式有可能发生改变。一般来说，农地转出者对土地的地形与种植结构的变化是易于观察的，但对土壤肥力的变化则难以识别。一方面，作物生长对肥力具有较强的依赖性；另一方面，同一种作物采用不同的种植方式又可以反过来影响土壤肥力。后者相对难以被观察。考虑到土地经营权对承包权的依附特征，无论选择怎样的租约期限，土地总是要返回到承包农户。因此，可以推断，对于具有良好肥力的土地，农户转出的可能性相对较小，选择长期租约的可能性较低。

研究假说 1：农地质量越好，农业生产的资产专用性越强，农地流转契约越倾向于短期。

（2）物质资产专用性。农户进行的农业生产性投资表现为两个方面，一是直接投资于土地所形成的资产（如灌溉渠道、多年生的果树等），二是根据其土地规模、地块特征所进行的工具性与装备性投资（农业机械及其装备等）。前者与农地流转具有不可分性，能够在流转契约中得到体现，后者则具有可分性，一般不会体现在契约条款中。因此，对于那些与土地资源特性相匹配的专用性投资来说，一旦改变土地的用途，或者流转其土地的经营权，原有投资的资产价值就会大大降低。于是有：

研究假说 2—1：农户投入农业生产的专用性投资越多，"锁定"效应越强，其农地转出契约可能不约定期限，即使选择期限亦会倾向于短期；

研究假说 2—2：通过借贷融资进行生产投资也会带来资产专用性。这类资产专用性对农地流转契约的影响可能是不同的。如果贷款用于农业生产，农户则可能选择短期契约；如果贷款用于非农生产性投资，则表明农户的非农化倾向，农地转出可能选择长期契约。

（3）人力资本专用性。农户的人力资本主要在于两个方面，一是通用性人力资本（可采用受教育程度表达）。农户受教育程度越高，对土地的依赖性越低，在农地转出时选择长期租约的可能性越大。二是经验性人力资本（可采用务农年限表达）。一般而言，农民务农经验和年龄成正比。随着农民年龄的增大，其劳动供给强度减小，显然倾向于转出农地并选择长期租约。此外，农户的人力资本可进一步表达为农业生产经营的行为能力，如农业的单产水平与来自于农业的收入份额，均会影响到农户的租约选择。

研究假说3—1：受教育程度越高，转出农户越倾向于选择长期契约；

研究假说3—2：务农年限越长，转出农户倾向于选择长期契约；

研究假说3—3：农业收入比重高、单产水平高的农户，其农业生产经营的人力资本专用性越强，在农地转出时要么不设定契约期限，要么选择短期契约。

（4）社会资本专用性。由于农户的社区性与土地的不可移动性，农地流转大多具有典型的乡土村庄特性。一方面，政治权利对农村的渗透，难免会打破原有农户间缔约谈判的均衡，具有比较谈判优势的农户无疑会选择短期租约以便于利用政治资源进行重新谈判；另一方面，乡土社会内含的声誉、人情与信任机制，有助于农户形成流转交易的稳定预期，会使得农户要么选择非正式契约（口头的或者无期限约定的契约），要么选择长期契约。因此，本节将农户社会资本专用性细分为政治资本（用"家庭村干部数"表达）和地缘资本（用"三代人生活在本村"表达）。

研究假说4—1：具有政治资本的转出农户，会选择短期契约；

研究假说4—2：拥有地缘资本的转出农户可能倾向于选择隐性契约或者长期契约。

二、实证分析

（一）数据来源

本节数据来源于课题组于2011年7月至2012年2月进行的全国抽样

问卷调查。共发放问卷 1 000 份，回收问卷 1 000 份。剔除数据缺失过多的问卷，最终得到有效问卷 890 份。

1. 样本户基本特征描述。从表 4-1 可看出，样本农户呈现出明显的特点：第一，小规模与分散化经营。户均农地（包括水田、旱地和菜地三种类型）仅为 4.78 亩，且较为分散；第二，家庭经营非农化。一是纯农业劳动力占家庭劳动力的比例只有 36.48％；二是农业经营收入占农户家庭收入的比例不足一半，仅占 46.06％。

表 4-1　全国样本农户的基本特征

指标名称	描述值	指标名称	描述值
户均家庭人数（人/户）	3.40	户均农地的总面积（亩）	4.78
户均劳动力人数（人/户）	2.58	户均农地地块（块/户）	5.00
纯农业劳动力所占比重（％）	36.48	转出农地的农户数（户）	195
户均农业经营收入所占比重（％）	46.06	农地流出总面积（亩）	707.16

值得注意的是，农户经营的规模不经济与农业经营收入份额的下降，大大推动了农业劳动力的非农流动，但劳动力的流转却并未有效推动农地的流转。表 4-1 表明，参与农地转出的农户共 195 户，占样本农户的 21.91％，流转出的农地仅占农地总面积 16.62％，"地动"明显滞后于"人动"。

2. 转出样本户契约期限描述。农地经营权的流转依附于农户的承包权，如果说农地的转入主体可以多样化，但农地转出主体必然唯一地是农户。因此，本节重点考察 195 个样本农户农地转出的缔约与期限选择特征。

表 4-2　转出农地的样本农户的契约基本特征

分　　类		总计 样本数	其中：书面契约 样本数	比例（％）	口头契约 样本数	比例（％）	没有契约 样本数	比例（％）
契约类型		195	61	31.28	75	38.46	59	30.26
其中：有契约期限	＞1 年	59	35	76.09	24	77.42	—	—
	≤1 年	18	11	23.91	7	22.58	—	—

从表 4-2 可以看出，农地流转的契约化程度明显不足：一是高达

68.72%的样本农户没有签订流转契约或者仅仅是达成口头协议；二是占总样本60.51%的农户没有明确流转期限。而在有明确契约期限的77个样本农户中，以书面形式签订1年以上契约的农户仅占45.45%。

(二) 模型选择

农户农地转出契约期限的选择，可以从两个方面进行分类。一是分为有期限契约和无期限契约，二是区分为长期契约和短期契约。因此，这两个层面均是典型的二元选择问题，适合采用Logistic模型进行计量分析。其基本形式为：

$$\ln\left(\frac{P_i}{1-P_i}\right) = \partial + \sum \beta_k x_{ki} + \varepsilon \qquad (4-1)$$

式中，P表示事件发生的概率，各变量关系服从Logistic函数分布，且将因变量的值域有效地限制在[0，1]。我们分别设立两个计量模型。在第一个模型中，将农户选择有期限约定和无期限约定的行为定义为[1，0]；在第二个模型中，将农户选择长期契约（期限1年以上）和短期契约（期限1年）的行为亦赋值为[1，0]。设$y=1$的概率为P_i，则P_i的分布函数为：

$$P_i = F(Z_i) = F(\alpha + \sum_{j=1}^{m} \beta_j x_{ij}) \qquad (4-2)$$

式中，P_i表示农民选择有无契约期限或者契约期限长短的概率，x_{ij}是影响农户契约选择行为的因素。

(三) 变量选择及其统计描述

依据前述，具体采用的各变量定义及统计描述如表4-3所示。

资产专用性体现在场地专用性、物资专用性、人力资本专用性和社会资本专用性四方面。其中：

1. 场地资产专用性采用"土地肥沃程度"测度。 整体样本户的农地肥沃程度均值为2.33，略高于有期限契约的转出户的2.19，说明土地质量较好的农户不太倾向签订有期限约定的契约。

2. 物资资产专用性采用"农业生产性固定资产"和"获得生产性贷款"来测度。 约定契约期限的农户的物质资产专用性程度相对较高，初步验证了前述的假说。

3. 人力资本专用性采用农户"平均受教育年限"、"平均务农年限"、"生产能力（单产）"和"农业经营能力"四个变量来测度。其中，生产能力和经营能力相对较高的转出农户，更倾向于选择有期限约定的契约，从而表现出较强的契约化意识。

4. 社会资本专用性采用"家庭村干部数"和"三代人生活在本村"来测度。可以观察到，选择期限约定的农户拥有相对较高的专用性社会资本。

表 4-3　变量的定义及统计描述

变量	变量名称	变量定义	是否有期限约定		契约期限长短	
			均值	标准差	均值	标准差
场地专用性	土地肥沃程度	从贫瘠到肥沃分5级赋值	2.33	1.04	2.19	1.11
物资资产专用性	农业生产性固定资产	耕牛、拖拉机等（件）	0.88	1.25	1.26	1.50
	获得生产性贷款	否=0；是=1	0.18	0.39	0.25	0.43
人力资本专用性	平均受教育年限	劳动力平均受教育年限（年）	8.62	2.43	8.31	2.69
	平均务农年限	超过20年为1，否则为0	0.21	0.41	0.17	0.38
	生产能力（单产）	高于本村其他农户为1，否则为0	0.46	0.50	0.53	0.94
	农业经营能力	农业收入占总收入比重（%）	21.25	32.97	28.14	35.15
社会资本专用性	家庭村干部数	家庭中任村干部的数量（人）	0.09	0.35	0.13	0.47
	三代人生活在本村	否=0，是=1	0.43	0.50	0.57	0.50
其他变量	转出面积	土地转出面积（亩）	3.49	2.73	2.78	2.68
	转出对象	非亲友=0，亲友=1	0.61	0.49	0.55	0.50
	是否收取租金	未收取租金为0，收取租金为1	0.58	0.50	0.79	0.41

从表 4-3 还可以发现，与没有约定期限的农户相比，约定期限的农户所流转面积相对较少、流转给亲友的相对较少、获得的流转价格相对较高。因此，约定期限的农地流转契约具有明显的市场化特征。

（四）计量模型的估计结果

采用计量模型，通过 SPSS 20.0 软件进行回归分析，实证结果如表 4-4 所示。两个模型均具有较好的拟合度，有进一步讨论的价值。

表 4 - 4　农地转出契约期限选择影响的 Logistic 模型估计

变　量	变量名	模型1：契约是否有期限		模型2：有期限契约的长短	
		估计系数	S.E	估计系数	S.E
场地资产专用性　土地肥沃程度	土地肥沃程度	0.14	0.17	−1.23*	0.63
物资资产专用性	农业生产性固定资产	−0.38***	0.15	−0.70**	0.19
	获得生产性贷款	−0.66	0.45	1.99*	0.01
人力资本专用性	平均受教育年限	0.04	0.07	0.14	0.14
	平均务农年限	0.88**	0.45	2.22*	1.30
	生产能力（单产）	−0.31	0.36	−0.57	0.43
	农业经营能力	−0.00	0.01	−0.00	0.29
社会资本专用性	家庭村干部数	−0.03	0.57	−1.20	1.10
	三代人生活在本村	−0.93**	0.36	1.85*	1.27
其他变量	转出面积	0.15**	0.07	0.36*	0.98
	转出对象	0.41	0.37	−0.58	0.89
	转出租金	−1.28***	0.38	−0.30	0.93
常量		0.69	0.87	2.50	2.04
模型检验	样本数（n）	195		77	
	−2Log Likelihood	206.07		54.47	
	Cox & Snell R^2	0.25		0.32	
	Nagelkerke R^2	0.34		0.47	
	模型预测精确度（%）	73.30		84.20	
	模型系数的综合检验	$\chi^2=55.57$, df=12		$\chi^2=28.73$, df=12	
	Hosmer—Lemeshow 检验	$\chi^2=12.91$, df=8, Sig=0.12		$\chi^2=2.92$, df=8, Sig=0.94	

注：* 表示在10%水平上显著，** 表示在5%水平上显著，*** 表示在1%水平上显著。

　　计量分析结果基本验证了前文的研究假说。由表 4 - 4 可以发现，基于福利赋权的"均包制"所形成的不同方面的资产专用性，对农户在农地流转中契约期限的选择行为，具有重要的影响。

　　总体来说，农户在农地转出的缔约中，是否约定期限以及选择期限的长短，大体具有较为一致的行为特征。其中：

　　1. 场地资产专用性对契约是否约定期限的影响不明显，但对契约期限长期化选择起反向作用，即土地越肥沃，契约期限倾向短期。这表明，农户承包经营的土地的质量越高，在流转中产生"惜地"的可能性越大。

2."农业生产性固定资产"的投资价值往往对农户的农地经营状况具有依附性，或者说，这类投资所形成的资产专用性对农户的土地经营能够产生"锁定效应"。由此，农户在农地转出时倾向于不约定契约期限以保持灵活性；即使约定期限，也倾向于选择短期契约来保留对生产的最终控制权。"生产性贷款"对转出农户的契约期限长期化选择起正向作用。由于贷款投资是一种形成未来专用性资产的行为，因此，可以判断转出农户的贷款投资主要将用于非农经营。其契约期限的选择特征，一方面表达了生产性投资农户的"离农"倾向，另一方面也表达了农户对土地财产性收益稳定预期的重视。

3."平均务农年限"越长，农户越倾向于约定契约期限，并且在约定期限时会倾向于选择长期契约。农户务农年限越长，其年龄也越大，从而农户因自身劳动强度下降而选择长期契约以获取稳定的流转收益。

4.农户的"转出面积"越大，越倾向于约定契约期限，并且在期限选择时倾向于长期化。显然，农户转出的土地规模越大，通过契约保护土地权益的意识越强。

另外，计量结果也反映出几个值得注意的问题：

第一，尽管流转对象的选择并未对契约期限产生显著影响，但发生于亲友之间的流转并不倾向于约定契约期限，流转越是发生于非亲友之间，选择较长期限契约的可能性越大。这表明，乡土中国的契约化行为具有双重性。一方面在亲友之间往往选择隐性契约，另一方面在非亲友之间选择正式契约。但期限长短选择的行为特征，已经初步显示了农地流转走向契约化的趋向。

第二，作为地缘资本的"三代人生活在本村"，对农户的缔约行为同样具有双重性，即要么不设定契约期限，而一旦设定期限就倾向于选择长期契约。这种双重性表达了农户的分化特征。对于一些农户来说，如果农户外出的生存能力有限，随时保证退回土地经营是明智的选择，反映了农户对土地福利功能的依存性；对于另外一些农户来说，如果具有较强的农户外出生存能力，那么一个具有相对稳定预期的流转契约显然是合适的。

第三，"转出租金"并未激励农地流转契约的期限约定。或许存在三个方面的可能：一是土地流转大多发生于邻里之间，流转价格具有"隐性"特征；二是农地流转市场尚未得到良好的发育，缺乏恰当的流转价格的生成机制；三是农户对未来的流转价格有较高的预期，通过保持灵活性以利于未来重新缔约时获得谈判优势。

第四，反映农户农业经营真实能力的指标如"单产水平"和"农业经营能力"，对农户契约期限选择均不产生明显的影响。这意味着农户对流转契约的选择与农户对土地的实际经营状态无关，表明农户对土地的经营能力及其收益预期，并未成为农户土地流转及其缔约期限抉择的重要变量。

三、进一步的讨论

重新审视本节的计量分析结果，可以得到一个惊人的发现：农户土地流转的契约及其期限的选择，主要与农户的资源禀赋条件相关，而与土地本身有价值的产权维度（如，由单产水平表达的经营权、由农业收入表达的收益权、由流转租金表达的排他性交易权）的关系甚微。

如果将表 4 - 4 中的变量重新分类，那些对农户土地流转缔约行为具有一致性影响的变量，如农业固定资产、农户务农年限、农户转出面积，均属于农户的禀赋性因素，而那些表达农户生产经营及其收益状况的能力性因素，如受教育程度、单产水平、农业收入比重，均没有产生明显的作用。尤其值得重视的是，作为表达农户土地权益的"流转价格"变量，并未成为农户契约选择的积极因素。这就是说，土地的有价值的资产属性并未在流转契约中得到有效表达。人地关系的严酷性，决定了土地对于农民兼具生产资料及社会保障双重功能。正因为如此，家庭承包制所施行的"土地均分"成为了农民克服生存压力的一个集体回应（Scott，1976）。因此，不能否定农民的理性选择。我们更关心的问题是，为什么表达土地资产的有价值的产权属性，没有成为农户缔约及其期限选择的促进因素？

土地功能的双重性，表达的不仅是一个资源配置层面的资产专用性特性，更重要的是表现为显著的人格化（或身份化）特征。第一，农地对于农民是一种不可替代的人格化财产，并由赋权的身份化（成员权）、确权的法律化（承包经营权证）、持有的长久化（长久承包权）而使财产的人格化程度不断增强。其中，农民对于土地的承包权而言，具有排他性的"资格垄断权"（任何农村集体成员以外的主体，只能以获得依附于承包权的经营权才能进入农业经营）；第二，由于农户的承包经营权必然地要对象化到具体的地块，因此，对于任何通过流转市场来获得一个具体地块的经营权的主体而言，具有该地块承包权的农户，天然地具有"产权地理垄断"的特性；第三，农户参与土地流转交易，具有明显人格依赖性、生存依赖性、情感依赖性以及流转对象的依赖性。

农地流转市场并不是一个纯粹的要素市场，而是包含了地缘、亲缘、人情关系在内的特殊市场（钟文晶、罗必良，2013）。农户的土地流转契约亦并非一个单纯的经济性契约。如果一个人对所拥有的物品具有生存依赖性，并且具有在位控制权诉求，特别是当其控制权的交易具有不均质性、不可逆的前提下，农户的预期不足会大大约束其流转交易行为。在承包权与经营权分离的情形下，农地流转意味着对农地实际使用的控制权掌握在他人手中，并有可能导致土地质量、用途等发生改变。如果存在事前的预期不确定性，并且这种改变及其风险又是承包农户难以接受的，无疑会提升农户对土地"持有"价值的评价，于是，要么交易受到抑制，要么缔约是可以随时变更的，从而选择口头契约、非期限契约或者短期契约。

农村土地的承包经营权应该从福利性赋权转向财产性赋权。赋予农户充分而有保障的土地权利，发育和完善土地承包经营权流转市场，鼓励有经营能力行为主体参与农地流转并改善价格（租金）的生成效率，提升农民获得相应财产性收益的预期稳定性，土地流转的契约化与规范化才有可能成为常态。

第二节　契约期限的选择：威廉姆森分析范式

现实中的农地流转普遍表现为契约的短期化特征。前期研究（钟文晶、罗必良，2014）从资产专用性维度对此进行了讨论。本节是前期研究的继续，重点是从资产专用性维度进一步扩展到威廉姆森交易费用分析范式，以期阐明资产专用性、不确定性以及交易频率对契约期限的决定机理。

一、理论线索

（一）分析范式的选择

每一次交易涉及一份契约。所以，契约方法成为分析交易最基本的方法。不同的契约安排有利于不同的交易，而不同的交易则需要匹配不同的契约关系（张五常，2000）。而为了考察不同的契约关系及其选择，则需要从交易的可观测属性来测度交易成本（Williamson，1979）。交易契约的期限就是其属性之一。期限反映的是一个持续的时间概念，时间是分析人类行为的一个基本维度（Mises，1949），是缔约的关键内容之一（Guriev and Kvasov，2005）。为了进一步揭示交易费用与契约安排的内在关系，Williamson（1985）曾给出过一个非正式模型的判断：交易的专用性越高、不确定性越大、交易频率相对越高[①]，契约期限就越长，长期契约比短期契约的治理效应就会更为明显。

可以认为，对于农户农地流转交易的契约期限选择，资产专用性、不确定性、交易频率均具有重要的行为发生学意义。农户家庭是农地承包经营的主体。由于农地经营权依附于土地承包权，因而农地流转的转出主体必然是农户。因此，本节着重从转出农地的农户层面考察农地租约的期限问题。

（二）分析维度及其假说

1. 资产专用性。资产专用性具有预测的作用，并能够对交易活动产生"锁定"效应（Williamson，1979）。与其他行业相比，投资及其专用性将所得农业资产更易于"沉淀"，即缺乏流动性。Klein 等（1978）曾指出，农业领域为了避免投资形成的锁定效应，租赁土地的经营者大多会选择耕种一年期以内能够收获的庄稼，如水稻、蔬菜、甜菜、棉花或麦子。相反，那些用于种植果树（如木本类的坚果、苹果以及葡萄藤等）的土地及其所匹配的投资，由于具有显著的专用性，则往往是种植者自己拥有的土地。由此，专用性投资及其面临的风险将一些潜在的土地租佃需求者挡在了门外。可见，农业的土地经营所形成的资产专用性特征，对农地流转的契约期限选择具有内生决定的特征性质（钟文晶、罗必良，2014）。

H$_{1-1}$：农户的专用性资产投入越多，转出农地时越倾向于选择短期

---

① 如果交易频率很低，那么外部交易的可能性会很小，内部化或者一体化将成为可能的选择。由于农地经营权不可能交割，在此情形下即意味着租赁交易难以发生。

契约。

应该强调，专用性投资与其土地资源禀赋紧密关联。对于较为平整的耕地，显然便于机器耕作，如果农户进行土地出租，无疑会倾向于选择有专用性投资匹配的承租主体，其契约可能是相对长期的。

H_{1-2}：农地以平地为主，农户一旦转出农地会倾向于选择长期契约。

此外，农户的人力资本及其专用性亦会影响其农地流转及其契约选择。第一，农户劳动力受教育程度越高，其外出就业的可能性越大，将倾向于选择长期契约；但另一方面，其发现土地潜在收益的可能性也越大，则倾向于选择短期契约。第二，如果农户劳动力外出打工时间越长，同样有两种可能，一是积累的非农业人力资本越多，务农的可能性越小，会倾向于选择长期契约；二是农民外出时间越长，年龄会越大，退出非农劳动力市场而选择返乡务农的可能性越大，则倾向于选择短期契约。

H_{1-3}：家庭劳动力受教育程度越高，家庭劳动力外出打工时间越长，农户对契约期限的选择可能是不明确的。

2. 不确定性。在土地租赁市场，农户缔约行为的不确定性主要来源于两个方面。

一是农户与承租方之间的信息不对称。信息不对称分为两种情形，一是隐藏信息，二是隐藏行动（Arrow，1985）。①对于前者，农户的甄别主要源于经验判断。在乡土社会，人际关系呈现明显的差序格局（费孝通，1948），因而信息甄别很大程度上取决于关系亲疏所决定的信任机制。如家人关系讲究责任，会无条件信任；而熟人关系侧重人情，有条件的信任；生人关系基于利害原则（杨国枢，2006）。由此，其一，关系越是亲密，彼此越熟悉，那么一系列的短期契约足以维持契约关系，并达到长期契约的效果；其二，即使关系的亲密程度不高，但随着相互交往的增多，同样会建立相应的信任机制。②对于后者，则取决于农户对交易主体行为的预期。在农地租赁的缔约谈判中，租赁方可能在土地距离、肥瘠、数量与价格方面提出要求，从而规避不利事件，这势必弱化转出农户的决定权及其控制能力。为了避免不可预测可能招致的损失，农户可能选择短期契约，并由此保留重新缔约的灵活性。

H_{2-1}：双方关系越亲密，农户将倾向于选择短期契约。

H$_{2-2}$：农户与对方交往越多，则倾向于选择短期契约。

H$_{2-3}$：租用者的决定权越大，农户面临不确定性的可能性越大，会倾向于选择短期契约。

二是农户转出土地的可能性风险。对于一个以农为生及以农为业的农户来说，农地显然具有重要的社会保障功能。因此，农户转出土地往往是一种相机决策，一般倾向于选择短期契约。

H$_{2-4}$：农户在农业中的收入占比与就业占比越高，农户越倾向于选择短期契约。

3. 交易频率。农地的交易频率可从两个方面测度：一是针对"交易规模"即农地经营权流转的多少而言。一般来说，农户转出的土地面积占自家承包土地的比例越大，交易频率越高。在这种情形下，进行经常性的缔约活动，无疑会面临较高的交易费用。因此，签订长期合同无疑是一种理性的选择；二是针对"交易主体"即流转对象的多少而言。其中：①如果农户的土地流转给不同的承租主体的选择余地越大，按照前述的推论，农户越倾向于签订短期契约；②农户的土地类型越多样，产权可分性越强，转给不同的承租主体的可能性越大，为了保证对交易关系进行灵活的适应性调整，农户更可能选择短期契约。

H$_{3-1}$：转出面积占承包地面积比重越大，农户越倾向于选择长期契约。

H$_{3-2}$：农户转出对象越多，即当期契约数量越多，则越倾向于选择短期契约。

H$_{3-3}$：农户所分配的承包地块数越多，则越倾向于选择短期契约。

二、实证分析

（一）数据来源与样本说明

本课题组 2013 年对广东省农户进行抽样问卷调查，共发放问卷 3 000 份，得到有效问卷 2 779 份，问卷有效率为 92.63%。在 2 779 份问卷中，转出土地的农户有 216 个，其中 156 个农户签订了有期限条款的契约，考虑到部分农户同时将土地转出给不同的主体，因此，全部有期限约定的契约共有 194 份（表 4－5）。

表 4 - 5　农地转出的契约期限及其分布（$N = 194$）

契约期限	缔约的对象分布（份）					小计	
	亲友邻居	普通农户	生产大户	合作社	龙头企业	份数（份）	占比（%）
3 年以内	41	32	12	5	3	93	47.94
>3～10 年	18	6	22	1	15	62	31.96
>10～30 年	5	4	7	1	16	33	17.01
30 年以上	2	0	2	2	0	6	3.09
合计	66	42	43	9	34	194	100.00

从表 4 - 5 可以发现：第一，缔约期限为 3 年以内的农地租约为 93 份，占全部有期限租约的比例 47.79%，期限越长则相应的契约越少；第二，在全部期限契约中，缔约对象为"亲友邻居"的比例为 34.02%，并随着关系亲密程度的弱化而表现出流转对象的差序化格局。因此，从总体上来说，农户的农地流转具有明显的缔约对象差序化与契约期限短期化的趋势。

（二）模型构建

我们将农地流转的契约期限划分为长期契约与短期契约。根据样本分布特征，选取年限分布的中间数 4 年作为分界点，由此将缔约期限在 4 年以内的定义为短期契约，取值为 1，将 4 年及其以上的契约定义为长期契约，取值为 0。由于是二元选择问题，故适合采用 Logistic 模型。模型的基本形式如下：

$$y_i = \ln\left(\frac{P_i}{1 - P_i}\right) = \alpha + \sum \beta_j X_{ij} + \varepsilon \qquad (4 - 3)$$

公式（4 - 3）中，P_i 表示农户 i 选择短期契约的概率；α 是常量，β_j 是待估计系数，ε 是随机误差项，X_{ij} 是农户选择短期契约的影响因素。

设 y_i 为因变量，即短期契约为 1，否则为 0；那么当 $y_i = 1$ 时的概率分布函数为：

$$P_i = F(z = 1 | y_i) = 1/(1 + e^{-y_i}) \qquad (4 - 4)$$

（三）变量设置与统计描述

根据威廉姆森分析范式，本节从交易的不确定性、交易频率和资产专用性进行交易费用的测度。具体变量赋值及其统计描述见表 4 - 6。

表 4-6　变量定义与统计描述（$N=194$）

维度	变 量	赋 值	均值	标准差
因变量	合同期限长短	4 年以内＝1；4 年以上＝0	0.51	0.501
资产专用性	生产性固定资产：是否投入农机设备	否＝0；是＝1	0.37	0.484
	土地类型：耕地中平地占比（％）	≤50％＝0；＞50％＝1	0.73	0.447
	土地特征：机耕面积占比（％）	≤50％＝0；＞50％＝1	0.53	0.501
	职业人力资本：平均外出打工时间（年）	一年＝1；二年＝2；三年以上＝3	2.16	0.922
	教育人力资本：初中以上人数占比（％）	≤50％＝0；＞50％＝1	0.30	0.461
不确定性	亲疏关系：农地转出的承租对象	亲友邻居＝1；普通农户＝2；生产大户＝3；合作社＝4；龙头企业＝5	2.50	1.444
	信息特征：对承租者的了解	较少＝1；一般＝2；较多＝3	2.30	0.724
	对方控制权：承租者的缔约选择权[a]	较小＝1；一般＝2；较大＝3	8.37	2.173
	收入依存：家庭收入中的农业占比（％）	≤50％＝0；＞50％＝1	0.35	0.478
	就业依存：劳动力中务农人数占比（％）	≤50％＝0；＞50％＝1	0.52	0.501
交易频率	交易规模：转出农地占承包面积比重（％）	≤50％＝0；＞50％＝1	0.52	0.501
	缔约对象：签订流转合同份数（份）	与不同对象签订的合同数量之和	1.56	0.949
	交易可分性：集体分配耕地块数（块）	原始值，单位：块	4.99	3.968

注：a 指承租者在农地租赁时对农户土地的远近、肥瘠、面积大小以及价格等方面进行选择的决定权，控制权的大小根据四个方面决定权赋值进行加总而来。

（四）计量结果及分析

采用二元 Logistic 模型，使用 SPSS21.0 软件处理数据，计量结果如表 4-7 所示。从模型检验结果可以看出拟合效果良好，通过显著性检验，有进一步分析的价值。

表 4-7　二元 Logistic 模型估计结果（$N=194$）

维 度	变 量	估计系数	标准误	Wals 值	显著性	Exp（B）
资产专用性	生产性固定资产	1.421***	0.405	12.294	0.000	4.142
	土地类型	−1.141**	0.481	5.635	0.018	0.319
	土地特征	0.657	0.444	2.188	0.139	1.928
	职业人力资本	0.218	0.212	1.064	0.302	1.244
	教育人力资本	0.994*	0.540	3.391	0.066	2.702

（续）

维　度	变　量	估计系数	标准误	Wals 值	显著性	Exp（B）
	亲疏关系	−0.798***	0.174	21.106	0.000	0.450
	信息特征	0.697**	0.302	5.338	0.021	2.009
不确定性	对方控制权	0.424***	0.105	16.144	0.000	1.528
	收入依存	0.591	0.443	1.779	0.182	1.806
	就业依存	0.391	0.493	0.630	0.427	1.479
	交易规模	0.488	0.419	1.353	0.245	1.629
交易频率	缔约对象	0.905***	0.278	10.607	0.001	2.472
	交易可分性	0.041	0.057	0.520	0.471	1.042
常量	常量	−6.197***	1.593	15.128	0.000	0.002
Hosmer 和 Lemeshow 检验		卡方＝9.160；df＝8；Sig.＝0.329				
模型系数的综合检验		卡方＝93.509；df＝12；Sig.＝0.000				
模型汇总		−2 对数似然值＝175.411；Cox 和 Snell R^2＝0.382；Nagelkerke R^2＝0.510				

注：*、**、*** 分别表示观察项在 10%、5%、1%的显著水平下通过检验。

计量结果大多验证了前面的假说。由表 4-7 可以发现，由威廉姆森范式所表达的三个基本维度即资产专用性、不确定性与交易频率，能够揭示农户租约期限的决定机理及其影响因素。

第一，农户对土地的专用性资产投资、农户受教育程度所决定的发现土地潜在收益的能力、农户对承租者的信息充分程度、对不同承租者的缔约选择空间，以及对于缔约控制权的谈判能力不足，是农户选择短期契约的关键性因素。

第二，农户转出农地的土地类型、与缔约对象的信任程度，是决定农户租约期限选择的主要因素。其中，①土地类型所表达的土地专用性对短期契约选择有显著的负向影响，即土地平整而利于机械设备等专用性生产投资的，将更多选择长期契约；②信任程度与人际关系的差序结构紧密关联，关系越是亲密，契约期限越是短期化，关系越疏远，则倾向于选择长期租约。因此，农户租约的期限长短与缔约对象的亲疏关系，具有典型的二元选择特征。

第三，农户外出务工的时间长短、农户对土地的收入依存与就业依赖，均对农户土地契约的期限选择不具有显著性影响。一般认为，农户外出务工时间越长久、农户对土地的依附性越低，农户更可能稳定地、长时间地转出农地。我们的研究表明，农户非农就业的稳定性与否、土地对农户所承担的社会福利保障，并不决定农户缔约期限的选择。

三、进一步的讨论

（一）契约期限选择的"二元化"问题

与以往的研究结论不同，农户农地转出的规模、农户对土地的生存依附，并未形成对契约期限选择的影响。这表明农地流转契约的选择，与农户的资源禀赋关系不大，相反，却与农地产权的交易主体具有明显的关联性。这与我们前期的研究结论"农地流转的租约选择具有对象依赖性特征"（钟文晶、罗必良，2014），具有一致性。值得关注的是契约选择的"二元化"现象。一方面，基于对农地流转收益与风险（投资锁定风险、控制权风险、交易对象选择的机会成本）的权衡，作为农户规避风险的重要机制，契约选择表现为关系型及其短期化；另一方面，一旦农地流转超越关系型交易，那么契约的市场化与长期化就成为了基本选择。因此，结合本节计量结果所揭示的关键性因素，可以认为，农地流转的二元契约性质意味着，推进农地流转主体的开放及其市场化、发育社会化服务尤其是与资本密切关联的服务外包市场、保障农户对土地承包经营权的剩余控制权，能够有效促进农地流转的契约化与规范化。

（二）农地流转中的"空契约"问题

"空契约"指的是没有规定任何具体交易内容的契约。从完全契约到不完全契约，再到空契约，可视为一个关于契约类型的谱系。从广义的角度来说，包括无期限契约在内的各种程度不同的空契约，都可以视为不完全契约。问题是，为什么人们愿意选择存在执行问题的不完全契约？Che和Hausch（1999）基于直接外部性、Segal（1999）基于状态复杂性，解释了不完全契约的形成机理及其存在根源。Hart和Moore（1999）进一步证明，各交易方的契约选择，不仅单纯着眼于对当前行为的可缔约性及其缔约能力，更关键的是规避契约执行过程中的再次谈判，从而节省对付未来难以预期的不确定状态的交易成本。由此,不完全契约是缔约者共同的理性选择。进一步地,一个没有任何具体内容约定的空契约甚至可能成为最优的契约选择。

尽管空契约能够避免不当约定导致的事后机会主义行为及其后果,但并不能化解无条款约束引发机会主义行为泛滥的可能性;同样,尽管空契约能够节省关于未来状况不可描述的谈判成本,但并不能排除缔约者单方面谋求契约变更进行自利选择的可能性。正因为这样,空契约可执行的重要机制就在于承诺与信任(Maskin and Tirole,1999)。

我们注意到,在农地流转的契约期限方面,农户对"空契约"的选择具有普遍性。在全部转出土地的农户样本中,尽管有期限约定的契约只有194份,但没有期限约定的契约多达69份(其中没有任何内容约定的有9份),占全部263份租约的26.24%(表4-8)。

表4-8 农地转出的空契约现象(N=263)

契约类型		样本(份)	比重(%)
有期限契约		194	73.76
无期限契约	空期限契约 亲友邻居	26	
	普通农户	23	
	生产大户	7	
	合作社	2	22.82
	龙头企业	2	
	小计	60	
	空契约 亲友邻居	7	
	普通农户	2	3.42
	小计	9	
合计		263	100.00

从表4-8可以发现,空契约以及所有的无期限契约,主要发生于农户与亲友邻居以及普通农户之间。可见,由亲缘和地缘关系所表达的信任关系及其声誉资本是空契约得以确立的重要保障。不仅如此,假定存在事后投资行为与履约行为的可观察性,同样可以构建信任机制,因而空契约可以发生于更为广泛的承租主体之间。问题是,如果承租者的声誉资本有限,或者承租者利用土地经营及其农事活动的不可观察与不可监督,来实

施机会主义行为[①]，那么，农户为了规避可能的风险及其预期不足，利用契约的无期限约定来相机终止契约关系，形成对承租者无法获取潜在收益的退出威胁，显然是一个可自我执行的有效的契约安排。

必须强调，尽管无期限的土地租约能够有效保障农户的土地权益，但毕竟不是社会效果最大化的帕累托选择。随时终止契约的退出威胁，不仅加剧了契约的不稳定性，亦可能抑制承租者的长期行为努力。因此，促进农地的有效流转，从无期限契约转向长期契约，无疑是进一步努力的方向。对此，构建竞争性的农地租约市场，具有重要的理论与现实意义。

第三节 风险规避与农地租约期限选择

一、理论线索

现有文献已经关注到农户对农地流转的风险预期将在一定程度上降低农户参与长期流转的积极性，难以形成长期稳定的契约关系。例如：①农地仍是农户重要的生存保障，价值较好的土地更能实现保障功能（Kung，1995；姚洋，2000），因而农户偏好于选择短期流出以保留对农地较强的控制权（徐珍源、孔祥智，2010）；②农地作为一种人格化财产，由于流转后面临农地质量下降以及用途改变的可能性，农户倾向于选择易于变更的短期契约以规避风险（钟文晶、罗必良，2014）；③农户农地转出后，一方面可能会弱化其收入预期，丧失一定的收入保障效应（高伟等，2013），另一方面亦可能面临非农就业风险，加上养老保障和失业保险的缺乏，农户会倾向于选择短期或不定期的流转契约，以便于保证能够随时拿回农地的灵活性（钟文晶、罗必良，2014；李承桧等，2015）。然而，对于风险的根源，及其对农地流转租约的影响机理尚缺乏深入挖掘。因此，本节试图从风险规避的视角出发，阐明农地流转租约期限的形成机理，为深化对农地流转缔约方式的认识和进一步促进农地要素的市场化配置提供经验参考。

[①] 例如，承租者经营农地获得高产，但高产的成因既可能源于承租者的精心劳作，也可能源于天气的风调雨顺，还有可能源于承租者对土壤肥力的掠夺。当这些因素对于作为农地出租者的农户来说又无法完全区分时，承租者就可能会产生事后机会主义行为。

（一）分析维度

Scott（1976）指出在农地资源稀缺的农耕社会，理性小农追求"安全第一"，即认为小农是风险厌恶的，倾向于规避风险。农地作为农村重要的生产资料，往往被视为农民生存依赖的"命根子"，至今仍然在农户的生存和基本社会保障方面占有重要地位。农地对于农户的福利保障主要包括两个方面：一方面是农地本身所能提供的生存保障、生活保障、就业保障、养老保障等。农户可以通过农地生产满足自身消费或者获得农产品销售收入，通过出租农地获得租金收入，通过征地获得补偿以及子孙对农地的继承等；另一方面，农地作为农民身份的象征，是连接农民与村庄社区以及农村集体经济组织的重要工具，是参与社区活动和分享社区公共福利的重要凭证。因此，农户的风险规避心理，必然对其参与农地流转时的风险预期，进而对农地流转决策，产生不可忽视的影响。

契约关系的形成是合意的结果，双方形成一致的预期，与信息的完备性与对称性紧密相关。当交易中一方比另一方具有实际或潜在信息优势，将导致不同的契约安排及实施效果（斯达得勒和卡斯特里罗，1994）。契约理论认为，在信息不对称情况下，契约选择可视为获取信息的函数。因此，一方面，信息甄别、信号发送以及激励机制对于降低信息不对称引致的风险具有重要意义（Holmstorm，1982）；另一方面，代理人的可信任程度、契约完备性、违约条款等制度设计因素，也会影响缔约方的承诺能力。由于契约是关于特定时间内履约行为的规定，因而契约期限决定了契约刚性。在不考虑农地转出面积、租金等因素的情况下，转出户对于契约期限选择、是否续约，以及是否终止合同，可用图4-1中的交易关系时间轴表示。

图4-1　农地流转中的交易关系时间轴

在信息不对称、契约不完全的情况下，期限的选择就是一种风险决策，而风险态度与风险感知则交互影响着个体的风险决策（Arrow，1971）。信息获取的增加、不确定性的减少则意味着风险程度的降低。由于契约期限是在承租者经营行动表现之前决定的，这就意味着承包户考虑的重点在于签约之前对于交易对象的了解程度、在多大程度上可以规避签约之后的风险以及如何通过契约风险补偿机制进行有效的自我权益保障。可以通过转出的交易对象以及农户对其了解程度表征信息不对称，而通过契约中违约补偿来表征契约的完备程度，这两个维度共同决定农地租约的期限选择。

（二）信息不对称的影响

农地流转中的信息不对称主要来源于两个方面：第一，在签约之前，双方清楚自己的身份类型和禀赋特征，但不能完全掌握对方的信息以及判断对方的承诺能力，即双方是否能够严格遵守契约条款和未来的行为规范等存在不确定性。第二，签订契约后，承租者对农地经营行为具有信息优势，包括农地的利用处置、耕种方式以及经营中的质量变化等，而出租农户则难以观察到土壤质量的变化，在监督方面存在较高的成本。

一般来说，出租农户通常对承租者具有选择性偏好。比如倾向于将土地出租给信任程度较高的主体，或者倾向于选择更有经营能力的行为主体，在很多情形下这两类偏好是相互交叉的。问题在于承租者很难识别出租农户的偏好与主体甄别标准。通常，承租者为了避免投资锁定或套牢，他们在签约之后一般会尽量减少专用性投资，选择种植经营周期较短的农作物，并且可能会利用土地质量信息的不可观察性与不可考核性，过度使用化肥、农药等，即采用掠夺性经营行为，引致道德风险问题。由此，承租者的策略是，减少专用性与长期投资，采用掠夺性经营行为；出租农户的策略是，为了避免过度耗散地力，往往会选择短期契约。

规避信息不对称引发的机会主义行为，信任机制能够发挥重要作用。按照信任的发生类型，可将其形成方式归为三类：①源自交往、交易经验（Bradach & Eccles，1989），而且经验的多次重复将增加合作的机会；②源自共有的社会、文化特性，强调团体成员的身份、资格和熟悉度；③源自集体规则、社会规范和制度。因此，对于一个农户而言，主要存在两类信任机制：一个是基于村庄传统熟人社会而形成的关系信任，另一个是基于开放市场社会而形成的商业信任。关系信任强调的是基于血缘、亲缘关系，社会交往较多而形成的是无条件信任；而商业信任强调的是承租方经营能力与投资能力所形成的可持续经营信心与稳定预期。因此，农户更多是根据自身流转农地的目的进行权衡抉择。可以设想这样的两种情景，如果一个农户只是为了外出就业而避免农地抛荒，需要找人"看护"地，又需要同时保证自己能够随时回归农业就业，或者满足自己对于农地的控制权，那么农户将不会进行长期流转，农户的权宜之计是将农地流转给值得信任的熟人，通过关系信任机制保证农地租约的期限的灵活性。因为农户相信熟人间的可谈判空间很大，重新谈判的成本极小，也只有熟人才可能愿意接受这样的租约，允许出租农户随时拿回农地。但是，如果农户出租农地是为了保证农地的可持续利用，获取更多的租金收益，那么农户更倾向于选择开放市场中的有能力的经营主体，以期许承租方能够对农地进行生产性投资，并有能力持续支付足够高的租金，从而选择规范的长期租约。而且，一般市场化的农业经营主体也只接受相对长期的正式租约。可见，农户为了避免信息不对称风险，会选择不同信任机制，因而流转给不同主体，从而形成不同期限的租约。

H_1：不同对象隐含的信任机制将影响农户的期限选择，关系信任机制下，农户可能缔结短期租约，而商业信任机制下更可能形成长期租约。

（三）契约不完全的影响

契约是践履承诺的保证。为了避免契约执行中的纠纷与争端，契约内容的完整性与契约维护的规范性就很关键（罗必良、刘茜，2013）。契约条款越完备，越有助于减少事后谈判空间，以降低执行成本。然而，基于个人的有限理性，外部环境的不确定性、复杂性，信息的难以观察性或可证实性，以及在交易成本约束下，许多意外事件或可能性情形被无意或有意遗漏，导致契约的不完全缔约是必然的（Grossman 等，1986）。因此，契约的不完全是常态。对于契约不完全带来的潜在风险所导致的效率损失问题，主要有五种解决办法：第一，借助于法律干预，通过法庭否决契约或通过可证实的条款使其强制性执行；第二，制定赔偿措施；第三，通过企业、市场机制、科层制度或混合形式（互惠、特许经营或抵押等）来解决；第四，通过资产所有权或剩余控制权的配置，实现总剩余最大化的产权结构；第五，借助于机制设计，进行简单的选择性契约与再谈判设计，促进履约水平（杨瑞龙和聂辉华，2006）。

在农地租约的缔约过程中，考虑到降低缔约成本以及签约后的执行成本，借助法律执行并非最好的选择，而且有些行为是第三方难以证实的，再谈判也会给交易双方带来成本，所以在契约中制定违约补偿条款或者押金条款可能是有效降低不完全契约所致风险的有效途径。另外，租约期限的长短实际上也是对于风险的一种调节。因为期限越长，租约执行过程中的不确定性越大。在能够重新谈判的预期下，人们一般会放弃长期契约，而选择只有一定期限的契约（Crawford，1999）。但是，当契约构建了一套风险补偿机制，如具有违约惩罚条款，就能够通过经济与道德谴责等手段防控违约失信行为（林钧跃，2002），增强了契约的约束力，降低其出租土地的风险，有助于双方缔结长期契约。

H_2：契约违约惩罚条款的完善能降低农地流转风险，提高农户选择长期租约的概率。

二、实证分析

（一）数据来源

数据来源于课题组 2013 年开展的广东省农户抽样问卷调查，调研区域分布涵盖广东省除珠海市以外的 20 个地级市，能够很好地反映粤东、粤北、粤西和珠三角四大区域的特征。有效样本合计 2 779 个农户。在 2 779 个样本农户中，农地转出户 207 个，其中 156 个农户签订了有明确期限条款的契约。由于部分农户同时与几个主体形成流转关系，因此，本节最终采用的样本为 156 个农户的 194 份契约数据。

（二）变量设置

1. 因变量与核心自变量。 因变量为租约期限，以样本中农地转出年限的中位数 4 年为分界点，将 4 年以内界定为短期契约，4 年以上为长期契约。核心自变量包括信息不对称与契约不完全两类指标。其中，问卷设计了"承租者类型"和"签约前对承租方的了解程度"两个问项以表征农地转出农户对承租方的信息不对称程度。其中，承租方类型设置了"亲友邻居、普通农户、家庭农场、专业合作社、龙头企业"五个选项。为了更好地区分对不同类型承租户的信任程度，文中根据费孝通（1947）提出了社会关系的差序格局特征，也就是基于血缘亲缘、业缘、地缘等存在不同的信任程度，在此，将亲友邻居划为第一类对象，反映的是关系信任，而将其他主体划为第二类对象，反映的是商业信任。契约完备性通过"合同是否有违约惩罚条款"来表征。

2. 控制变量。 一是土地禀赋变量。土地初始禀赋对农地流转具有重要影响（Katrina 等，2008），选择农户承包地的面积、平均肥力与灌溉条件三个变量来表达。其中承包地面积指二轮承包时农户承包的耕地面积，而平均肥力与灌溉条件根据较差、中等、良好三个等级评分进行赋值。二是农户特征变量。一般来说，农户收入、劳动力配置与农业经营的关联度越大，则农户对土地的依附性越强，为规避风险可能对转出农地持更谨慎的态度。我们通过农户劳动力中务农人数占比（表达农户就业对农地的依附程度）、农户收入中农业收入占比（表达农户收入对农地的依附程度）两个变量表达家庭特征。三是村庄特征变量。包括村庄经济水平、地形特征与交通条件。

具体变量设置如表 4-9 所示。

表 4-9　变量定义与统计描述

	变　　量	定　　义	均值	标准差
因变量	租约期限	1＝4 年以内，0＝4 年以上	0.505	0.501
信息不对称	是否转给亲友邻居	1＝亲友邻居，0＝其他	0.340	0.475
	对承租方的了解	1＝较少，2＝一般，3＝较多	2.304	0.724
契约不完全	是否有违约惩罚条款	1＝是，0＝否	0.351	0.478
土地禀赋变量	承包地面积	第二轮承包的耕地面积（亩）	4.756	5.166
	承包地平均肥力	1＝较差，2＝中等，3＝良好	2.258	0.581
	承包地灌溉条件	1＝较差，2＝中等，3＝良好	2.253	0.678
农户特征变量	务农人数占比	农户中务农人数占总劳动力的比率	0.628	0.323
	农业收入占比	农户的农业收入占总收入的比率	0.434	0.342
村庄特征变量	经济水平	1＝较差，2＝中等，3＝较好	2.067	0.652
	地形特征	1＝山区，2＝丘陵，3＝平原	1.608	0.595
	交通条件	1＝较差，2＝中等，3＝较好	2.392	0.595
区域虚拟变量	粤北（基准组）	1＝粤北，0＝其他	0.314	0.465
	粤东	1＝粤东，0＝其他	0.093	0.291
	粤西	1＝粤西，0＝其他	0.180	0.386
	珠三角	1＝珠三角，0＝其他	0.412	0.494

（三）实证结果

1. 模型选择。 由于因变量为二元变量，故采用二元 Logit 模型来考察农户风险规避对农地租约期限选择的影响，构建计量模型如下：

$$y_i = \ln\left(\frac{p_i}{1-p_i}\right) = \beta_0 + \sum \beta_j X_{ij} + H_{ni} + \varepsilon_i \qquad (4-5)$$

式中，y_i 表示第 i 个农户农地租约期限选择，其中短期契约（4 年以内）记为 1，长期契约（4 年以上）记为 0；p_i 表示转入农户 i 选择短期租约的概率，那么（$1-p_i$）表示选择长期租约的概率。X_{ij} 分别表示承租方类型、对承租方的了解程度、违约惩罚条款 3 个变量，H_{ni} 表示第 i 个农户的土地禀赋、家庭特征、所处的村庄特征和区域特征等控制变量。β_0 为常数项，β_j 为待估计系数，ε_i 表示残差项，并服从正态分布。

当农户选择短期租约，即 $y_i = 1$ 时的概率分布函数为：

$$p_i = F(z = 1 \mid y_i) = \frac{1}{1 + e^{-y_i}} \qquad (4-6)$$

在此基础上，采用 OLS 模型、Probit 模型对实证结果进行稳健性检验。

2. 结果与讨论。 计量结果见表 4-10。由 Logit 模型与 Logit（1）、Logit（2）、OLS 和 Probit 模型估计结果来看，除少数非主要自变量的显著性发生改变外，其他变量的影响保持一致性，这表明估计结果具有较好的稳定性。

表 4-10 计量结果

变量		Logit	稳健性检验			
			Logit（1）	Logit（2）	OLS	Probit
信息不对称	是否转给亲友邻居	0.160	0.022 7	0.859 *	0.028 0	0.094 0
		(0.416)	(0.389)	(0.492)	(0.083 5)	(0.240)
	对承租方的了解	0.831 ***	0.895 ***	0.928 ***	0.156 ***	0.504 ***
		(0.243)	(0.241)	(0.336)	(0.044 7)	(0.145)
契约不完全	是否有违约惩罚	−1.122 ***	−1.039 ***	−1.859 ***	−0.222 ***	−0.668 ***
		(0.403)	(0.380)	(0.547)	(0.077 4)	(0.232)

（续）

变　　量		Logit	稳健性检验			
			Logit（1）	Logit（2）	OLS	Probit
土地禀赋变量	承包地面积	−0.022 7	−0.034 3	−0.098 8**	−0.005 01	−0.015 1
		(0.030 7)	(0.031 0)	(0.045 7)	(0.005 46)	(0.018 4)
	承包地平均肥力	0.386	0.255	0.595	0.071 7	0.241
		(0.341)	(0.330)	(0.478)	(0.065 0)	(0.202)
	承包地灌溉条件	−0.711**	−0.688**	−0.935**	−0.133**	−0.440**
		(0.293)	(0.282)	(0.376)	(0.057 4)	(0.172)
家庭特征变量	务农人数占比	1.469***	1.369**	1.212*	0.286***	0.902***
		(0.554)	(0.549)	(0.717)	(0.105)	(0.328)
	农业收入占比	0.085 7	0.178	−0.124	0.016 2	0.032 0
		(0.569)	(0.627)	(0.774)	(0.114)	(0.332)
村庄特征变量	经济水平	0.447	0.362	0.497	0.075 3	0.268
		(0.308)	(0.298)	(0.366)	(0.058 0)	(0.178)
	地形特征	−0.452*	−0.385*	−0.243	−0.088 1**	−0.280**
		(0.233)	(0.230)	(0.345)	(0.044 5)	(0.138)
	交通条件	−0.621*	−0.582*	−0.775*	−0.109*	−0.368**
		(0.321)	(0.303)	(0.422)	(0.060 2)	(0.186)
区域虚拟变量		控制	—	—	控制	控制
地级市虚拟变量		—	—	控制	—	—
常数项		−0.364	−0.010 1	16.37***	0.450*	−0.218
		(1.272)	(1.279)	(1.787)	(0.250)	(0.760)
伪 R^2（Pseudo R^2）		0.194	0.172	0.334	0.236	0.195
极大似然对数值		−108.406 7	−111.396	−84.910	—	−108.227
卡方值（Wald chi^2）		41.75	38.63	391.17	—	48.96
观察值数		194	194	194	194	194

注：经 VIF 检验，模型变量的方差膨胀因子均小于 1.7，均值为 1.31，说明模型不存在严重的多重共线性问题。括号内数字为稳健标准差。回归模型不同程度地控制了区域虚拟变量（粤北为基准组）和地级市虚拟变量（潮州市为基准组），但是为了节省版面，没有汇报其回归结果。*、**、*** 分别表示回归系数在 10%、5%、1%的显著水平下通过显著检验。

（1）自变量的影响。从流转对象类型对农地租约期限的影响来看，在控制了地级市虚拟变量的模型中，对比于其他主体，流转给亲友邻居对于短期租约的选择具有一定的正向影响，但是在其他模型未有显著影响。这表明在熟人间的农地流转更可能缔结短期租约。签约前对承租方的了解变量对短期租约的形成具有显著的正向影响，这表明流转中，农户对于承租方了解越多，信息不对称程度越低，更可能将其选为关系信任的对象，而形成满足随时能够拿回农地需求的短期租约。契约风险补偿机制方面，契约中有违约惩罚条款则有助于形成长期租约，说明租约完备性越高，那么越可能降低农户的风险预期，促使长期租约的形成。

（2）控制变量的影响。农地肥力在控制了地级市虚拟变量的模型中，对于短期租约的选择具有一定的负向影响，但是在其他模型未有显著影响。一定程度上表明，承包地面积越大，形成长期租约的概率越大。原因在于承包地面积越大，在农地流转市场越受到商业化经营主体的青睐，更容易形成商业信任下的长期租约。灌溉条件对于短期租约选择有显著的负向影响，表明灌溉条件越好，越可能形成长期租约，原因在于资源条件较好的农地，在农地流转市场有更强的谈判能力，能够通过正规市场交易选择更具有合作诚意的承租户，导致农户愿意接受长期转出。家庭特征方面，农户务农人数占比对于短期租约的形成具有显著正向影响，即农户对于农地存在较高的就业依附性时，农户更倾向于短期转出农地。农业收入变量无显著影响，原因可能是农地带来经济保障的重要性低于就业保障的重要性，使得农地转出的收益对农户缺乏足够的吸引力（李桢，2011）。最后，村庄特征变量中，村庄经济水平对租约期限无显著影响，但是村庄地形越平坦、交通条件越好，农户越可能达成长期租约。

三、进一步的讨论

本节利用广东省农户调查数据经验分析了信息不对称、风险预期对农地租约期限影响，研究结果表明：①农户将农地流转给亲友邻居或了解程度较高的承租方，更可能形成的是关系信任下的短期租约；②农户对农地的就业依附性越强，形成短期租约的概率越大；③农地租约中违约惩罚条款的存在有助于弱化租约的不完全性风险，促使长期租约的形成；④村庄地形越平坦、交通与灌溉条件越好，且农地面积越大，越可能形成长期租约。

　　回顾已有的农地流转相关研究，关于乡土社会差序格局对于农地流转的影响而导致的农户非正式缔约行为成为一个重点研究内容。如钟文晶和罗必良（2013）考察了以亲友邻居为主而呈现的缔约对象差序，郭继（2009）发现了以口头契约为主而呈现的契约形式差序，而高强等（2013）探讨了以短期契约为主而呈现的缔约期限差序。可见，社会关系强度反映了人与人之间的交往频率、互惠与彼此义务的认可度及可信赖性（Granovetter，1973），也由此导致行为主体依据其所处社会关系网络位置的资源获取模式（Putnam，2001）。因而，农户在农地流转中的决策特别容易受到社会关系嵌入的影响。应该说，以往文献均强调了差序格局在农地流转及其缔约选择中的普遍性。

　　研究结果表明，农地租约的完全与否对于农户期限选择有显著影响，反映了农户缔约行为的规范化趋势。之所以如此，是因为在非农就业与人口流转的开放市场背景下，第一，乡土社会正在逐步解体，稳固的交互关系已经松动，传统差序格局所形成的关系信任逐渐弱化，商业信任机制正在生成；第二，农户的迁移流动更频繁，工业化与城镇化的快速推进使得农户对于农业就业的依赖性程度有所下降；第三，村庄的开放实际上也扩大了农地流转的市场范围，农户更容易找到具有经营能力与投资能力的承租方，并通过商业信任以确保自己的农地能够得到更有效率的经营，同时使自己获取可承诺的流转收益。

　　由此看来，农村的社会经济转型已经渗透到农地流转及其契约选择之中，从而使得农户缔约行为兼具有差序格局与商业交往的双重特性。但必须强调，在推进农地流转的过程中，我们不应该过多地责怪差序格局下的农地流转交易所带来的弊端，而一味强调农地流转的规范化、契约化。因为在相对封闭的村庄，或者基于农户短期流动所需，基于社会关系资本而形成的信任是控制契约的最有效的机制（Arrow，1974），关系型契约能够降低缔约成本，并通过"声誉"机制能够保证契约的自我实施，有效减少监督与惩罚成本。因此，应当允许农户对于农地流转缔约方式进行自主相机选择。从而也就意味着，诱导农地流转走向市场化、契约化与规范化，应该是一个渐进性的长期过程。

第四节　农地租约期限的"逆向选择"

一、理论线索

已有的实证文献表明，随着时间的推移，农地流转的缔约期限有进一步缩短的迹象。以农业大省河南省为例。2004 年，河南省农地流转的缔约期限在 5 年以上的契约占比约为 40％（负鸿琬，2011），2010 年这一比例则下降为 28.52％（乔俊峰，2011）。从时间维度上来说，任何一项契约选择都会呈现或长或短的期限特征，在许多情形下对于期限的选择也并非是一次性的。本节的问题是，如果将行为主体的交易活动视为一系列的缔约活动，那么，前期的契约选择是否会对后期的缔约行为产生影响呢？这显然是主流契约理论尚未重视的问题。

本节将要证明，前期的契约选择不仅会影响后期的契约选择，而且在农地流转的租约期限选择中，有不断加剧的"短期化"倾向。重点在于：第一，基于 Issa 等（2014）的解释模型，阐明契约期限"短期化"的机理。但是，与该模型不一样的地方是，我们将进一步讨论农地转出农户的承诺能力与土地承租者的机会主义行为对所引发交易费用的影响；第二，从实证的角度，揭示农户对土地租约期限的选择，存在类似于信息不对称条件下产品市场中的"逆向选择"，从而导致短期契约"驱逐"长期契约的"柠檬市场"趋势。

（一）分析前提及说明

为了保证研究的一致性，本节的分析维度是：①在农户自主流转与自愿缔约的前提下，考察农户农地转出租约期限及其意愿；②将农户分为两个类型：一是已经发生农地转出行为的农户，二是尚未发生转出行为的农户。

必须强调，尽管农户关于农地转出的预期涉及诸多因素，但是，未转出农地农户的事前认知与有转出行为农户的经验认知显然存在差异。一方面，人的行动是有目的性的行为，他会有意识地运用各种手段去实现预定目标，从而隐含着行为、时间和意愿的不确定性（Mises，1949）；另一方面，人们的行为选择在很大程度上取决于人们对所处环境的感知和描述，取决于其所拥有或获得的信息如何影响行为选择所涉及的变量（Simon，1997）。因此，农户所拥有的知识积累的差异性将导致农户对于行为选择的预期与决策的不同。

知识积累包括两个方面：一是发现契约所隐含收益与成本的核算能力；二是识别契约订立与实施所内含的交易成本的能力。可以推断，在农地流转过程中，一个已经参与过农地流转的农户，相对于一个尚未参与流转的农户来说，在再次重新缔约的选择中应该具有相对完备的缔约经验与知识积累。因此，缔约经验的有无会导致两类农户存在决然不同的缔约决策机制。一般来说，未转出过农地的农户只能依据描述信息情景来选择意愿期限，农地转出决策对其而言充满不确定性，往往容易高估小概率事件；而转出过农地的农户则处于经验信息情景中，则有低估小概率事件的倾向。为便于比较，我们对农户做相应的分类。将尚未发生转出行为的农户称为"事前农户"，其流转意愿则称为"事前意愿"；将已经发生农地转出行为的农户称为"经验农户"，其流转意愿则称为"事后意愿"。

（二）短期缔约与"短期化"现象

第二章第三节利用本课题组于 2015 年初进行的全国 9 个省区农户抽样问卷调查 2704 个样本的分析表明：①无论是经验农户的实际选择还是事前农户的意愿选择，农地流转的租约期限均具有"短期"特征；②与事前农户的流转意愿相比，经验农户的租约期限选择显示出相对"长期"的特征。或者说，由于缺乏缔约经验，事前农户对缔约期限的预期，表现出更为明显的不稳定特征；③值得注意的是，尽管经验农户在实际缔约中未能明确其租约期限的占比略低于事前农户，但依然高达 36.64%，表明农地流转中的租约不稳定是普遍现象。进一步考察经验农户农地流转的实际期限与"事后意愿"期限，可以发现两者存在明显的差异：①在经验农户的事后意愿中，租约期限有进一步短期化的趋势，具体表现为租约期限为5 年以内的比例增加，而 5 年以上的租约比重减少；②事后意愿中期限不确定的样本比例增加，并接近于事前农户的水平。

在契约理论中，缔约决策的重点不仅在于是否签订契约，更关键的是契约的持续时间问题。通常认为，如果没有界定契约期限，或者说契约期限不确定，那么就可以视同为期限为零的情形（Brousseau 等，2010）。

一个期限不确定的契约将比一个期限明确的短期契约，隐含着更为强烈的不稳定性预期。据此，可以判断农户农地流转"事后意愿"的"短期化"特征将更为显著。

契约理论已经证明，长期的合作关系既可以表现为缔约期限的长期化，也可以通过多时段的短期契约的连续续约来表达。然而，农地流转的特征是，不仅短期租约普遍存在，而且其后期租约中的缔约期限有不断缩短的趋势。这意味着，农地租约期限存在类似于信息不对称条件下产品市场中的"逆向选择"，从而导致短期契约"驱逐"长期契约的"柠檬市场"现象。

（三）租约期限的逆向选择：一个推论

契约的本质在于承诺（弗里德，2006），因此，契约期限所决定的时间刚性（Rigid）表征着缔约双方的承诺能力（Bernard，2008）。不仅如此，交易的属性不同，契约设计所表达出来的治理结构会影响交易成本节约的结果，并影响契约对交易的治理绩效（Williamson，2005）。在农地流转中，租约期限的选择不仅涉及交易双方的谈判能力、可承诺能力，而且与行为能力及其可考核程度紧密关联。因此，农地流转租约有其内在的特殊性：

第一，农地转出农户的垄断性优势。在土地所有权、承包权、经营权三权分置的背景下，由于农地经营权依附于农户"天赋"集体成员权所决定的承包权，因此，一方面，在产权主体开放的条件下，任何进入土地经营的主体，要获得该承包主体的经营权，必然地并且是唯一地只有得到该农户的同意并实施产权流转，由此，作为承包主体的农户具有"产权身份垄断"的特性；另一方面，农地产权流转必然得对象化到每块具体的土地，农地经营权的流转也必然地表现为具体地块使用权的让渡，因此，对于任何农业经营的进入主体而言，作为承包主体的转出农户就天然地具有具体地块的"产权地理垄断"特征（罗必良，2014）。可见，农户在农地租约的选择中具有比较优势，在农地缔约中天然地具有谈判地位的不对称性。

第二，农地转出农户承诺能力的有限性。由于土地的终极控制权属于承包农户，任何形式的农地经营权流转并不是交割式的市场出清，在时间上不可能是永久性的，必然表现为"期限性"特征。不仅如此，由于农地转出农户在签订流转租约时，对未来的自然状态存在不确定性，同时又无法缔结依赖于各种可能的不确定情景的完全合同，因而租约期限选择就是一种风险决策。不难判断，期限越长，面临的不确定的自然状态越多，风险也越大。进一步考虑到：①农地产权市场不断发育所形成的流转租金的价格生成机制及其可能增长的潜在收入流；②多种经营主体投资农业所形成的农户在农地流转"卖方市场"中的谈判优势；③农户非农就业不稳定性预期加剧所引发的对土地的保障性预期，等等，这些因素显然难以在租约承诺中得到完整表达，因此，一项短期的租约不仅有利于规避不确定性，而且租约期限越短，转出农户面临的履约风险越低。可见，对不确定性与风险规避所导致的短期化决策，是转出农户风险最小化的理性选择。

第三，租约双方权利的不对称性。鉴于转出农户的垄断谈判优势与承诺能力的有限性，对于承租者来说，为了避免专用性投资及其锁定效应，往往会选择耕种短期内能够收获的庄稼，并努力实现产量的最大化。由于租约不可能对农地的各种有价值维度的属性（如土壤肥力等）做出承诺并且难于考核，必然诱致承租者过度耗费地力、过度施用化肥与农药等掠夺性的机会主义行为。可见，依附于土地承包权的经营权出租，决定了这样一个基本的事实，即关于土地租约的剩余控制权总是属于农户，而剩余索取权通常属于土地租用者。

Macho‑Stadler 等（1994）曾经证明，若代理人拥有信息优势且试图借此获利，则委托人就有必要去发现并减少其信息劣势的方法，由此引发的对于一阶段最优租约的改动和偏离，有可能导致交易低效率，甚至使得交易不再发生。结合前述，可以得出一个基本的推论：一方面，为了降低土地承租者利用对土地质量信息不可观察性与不可考核性的剩余索取权而实施机会主义行为的风险，转出农户可能倾向于签订短期租赁契约，或者即使签订长期租约亦有可能利用其控制权而随时中断契约的实施；另一方面，由于租约的短期性以及预期不足，土地承租者为了避免投资锁定与套牢，一般会尽量减少专用性投资、更多种植经营周期较短的农作物，从而加剧短期行为。由此形成的两难问题是，租约越短期，行为会越短期化；行为短期化越明显，租约期限将进一步趋于短期化，从而诱发土地租约的"逆向选择"，甚至导致租约期限的"柠檬市场"。

（四）租约"短期化"：数理模型的阐释

我们进一步应用 Issa 等（2014）的解释模型，考察农地转出农户的承诺能力与土地承租者机会主义行为所引发的交易费用及其对租约期限选择的影响。

假设农地流转租约绩效取决于：①农地转出农户承诺能力类型 θ_t，它也有两个数值，即高（H）或者低（L），以及②土地承租者实施机会主义行为的概率，我们用 $i_t \in [0, 1]$ 表示，它给农地转出农户带来的交易费用 $tc(i)$。我们需要考虑具有"凸性"的交易费用函数：$tc(0) = 0$，$tc'(0) \geqslant 0$，且 $tc''(\cdot) > 0$。为了证明在某种约束条件下短期租约优于长期租约，不妨考虑交易费用函数的表达式为：

$$tc(i) = \lambda i + i^2/2 \qquad (4-7)$$

式（4-7）为二次函数，常数项为零，即交易费用曲线经过原点（0，0），表明机会主义行为发生概率为零时，交易费用为零，符合经济假设。其中 λ 为一次项系数，一定程度上反映了土地承租者实施机会主义行为的概率（i）所引起的交易费用的程度。

1. 仅有一期（短期）的缔约情况。 在一期的缔约情况下，把农地转出农户的贴现因子记为 δ，其中承诺能力高（H）的情景下，其能力高的概率为 ρ，非能力高的概率为（$1-\rho$）；而承诺能力低（L）的情景下，其能力低的概率为 ρ，非能力低的概率为（$1-\rho$）。因此，我们可以简单假设农地转出农户的预期支付在承诺能力高（H）和低（L）时分别为：

$$\prod{}^{H} = L + [\rho + (1-\rho)i](H-L) - (1-\rho)tc(i) +$$
$$\delta\left[(\rho + (1-\rho)i)\prod{}^{H} + (1-\rho)(1-i)\prod{}^{L}\right]$$
$$(4-8)$$

$$\prod{}^{L} = L + (1-\rho+\rho i)(H-L) - \rho tc(i) +$$
$$\delta\left[(1-\rho+\rho i)\prod{}^{H} + \rho(1-i)\prod{}^{L}\right] \qquad (4-9)$$

那么，土地承租者的均衡机会主义行为 i^* 从农地转出农户的边际条件得到：

$$tc'(i^*) = mr(i) = \delta\left(\prod{}^{H} - \prod{}^{L}\right) = \delta(2\rho-1)\frac{(1-i)(H-L)+tc(i)}{1-\delta(2\rho-1)(1-i)}$$
$$= \delta(2\rho-1)\frac{(1-i)(H-L)+\lambda i+i^2/2}{1-\delta(2\rho-1)(1-i)} \qquad (4-10)$$

从而解得：

$$i^* = \frac{1-\delta(2\rho-1)}{\delta(2\rho-1)}\left[1+\frac{\delta(2\rho-1)(H-L)}{1-\delta(2\rho-1)}\right]$$

$$\left[\sqrt{1+2\frac{1-\delta(2\rho-1)}{\delta(2\rho-1)}\cdot\frac{\dfrac{\delta(2\rho-1)(H-L)}{1-\delta(2\rho-1)}-\lambda}{\left[1+\dfrac{\delta(2\rho-1)(H-L)}{1-\delta(2\rho-1)}\right]^2}}-1\right]$$

$$(4-11)$$

当（$H-L$）趋于无穷大时，土地承租者的均衡的机会主义行为 i^* 接近 1。即：$\lim\limits_{(H-L)\to\infty} i^* = 1$。

2. 两期（长期）缔约情况。 在农地转出农户承诺能力高（H）的条件下，农地转出农户在第一期的预期支付为：

$$\begin{aligned}
\prod_1^H = & L+[\rho+(1-\rho)i](H-L)+\delta\{L+[(\rho+(1-\rho)i_1) \\
& (\rho+(1-\rho)i_2)+(1-\rho)(1-i_1)(1-\rho+\rho i_2)](H-L)\}- \\
& (1-\rho)tc(i_1)-\delta(1-\rho)(1-i_1)tc(i_2)+\delta\{[(\rho+(1-\rho)i_1) \\
& (\rho+(1-\rho)i_2)+(1-\rho)(1-i_1)(1-\rho+\rho i_2)]\prod_1^H+ \\
& [1-(\rho+(1-\rho)i_1)(\rho+(1-\rho)i_2)-(1-\rho) \\
& (1-i_1)(1-\rho+\rho i_2)]\prod_1^L\}
\end{aligned}$$

$$(4-12)$$

而在农地转出农户承诺能力低（L）的条件下，农地转出农户在第一期的预期支付则为：

$$\begin{aligned}
\prod_1^L = & L+(1-\rho+\rho i_1)(H-L)+\delta\{L+[1-\rho+\rho i_1)(\rho+(1-\rho)i_2)+ \\
& (\rho+(1-\rho)i_1)(1-\rho+\rho i_2)](H-L)\}- \\
& \rho tc(i_1)-\delta\rho(1-i_1)tc(i_2)+\delta\{[(1-\rho+\rho i_1)(\rho+(1-\rho)i_2)+ \\
& (\rho+(1-\rho)i_1)(1-\rho+\rho i_2)]\prod_1^H+[1-(1-\rho+\rho i_1) \\
& (\rho+(1-\rho)i_2)-(\rho+(1-\rho)i_1)(1-\rho+\rho i_2)]\prod_1^L
\end{aligned}$$

$$(4-13)$$

此外，土地承租者在第二期的均衡机会主义行为 i_2^* 从农地转出农户的边际条件得到：

$$tc'(i_2^*)=mr_2(i_1^*,i_2^*)=\delta(\prod_1^H-\prod_1^L)=\delta(2\rho-1)$$

$$\frac{(1-i_1)[1+\delta(2\rho-1)(1-i_2)](H-L)+tc(i_1)+\delta(2\rho-1)(1-i_1)tc(i_2)}{1-[\delta(2\rho-1)]^2(1-i_1)(1-i_2)}$$

$$(4-14)$$

又因为在第一期为低承诺能力的农地转出农户（$\theta_1=L$）在第二期的预期支付为：

$$\prod_2 = -tc(i_1)+i_1\delta\{\rho\delta\prod_1^H+(1-\rho)[\delta\prod_1^L-tc(i_2)+$$

$$\delta(\prod_1^H-\prod_1^L)i_2]\}+\delta(1-i_1)\{(1-\rho)\delta\prod_1^H+\rho[\delta\prod_1^L-$$

$$tc(i_2)+\delta(\prod_1^H-\prod_1^L)i_2]\}$$

$$=\delta\{(1-\rho)\delta\prod_1^H+\rho[\delta\prod_1^L-tc(i_2)+\delta(\prod_1^H-\prod_1^L)i_2]\}-$$

$$tc(i_1)+i_1\delta(2\rho-1)\{\delta(\prod_1^H-\prod_1^L)(1-i_2)+tc(i_2)\}$$

$$(4-15)$$

所以，土地承租者在第一期的均衡机会主义行为 i_1^* 从农地转出农户的边际条件得到：

$$tc'(i_1^*)=mr_1(i_1^*,i_2^*)$$

$$=\delta(2\rho-1)\{\delta(\prod_1^H-\prod_1^L)(1-i_2)+tc(i_2)\}$$

$$=\delta(2\rho-1)[mr_2(i_1^*,i_2^*)(1-i_2)+tc(i_2)]$$

$$=\delta(2\rho-1)mr_2(i_1^*,i_2^*)-\delta(2\rho-1)[mr_2(i_1^*,i_2^*)i_2^*-tc(i_2^*)]$$

$$=\delta(2\rho-1)mr_2(i_1^*,i_2^*)-\delta(2\rho-1)\max_{i_2}[mr_2(i_1^*,i_2^*)i_2-tc(i_2)]$$

$$\leqslant\delta(2\rho-1)mr_2(i_1^*,i_2^*)\qquad(4-16)$$

当 δ 和 ρ 同时趋于 1 时，土地承租者在第一期和第二期的均衡机会主义行为同时等于 0 或前者小于后者。即：

$$mr_1(i_1^*,i_2^*)\leqslant\delta(2\rho-1)mr_2(i_1^*,i_2^*)\Rightarrow\lim_{\delta,\rho\to1}mr_1(i_1^*,i_2^*)\leqslant\lim_{\delta,\rho\to1}\delta(2\rho-1)$$

$$mr_2(i_1^*,i_2^*)\Rightarrow\lim_{\delta,\rho\to1}tc'(i_1^*)\leqslant\lim_{\delta,\rho\to1}\delta(2\rho-1)tc'(i_2^*)\Rightarrow tc'(i_1^*)\leqslant tc'(i_2^*)$$

$$(4-17)$$

从而解该不等式有：$i_1^*=i_2^*=0$，或 $i_1^*<i_2^*$。进一步，当且仅当 $tc'(0)\geqslant mr_2(0,0)$ 时，$i_1^*=i_2^*=0$。

3. 短期与长期契约下的福利比较。首先，在短期契约下，农地转出农户的期望福利水平为：

$$W^1(i^*) = \frac{\prod^H + \prod^L}{2}$$

$$= \frac{1}{1-\delta}\left[\frac{L+H}{2} + \frac{i^*(H-L) - tc(i^*) + i^* tc'(i^*)}{2}\right]$$

$$(4-18)$$

其次，在长期契约下，农地转出农户的期望福利水平为：

$$W_2(i_2^*) = \frac{\prod_1^H + \prod_1^L}{2}$$

$$= \frac{1}{1-\delta}\left\{\frac{L+H}{2} + \frac{\delta[i_2^*(H-L) - tc(i_2^*) + itc'(i_2^*)]}{2(1+\delta)}\right\}$$

$$(4-19)$$

令 $W(i) = i(H-L) - tc(i) + itc'(i)$，且 $W'(i) = (H-L) + itc''(i) > 0$，所以，当 $i_1^* = i_2^* < i^*$ 时，$W(i^*) > \frac{\delta}{1+\delta}W(i_2^*) = 0$，从而有 $W_1(i^*) > W_1(i_2^*)$。

从而证明，在农地转出农户承诺能力较低（$\theta_1 = L$）时，土地承租者的均衡机会主义行为在短期租约中比在长期租约中严重，农地转出农户的福利水平也表现为在短期租约中比在长期租约中要高，所以，天然具有垄断性谈判地位的农地转出农户在该约束条件下将偏向于选择短期契约。

（五）分析维度及其假说

在有关契约期限及其决定因素的实证研究中，多数文献已经注意到专用性资产投资（Garcia - Herrera 等，2010；Chanut 等，2015）、不确定性（Saussier，1999；Masten 等，2000）以及机会主义行为及其"搭便车"的可能性（Vázquez，2007；Gorovaia 等，2013、2015）等方面。为此，结合前述分析，我们着重从土地依附性、农地质量特性、农户风险预期三个维度讨论其对农地租约期限选择的影响，并提出相应的假说。

1. 土地依附性。 土地一直被视为农民的"命根子"。土地是生产要素，又具有福利保障功能，这两者在传统的农耕社会并不矛盾。但对于处于转型中的中国农村来说，情形正在发生变化。一方面，在中国城乡公共服务不均等的背景下，对于大多数处于以农为生、以农为业、以地立命生存状态的农民而言，土地依然提供着重要的社会保障功能（罗必良，

2014）；另一方面，随着工业化与城镇化的发展，使得农民的农外就业机会增加，土地对农民的就业与收入保障功能逐步弱化。此外，农村合作医疗与养老保险等替代性福利保障品的制度性供给，应该能够降低农户对土地的依存度。据此可以提出下列假说：

H$_{1-1}$：农户家庭老年劳动力、务农劳动力越多，家庭收入中农业收入占比越大越多，对土地依附性越强，越具有租约短期化倾向；

H$_{1-2}$：农户养老保障与医疗保障越完善，其土地依附性越弱，有可能会抑制租约期限的短期化。

2. 农地质量特性。农地质量不仅涉及土壤肥力、农户承包地地块的大小，也涉及农地细碎化程度等。一般来说：①承包地规模反映农户土地禀赋的富裕程度以及经营的可选择空间。考虑到农户普遍存在的自给性行为，如果农户承包地的面积越大，则转出去的可能性及流转的面积也会越大，这无疑对生产大户、家庭农场或者龙头企业等规模化经营主体更具吸引力，易于形成长期租约；而面积相对小的承包地，更可能是基于地理区位特点而被附近的农户转入，可能形成比较随意的口头契约，期限存在不确定性；②承包地的平均地块面积能够表征土地的细碎化程度，对农地的生产效率与规模经营有负面影响。平均地块面积越小表示其细碎化程度越高，那么并不利于农户进入正式的农地流转市场，农户谈判能力较弱，倾向于转给村内农户，形成关系型农地流转交易，而导致期限随意性较大，短期而灵活。③由于农地承租者对土壤肥力的维护激励与租约期限密切相关，因此，一个短期化的租约势必加剧对土地的掠夺行为，而一个长期租约带来的稳定预期显然有利于土壤肥力的维护。由此有假说：

H$_{2-1}$：农户承包地面积越大、肥力条件越好，可能会抑制租约期限的短期化；

H$_{2-2}$：农户承包地细碎化程度越高，越可能发生租约期限的短期化。

3. 农户风险预期。对于农户而言，农地流转的风险程度与承租者的可预期程度密切相关，因为租约总是不完全的，如果租约能够自我实施，将是流转交易最优的一种状态。因而承租者的类型所表达的与农户的关系亲疏程度会影响农户对承租者的信任程度，并判断其履约可能性，进而影响农户的风险预期。此外农户前期的流转经验也会影响其风险预期。因此，①社会交易中的信任关系大体有两种，一是在血缘性社区的基础上所形成的对圈内人的"特殊的信任",二是在共同信仰的基础上所形成的类亲缘关系的"普通的信任"(韦伯,2004)。一般来说,信任程度越高,实施机会主义行为的可能性越小。由此,"特殊的信任"会使长期的有效契约被短期租约所复制,而且避免了长期契约的缔约成本。②契约初始选择的逻辑与事后再次缔约的选择逻辑,显然是不尽一致的。因为,按照贝叶斯理论,行为人会根据先期缔约的信号以及契约执行中的行动,不断修正先验信念(张维迎,2013)。即使存在重新缔约,依然面临着信息不对称与未来行为的不确定性,先验信念将具有重要的时间选择意义(Crocker 等,1988;Meyer 等,1997)。因此,农户对契约风险的判断同样会通过观察及经验等知识积累进行修正。当期实际流转期限越长,那么农户所掌握的风险信息越充分,面临下一期决策更具有经验而谨慎。③根据预期理论,对于风险性结果,人们会过分关注并高估小概率事件发生的可能性(Kahneman 等,1979)。因此,如果一个农户对于承租者签约后的履约行为越在意,那么其风险规避心理越强,更会在农地流转中采取更为谨慎的态度。由此有:

H$_{3-1}$:如果农户选择亲友邻居作为转出对象,那么更可能形成具有"特殊信任"的关系型租约,更倾向于短期缔约;

H$_{3-2}$:实际流转期限越长,越有助于获取充分信息而准确预期流转风险,可能会提高其风险预期而具有短期化倾向;

H$_{3-3}$:农户越在意承租方农地处置行为,则越可能加剧农户的风险规避,导致租约的短期化。

二、实证分析

(一)计量模型与变量设置

1. 计量模型选择。农户在转出农地时的流转契约期限选择是多种因素综合影响的结果。可以构建一个简单的动态模型:

$$y_{it} = \alpha y_{i,t-1} + \beta x_{it} + \gamma_i + \mu_{it} \qquad (4-20)$$

其中,y_{it} 与 $y_{i,t-1}$ 分别表示第 i 个农户下一期农地流转契约期限与当期实际流转期限,x_{it} 表示其他随着时间变化的对契约期限有影响的因素,γ_i 表示固定效应项,也就是部分不随着时间而变化的影响因素,μ_{it} 是随机扰动项。α、β 分别表示影响系数。

如前所述，鉴于农地流转的本质是依附于农户承包权的经营权交易，决定了农地流转必然表现为一种"时段性"的交易。农地流转租约期限的"短期化"，本质上表达的是流转租约在一期一期的续约中，其租约期限逐渐缩短的一个动态化过程。为此，将前后两期的租约期限进行比较，即可测度其"短期化"程度。将其设为因变量 Y_{it}，表达为：

$$Y_{it} = y_{it} - y_{i,t-1} = (\alpha - 1)y_{i,t-1} + \beta x_{it} + \gamma_i + \mu_{it} \quad (4-21)$$

Y_{it} 值越小，表示短期化程度越大。其赋值标准是：

$$\begin{cases} Y_{it} = 0, y_{it} - y_{i,t-1} > 0 \\ Y_{it} = 1, y_{it} - y_{i,t-1} = 0 \\ Y_{it} = 2, y_{it} - y_{i,t-1} < 0 \\ Y_{it} = 3, y_{it} = 不确定 \end{cases} \quad (4-22)$$

由于因变量 Y_{it} 属于有序多分类变量，适用于多分类有序 Logistic 模型。通过该模型，可以得到因变量 Y_{it} 不同取值时的概率，而 μ 服从 Logistic 分布，则有分布函数：

$$F(z) = e^z / (1 + e^z) \quad (4-23)$$

2. 样本及其变量设置。 为了保证检验结果的准确性，计量分析选取前述 9 省份 614 个经验农户中明确表达租约期限的 389 个农户样本作为考察对象（扣除 225 个实际流转期限"不确定"的样本）。为分析农地租约期限的"逆向选择"问题，本节识别了因变量、自变量以及农户与家庭特征、村庄特征变量等控制变量。同时考虑到未观测到的区域社会、经济和制度因素对农户农地流转行为的潜在影响，也识别了 9 省区的区域虚拟变量。具体变量的设置是：

（1）因变量。以 389 个样本农户当期流转租约中所设定的期限为参照，如果下期的意愿流转期限相对于当期流转期限来说，变长的赋值为 0，不变的赋值为 1，变短的赋值为 2，变成不确定期限的则赋值为 3。

（2）自变量。依照前文，从土地依附性、农地质量特性、风险预期三个维度共设置 11 个自变量。其中：

① 土地依附性。主要通过年龄大于 50 岁劳动力的数量[①]、务农劳动

[①] 已有研究表明，在全部农民工外出就业总量中，50 岁以上年龄组别的农民工只占 5.06%（章铮，2008）。从而意味着 50 岁以上的农业人口对农地有着明显的依附性。

力数量、家庭收入中农业收入占比变量来表达农户对土地的生存依赖程度，并通过是否具有养老保险与医疗保险来表达农户对于土地保障功能的可替代性。

②农地质量特性。主要通过承包地面积、平均地块面积与土壤肥力变量来描述土地质量特性。

③风险预期。主要从是否意愿转出给亲友邻居、实际流转期限以及对承租方签约后农地处置行为的介意程度变量来衡量农户的风险预期。

（3）控制变量。一是农户与家庭特征变量，包括户主年龄与家庭相对收入水平变量。其中户主年龄可能会影响其对于农地的依赖性以及风险规避倾向，老龄劳动力更可能从非农就业市场退出，生命周期投资理论认为农户的风险厌恶系数与其年龄成正比，因此可能户主年龄越大，越可能选择短期租约。家庭相对收入越高则可能缓解农户对于土地的依附性，有可能因为不需要农地经营权而长期出租，也可能因为不需要农地租金收入而转给亲友等关系密切的主体，因而期限可能不确定。二是村庄特征变量，其反映了农户所面临的农地要素流转社会环境，村庄地理环境与经济发展状况对农地流转的一定影响，在此设置村庄经济水平、地形特征与交通条件变量。

具体的变量定义与统计描述见表4-11。

表 4-11　变量定义与统计描述（N＝389）

维度	变量	赋值	均值	标准差	最小值	最大值
因变量	流转意愿期限	变长＝0；不变＝1；变短＝2；不确定＝3	1.393	0.980	0	3
土地依附性	50 岁以上的劳动力数量	个	0.884	0.925	0	4
	务农劳动力数量	个	0.792	0.917	0	4
	农业收入占比	%	30.404	32.153	0	100
	是否购买养老保险	是＝1；否＝0	0.581	0.494	0	1
	是否购买医疗保险	是＝1；否＝0	0.910	0.287	0	1
土地特征	承包地面积（取对数）	亩	1.523	0.883	−1.610	6.215
	平均地块面积	承包地面积/地块数	1.706	2.139	0.133	25
	土壤肥力	很差＝1；较差＝2；一般＝3；较好＝4；很好＝5	3.522	0.878	1	5

（续）

维度	变量	赋值	均值	标准差	最小值	最大值
风险预期	是否意愿转给亲友邻居	是=1；否=0	0.393	0.489	0	1
	实际流转期限	年	2.815	1.138	1	4
	对承租方事中行为（挖沟、打井等）的态度	不在意=1；一般=2；很在意=3	2.270	0.835	1	3
控制变量	户主年龄	岁	44.049	15.346	18	89
	农户相对收入（与上年相比）	高很多=1；高一些=2；一般=3；低一些=4；低很多5	2.746	1.148	1	5
	村庄经济水平	很低=1；相对低=2；中游=3；比较高=4；很高=5	3.105	0.730	1	5
	村庄交通	很差=1；较差=2；一般=3；较好=4；很好=5	3.512	0.893	1	5
	村子的地形	山区=1；丘陵=2；平原=3	2.344	0.793	1	3
	区域虚拟变量	9省区虚拟变量				

注：为了节省版面，没有汇报9省区虚拟变量的统计描述结果。

（二）计量结果与分析

运用Stata13.0计量软件进行估计，结果如表4-12所示，其中第一列（1）表示通过多分类有序Logistic模型对于影响农地流转租约期限短期化的因素进行估计，并且控制省区虚拟变量，作为模型估计的主要结果，其他结果作为稳健性检验。第二列（2）表示控制村庄虚拟变量条件下，对于影响农地流转租约期限短期化的因素进行多分类有序Logistic模型估计的结果；第三、四列表示控制省区域虚拟变量条件下，分别采用最小二乘法（OLS）和有序Probit模型进行计量的结果。从表4-12来看，控制不同区域虚拟变量以及采用不同的计量方法，变量估计结果没有明显差异，因而结果是稳健的。

表4-12 模型参数估计结果

变量	(1)	(2)	(3)	(4)
	Ologit	Ologit	OLS	Oprobit
大于50岁劳动力数量	−0.170 (0.131)	−0.233 (0.272)	−0.075 (0.057)	−0.084 (0.074)
务农劳动力数量	0.076 (0.131)	0.253 (0.298)	0.034 (0.056)	0.038 (0.073)

（续）

变　量	(1)	(2)	(3)	(4)
	Ologit	Ologit	OLS	Oprobit
农业收入占比	−0.004 (0.003)	0.007 (0.007)	−0.002 (0.001)	−0.002 (0.002)
养老保险	0.056 (0.238)	0.289 (0.623)	0.012 (0.101)	0.014 (0.130)
医疗保险	0.124 (0.368)	−1.400 (1.061)	0.052 (0.167)	0.060 (0.217)
承包地面积（取对数）	0.196 (0.160)	0.369 (0.360)	0.070 (0.071)	0.102 (0.090)
平均地块面积	0.002 (0.043)	−0.004 (0.090)	0.001 (0.022)	0.002 (0.027)
土壤肥力	−0.399 *** (0.140)	−0.675 ** (0.321)	−0.154 *** (0.059)	−0.224 *** (0.077)
是否意愿转给亲友邻居	0.750 *** (0.245)	0.886 (0.678)	0.358 *** (0.106)	0.454 *** (0.137)
实际流转期限	0.964 *** (0.122)	1.328 *** (0.338)	0.363 *** (0.045)	0.543 *** (0.065)
对承租方事中行为的介意程度	0.480 *** (0.139)	0.562 (0.364)	0.186 *** (0.058)	0.260 *** (0.078)
年龄	0.008 (0.008)	0.020 (0.018)	0.002 (0.003)	0.003 (0.004)
农户家庭相对收入（与上年相比）	−0.058 (0.092)	−0.633 ** (0.272)	−0.023 (0.041)	−0.034 (0.053)
村庄经济水平	0.061 8 (0.156)	−0.074 (0.475)	0.026 (0.067)	0.053 (0.090)
村庄交通	0.226 (0.138)	0.471 (0.355)	0.113 * (0.059)	0.133 * (0.078)
村庄地形	0.277 (0.202)	−3.175 *** (0.999)	0.117 (0.082)	0.155 (0.108)
区域虚拟变量	控制省区	控制村庄	控制省区	控制省区
Observations	389	389	389	389
Log pseudolikelihood	−407.448	−248.438	—	−408.550
R - squared	0.133	0.471	0.244	0.130

注：①回归不同程度地控制了省区区域虚拟变量和村庄虚拟变量，但是为了节省版面，没有汇报其回归结果以及常数项结果。②括号内的数值为稳健标准误。③* 、** 、*** 分别表示观察项在 10%、5%、1%的显著水平下通过显著检验。

结果显示，能够通过显著性检验的是土壤肥力、是否转出给亲友邻居、实际流转期限、对承租方事中行为的介意程度等变量，而流转期限实际对于租约期限的短期化影响较大。模型估计结果基本验证了前述的假说。具体分析如下：

1. 土地依附性。年龄大于 50 岁的劳动力数量、务农劳动力数量、农业收入占家庭收入比例、养老保险以及医疗保险变量在统计上没有显著影响。也就是说农地的生存、养老等福利保障功能并没有显著影响农地流转租约期限的选择，这与罗必良等（2015）的研究结论一致。出现这样的结果的原因可能是，对于目前的经济发展水平而言，农地本身所能够承担的养老功能、就业功能、经济收入等保障功能是有限的，难以成为影响农户农地流转决策的核心因素。而外部正式制度下的养老保险、医疗保障，尽管一定程度上降低了农户的生存发展风险，但是其尚不能完全取代农地对于农户的价值。

2. 土地特征。农户拥有的承包地面积、平均地块面积对于农户契约期限没有显著影响，而土壤肥力存在显著的负向影响。可能的原因是，在国内，一般农户的承包地面积并不大，不因时间而变化，并且家庭承包制均田分配下农户间承包地面积差异不明显。而且普遍存在细碎化特征，因而平均地块面积较小。土壤肥力变量的影响系数为负数，并且通过 5% 的显著性水平检验，表示肥力越好，越可能抑制期限的短期化，验证了 H_{2-1}。

3. 风险预期。不同的流转对象表达了其与农户之间的不同的信任程度。农户选择亲友邻居作为下一期农地转出对象变量的估计系数显著为正，表明其更可能加剧农地契约短期化与不确定性。因为农户与亲友邻居之间隐含着亲缘、地缘关系的"特殊信任"，将导致其契约的关系型特征，一方面契约期限更可能是根据彼此需求而变化的，而非固定的，因而倾向于选择不定期；另一方面，特殊信任下，进行重新缔约成本极低，那么双方不需要花精力去确定一个更精确的期限，验证了 H_{3-1}。实际流转期限变量影响系数为正显著，表明当期期限越长，下一期期限越有可能缩短，验证了 H_{3-2}。即在长期的流转中，农户可能对于流转风险的认知更清晰，对于市场风险也有一定的认识，可能更倾向于保持对于农地的控制而选择短期流转，获得更多的安全感。农户对承租方事中行为（挖沟、打井等）的态度变量也通过了 1% 的显著性水平检验，显著为正，表明农户越在意承租方对农地的处置行为，对风险预期越敏感，而倾向于短期化租约期限，验证了 H_{3-3}。

4. 控制变量。户主年龄变量、村庄经济水平变量对于农地契约的期限没有显著影响。而农户的家庭收入相对于上一年的水平变量对于农地流转契约的短期化有负向影响，表明农户家庭收入逐年增加，有益于促进长期契约的形成。村庄交通变量对于农地流转契约的短期化有正向影响，表明村庄交通条件越好，农户更可能会在农地流转期限决策上呈现出短期化特征。原因可能在于交通条件较好的地方，农地的租金升值的潜力较大，短期流转有助于农户避免被"锁定"而获取更大的潜在收益。村庄地形变量对于契约的短期化有显著的负向影响，表明地势平坦的地方，更可能形成长期契约。这可能因为就整个农地流转市场而言，平原地区更容易吸引农业龙头企业进行长期投资。

三、进一步的讨论

通过对全国9省份的农户问卷数据的统计分析，可以发现在现实的农地流转中，短期租约是普遍现象。更为重要的是，对于已经发生农地流转的经验农户来说，其后期租约期限的"事后意愿"选择明显低于当期租约期限，从而呈现出"短期化"趋势。因此，农户在农地流转的租约安排中，存在缔约期限的"逆向选择"，进而导致短期租约"驱逐"长期租约的"柠檬市场"可能性。

研究表明：①在人地矛盾紧张的背景下，农民的理性原则是以生存安全为第一要素，其经济决策的基础是生存伦理而不是经济理性（Scott，1976）。因此，农户的风险预期对于租约期限的短期化具有重要影响；②土地特征如肥力所表达的土地潜在收益越高，农户越倾向于缩短期限以便于保持农地流转的灵活性；③对于经验农户而言，当期租约的期限越长，下期租约的意愿期限缩短的概率越大，意味着已有的农地流转租约及其实施的不规范尚未为农地产权市场的发育形成有益的知识积累。

上述分析能够为深化已有的认识提供进一步的实证参考：

第一，通常认为土地对于农民承担着就业、养老等多重社会保障功能。从逻辑上来说，通过替代性保障功能的供给，一般能够弱化农民对土地的依赖。我们的前期研究表明（罗必良等，2012），替代性保障品的供给并不能改善农民对土地的流转态度。同样，本节的研究也表明，无论是医疗保障、养老保障的改善，抑或是家庭老龄劳动力、务农劳动力以及农业收入比例等，均未对农户流转租约的期限选择产生显著影响。因此，农民的土地流转及其租约选择，并不是一个简单的福利保障功能及其替代问题，而是表达了农民对土地财产权利及其情感的诉求。由此，家庭承包制如果仅仅满足于农民对土地保障功能的制度取向，那么小规模、分散化、细碎化的农业经营格局难以发生根本的改变。所以，必须推进土地功能的转换，并从强化土地的福利保障功能转向为强化土地的财产功能。

第二，基于普遍存在的农户之间的农地流转，特别是其关系契约所内含的缔约不规范、租约不稳定、非市场化及其导致的规模不经济等问题，已有文献大多倾向于加强农户与农业龙头企业的农地流转，以便改善农地租约的正式化与规范化，并推进规模经营。但本节的研究表明，不同的缔约对象会对农户租约的短期化行为倾向存在差异化影响：一方面不同的流转对象有不同的经营目的及其生产投资行为，另一方面农户对于不同的缔约对象的决策也隐含着不同的利益权衡。其中，农户对亲友邻居与龙头企业两大类对象的缔约短期化倾向尤为显著。值得关注的是，农户对生产大户（家庭农场）这类对象存在着长期缔约的较高概率。可见，培育和扶持生产大户与家庭农场等适度规模经营主体，隐含着重要的契约化意义。

最后需要指出的是，由于受限于数据获取的困难，我们未能考察农户多次缔约的实际期限选择问题。这无疑需要做进一步的长期努力。

第五章 农地流转的租金决定与市场失灵

由于农地市场的特殊性，使其价格生成机制亦具有特殊性。经典地租理论显然忽视了"人—地"关系与"人—人"关系所决定的人情交易情境。一般来说，价格机制包括价格生成机制和价格响应机制。前者指价格是如何形成的，后者指价格是如何发挥作用的。对于农地流转市场而言，理解价格的生成机理是重要的，但深刻认识价格的响应机制至少是同样重要的。显然，已有文献未能对后者予以足够的关注。

第一节 农地租约的租金决定：经典理论拓展

一、问题的提出

农地租约中的价格如何决定，事关农地流转效率和农民权益保障等重大内容，具有重要的政策含义，已引起经济学、社会学等学科领域的普遍关注。已有研究主要从三个角度展开：一是依循经典地租理论，从农地的生产资料价值角度出发，基于超额利润分析范式探讨农地租金变化的原因（朱奇云，2008）；二是在制度经济学的产权理论范式下，分析农地产权制度、流转交易费用等对我国农地租约中价格形成的影响（田传浩，2005；邓大才，2007；刘荣材，2010）；三是从社会学角度指出，应关注影响农地租约价格形成的乡土伦理规范等社会因素和力量（田先红、陈玲，2013）。总的来说，已有研究分别从各自不同的专业学科视角展开，自成逻辑，而鲜有研究讨论它们之间的关系如何，能否互相整合、沟通与论证，形成相互蕴涵的多学科整合理论分析框架。

与一般单一视角阐释农地租金价格生成机制不同，本节基于农户农地出租的角度，并考虑到中国特殊的人地关系以及乡土人情关系特点，将农地租金的要价行为视为"地本身、人与地、人与人"三重交易关系的均衡，而不仅仅是物（地）的交易行为。由此以经典地租理论中"地"交易角度的农地租金理论为基础，借鉴相关学科资源，将影响农地租约中价格形成的多元复杂因素纳入其中，实现经典地租理论研究的拓展，为全面认识我国农地租金价格的形成机制提供新的理论视野和机会。

二、经典地租理论：交易客体的分析

地租理论是农地租金分析的理论基础。地租理论的权威经典主要包括李嘉图、马克思以及马歇尔的地租理论。他们着眼于交易物"农地"本身，从土地自然力、土地所有权、土地边际生产力等不同角度阐释了地租的来源、性质，研究成果深刻影响着目前学界对农地租金价格的研究。

（一）李嘉图、马克思的地租理论：从土地自然力到所有权分析

古典经济学中，李嘉图的地租理论被认为是阐述得最为系统的（高淑泽，2000）。他运用劳动价值论研究地租问题，认为地租源于土地的自然力，是"为了使用土地原有和不可摧毁的生产力而付给地主的报酬"（李嘉图，1962）。进一步地，其从劣等地与中等、优等地比较的角度，解释级差地租的来源，认为，中等、优等农地的产品价格除补偿生产成本和资本家的平均利润后，还有一个超额利润，而超额利润转化为归地主占有的地租，即级差地租。

马克思（1975）发展了李嘉图的级差地租理论，将级差地租区分为级差地租Ⅰ和级差地租Ⅱ两种形态。级差地租Ⅰ是指由土地质量和位置等因素决定的地租水平，表达的是土地的自然丰度；级差地租Ⅱ是指由于"在同一块土地上追加资本、集约耕种"而导致投资回报率和劳动生产率不同所造成的地租差异，表达的是土地在生产中的经济丰度（徐熙泽、马艳，2011）。马克思地租理论的精髓在于：从产权角度理解地租的本质。他认为，超额利润能够转化为级差地租的原因是土地的稀缺性和经营的排他性，即是由土地所有权垄断本身所决定的。而且，马克思阐释了"劣地同样需要地租"的绝对地租来源，认为"单纯法律上的土地所有权不会为土地所有者创造任何地租，但这种所有权使他有权不让别人使用他的土地，除非经济关系能将土地的部分利用价值转化为提供给他的余额"。由此回

答了：为什么土地所有权能将"由资本所生产的、并且已经被资本直接占有的剩余价值的一部分"从资本手里夺走并赋予农地所有者。总之，马克思强调的是所有权在经济社会中的重要地位，地租的本质是土地所有权在经济上的实现（黄海阳，2011）。

一直以来，众多文献都致力比较李嘉图和马克思地租理论的差异，但鲜有文献观察到两种理论观点分歧背后的一致性，其实，他们的理论并非完全对立，更为恰当的理解是"一个硬币的两面"。李嘉图通过对土地边际生产率的观察，论证的是农地经营者如何衡量超额利润进而决定愿意支付的地租，马克思则是从产权角度切入，关注的是农地所有者对于农地的控制权，指出农地所有者有意愿且有权利去收取一定地租。前者从农地需求方角度考察地租来源，后者从农地供给方角度剖析地租的性质，可理解为农地交易中基于供方、需方的不同侧面分析。但李嘉图与马克思的地租理论皆无法在数理上将地租量化，尤其是马克思地租理论中没有提及农地所有者所要求的"余额"究竟如何决定。这方面的进展得益于新古典经济学派马歇尔的地租理论研究。

（二）马歇尔地租理论：土地边际生产力角度的分析

马歇尔认为，级差地租来源于土地的经济效益差别，而土地经济效益的差别只有当土地投入生产才会显现出来，因此他更关注农地的生产经营过程，并着力于解决租的"量"表达形式。他采用边际分析方法，基于利润最大化原则指出，总收益超出总成本的部分为生产剩余，是超额利润之所在，也是地租量化分析的基础（马歇尔，1997）。农地的边际生产力与农地经营者的行为能力密切相关，不同人的行为能力不同，其利用农地的边际成本及边际报酬均会有所差异，由此，可以从农地供求双方异质性的经营能力角度理解马歇尔的地租理论：对于农地需求方，其农业经营能力越强，利用农地所获得的超额利润越多，其愿意支付的地租就越高；就农地供给方而言，他所要求的地租必然要高于其自我耕作时所获的超额利润，即如果农户自身经营可获得的超额利润越多，农地交易时所索要的地租就越高。

综上，马歇尔的地租理论以农地边际生产力表达地租，认为，以地租为信号能有效识别出具有生产能力优势的人，并形成农地流转的均衡价格。这意味着，以市场为媒介，通过农地交易，能将农地转给"种田能人",从而最大限度发挥农地的生产要素价值作用（胡新艳等，2015）。马歇尔的地租理论虽然有其理论逻辑的自洽性，也具备了较严格的数理表达形式，但其理论暗含完全竞争市场的假定条件，这种理想化价格模型仅能表达出农地的生产要素价值维度，不适应于现实世界的复杂情形。

（三）经典地租理论的合理性及其局限性

经典地租理论演进与发展脉络为：以李嘉图从土地自然力角度分析地租为起点，到马克思从农地所有权分析地租的本质，再到马歇尔关注土地边际生产力及其地租的形式化（图5-1）。

经典地租理论中，级差地租Ⅰ、级差地租Ⅱ所阐释的土地质量、土地经济丰度影响地租的观点（曾福生，2011；林文声和罗必良，2015），得到国内外学界的普遍认同。1934年德国财政部的《农用地评价条例》、1962年美国农业部土壤保持局正式颁布的土地潜力分类系统、1976年联合国粮农组织发表

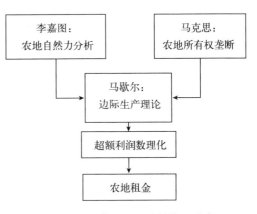

图5-1 经典地租理论的核心观点

的《土地评价纲要》以及我国政府部门在1996年、2012年分别颁发的《全国耕地类型区、耕地地力等级划分》、《农用地质量分等规程》等，基本上也是从土地本身的质量出发，结合当地的人口、资源、环境及发展等土地人口承载力维度，对农地价值及其交易价格进行定量分析的。也有学者从地权制度角度研究农地流转价格问题，认为，农村土地产权制度不健全以及产权主体多重化，使得产权制度被行政权力制度替代，农地使用权的有效流转及其价格的合理性难以得到保障（刘荣材，2010）。卢新海等（2014）、田传浩（2005）等则强调，地权制度不完善导致的高农地流转交易费用，会对农地流转价格产生扭曲作用。

但是，不论是李嘉图、马克思还是马歇尔的地租理论，都暗含着一个前提假设：土地只是一种生产资料或产权交易客体，仅仅是将土地视为资

产替代物而获得要素报酬，将土地交易乃至地租视为纯粹的经济理性行为。事实上，农地之于农户，并不是标准化、可替代的一般"交换商品"。就中国历史及其农情来讲，土地历来被视为农民的"命根子"，并非一种单纯的经济要素；就我国"乡土人情"社会结构来说，农地流转带来的经济利益会受到村落中农户社会关系的影响。但人地关系以及人情关系对农地流转契约中价格的影响都在经典地租理论考察的视线以外。如果忽视这两重关系对农地流转价格的影响，仅仅以发端于经典地租理论中"地"交易观念来解释我国农地租金价格的决定，则是一种对现实的简化或误读，背离了"真实世界做学问"应持有的态度。

三、"人—地"关系维度：禀赋效应对农地租金的影响

经典地租理论将农地看作标准化、可替代的生产要素。事实上，土地对于我国农民而言，不仅仅是一种纯粹的生产要素，而是涉及表达生存依赖、福利保障、身份特征以及农耕情感等多维关系特征的财产，由此决定了我国农地流转市场并不是一个纯粹的要素市场（林文声和罗必良，2015）。因此，对现实中农地租金价格的生成机制进行分析，不能忽视"人—地"依赖关系特征的影响。

（一）禀赋效应对交易价格的影响：一般理论解释

从"人与物"的关系视角，Thaler（1980）首次提出禀赋效应概念及其对交易物定价的影响。禀赋效应是指与得到某物品所愿意支付的金钱（Willingness to Pay，WTP）相比，个体出让该物品所要求得到的金钱（Willingness to Accept，WTA）通常更多，这是行为经济学中一种极为普遍的现象，已在不同的实验中得到证实。从交换的角度来说，某物品交易中如果存在禀赋效应，就意味着一个人的意愿卖价高于意愿买价，会单方面提高交易价格，影响交易的达成。

禀赋效应因何而产生？目前的主流观点认为，它是源于个体的损失规避心理。损失规避是一种普遍存在的心理现象，即卖者把失去物品看作损失，把得到金钱看作受益，但由于在价值函数上损失区的价值函数曲线比受益区的陡峭，即损失比等量收益所引致的心理感受更加强烈，因此卖者

趋向于提高价格，从而导致禀赋效应。不过，物品所有者在不同的环境情景下，其纳物入心的"人—物"关系特征不同，会对交易物品产生不同的损失规避心理，从而表现出不同的禀赋效应敏感度（Van De Ven et al.，2005）。Rachlinski 和 Jourden（1998）认为，由于人格化财产与人格（Personhood）是密切紧密相连的，难以有其他替代物能够弥补人格化财产丧失后的痛苦，因此，财产的人格化特征越明显，禀赋效应越强。此外也有学者认为，心理所有权、情感依赖等也会影响禀赋效应（Ariely et al. 2005）。

依此理论逻辑，有必要分析在农地流转缔约过程中，农地资源特性及其中国特殊农情下农户与土地的关系特征所引致的损失规避心理特点，再由此判断禀赋效应对我国农地租金价格的影响。

（二）禀赋效应对农地流转租金的影响

土地作为农业生产中最稀缺的、不可替代的生产要素，与一般的交换物品（exchange good）存在差异性特征，主要表现为：农业生产活动中，农地经营者所需购买的一般生产资料，如化肥、农药等，都可以理解为以交换为目的物品。这类物品的交易市场是易于形成的，其定价机制也能通过相应交易市场自动生成（Kahneman，1992）。但是，与上述可以再生产、目的在于交换的生产资料不同，土地具有位置固定、供给稀缺的特点。农户持有土地最根本的目的在于获得耕种收益，而非农地买卖交易。农户对于土地的利用需求，必然会诱致其对于农地的占有和排他权（吴毅，2009），因此农地的继承和保有始终是一个核心的要素，这也就决定了农地是可交易但又不是完全可交易的经济要素，处于可让渡与不可让渡之间。可见，农地流转会衍生出禀赋效应，影响交易中的定价行为。

进一步地，在中国特殊的人地关系条件下，农地流转的禀赋效应表现出什么特殊性？这主要取决于我国农户与农地之间存在"客观生存依赖"与"主观心理依赖"的双重依赖关系特征，具体而言：

1. 生存依赖关系下的禀赋效应及其影响。首先，由于目前我国经济能力难以承担庞大农民群体的社会保障，农地对于广大农户而言还具有一定的社会养老保障功能，是规避社会风险的重要手段，尤其是以农为生的农民。因此，如果农户选择将农地流出，这会改变农民原有收入结构及收入风险，造成对农村原有"家庭养老＋土地保障"模式的冲击（许周恒和金晶，2011）。其次，目前我国尚未为非农就业转移农民建立起就业、医疗、住房、养老等社会保障体系，农民外出务工具有鲜明的被动性和不确定性，随时可能会出现回流，难以实现永久迁移的完全城市化（游和远、吴次芳，2010）。这意味着，农户一旦转出了土地，将失去一定的再择业空间。可见，农地对于农民而言，依然具有"风险规避"含义，它承担着"社会养老保障"、"就业收入保障"等多重客观功能（程佳等，2014；张成玉，2013），与农民之间有着不可忽视的客观生存依赖特征。这使得农户的农地转出行为，被视为一种"生存保障损失"，从而强化流转交易的禀赋效应，出现单方面的提价倾向而导致农地租约的无法达成。

2. 情感依赖关系下的禀赋效应及其影响。 土地作为农民的"命根子"，农户对其具有天然的情感依恋（emotional attachment）。法国社会学家孟德拉斯提出，金钱等货币在农民的价值体系中并不具备可靠的价值，而真正具有价值的只有土地。在中国，从奴隶制的"普天之下，莫非王土"到如今的"集体所有，家庭承包"，世世代代"以农为生"的农户都对土地存在偏执的控制权意识，可以认为，我国农户生活在"特定地域关系"、有着广泛感情基础的农村，是理性的"感情人"（董启民，2009）。由此，中国特有农情造就了农户与农地之间不可分割的情感关系，形成了农户"恋地"、"惜地"与"占有"的偏好观念，也因此积淀形成农户"拥有农地是天经地义的"的传统文化观念。可见，农户对农地具有强烈的主观情感依赖特征，并且，强烈的心理所有权（依附）和情感反应（Pierce，2003）会强化农地的人格化财产特征（Alchain，1987），导致农户在农地流转交易中表现出较强的禀赋效应，产生高估农地流转意愿接受价格的倾向。

农户对农地的客观生存依赖特征与主观情感依赖特征，导致农户在流转土地时产生更为强烈的"损失规避心理"，增强了农地交易中的禀赋效应，出现单方面提高农地租金价格的倾向（图5-2）。

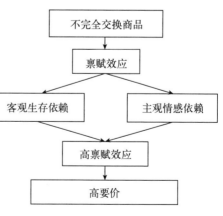

图5-2　禀赋效应与农地租金要价

四、"人—人"关系维度：关系强度对农地租金的影响

市场是一个或多或少的关系契约网络，财产权利交易关系之外蕴涵人与人之间的社会关系，因此它受理性和道德双重因素的影响（罗必良，2014；埃里克·弗鲁博顿，2012）。这意味着，阐释经济事件时，必须考虑交易主体关系的影响。中国社会的现实特点是"经济与伦理相互为用"，因此对于发生于我国乡土社会的农地流转租约，人情关系更需引起重视。已有学者观察到关系强度对农地缔约对象选择及其价格的影响，但既有研究缺少对两者相互作用机理的清晰认识，也未有学者将其纳入到租金价格的分析中。由此，下文将从"人与人"的关系维度考虑，尝试论证交易主体之间的关系强度如何影响农地租金价格。

（一）差序化关系格局与地租的差序化

中国传统乡土社会中的社会结构和人际关系，可用"差序格局"形象地概括（翟学伟，2009），它是指乡村社会中的农户大多是以自我为社会网络的中心，以与这个中心的社会距离所产生亲疏远近关系作为辐射面，构建一个社会关系网络（费孝通，2008）。乡村社会靠亲密和长期的共同生活来配合各个人的相互行为，稳定乡村社会关系的力量除了是感情，更是了解、信任，由此，中国市场经济存在于注重伦理关系的熟悉社会基础之上，尽管受市场化的强烈冲击，但乡土社会的差序化关系格局并没发生根本性的改变（刘少杰，2014）。

村落中的血缘关系与农业地缘特征，决定了农户对不同人有着不同的关系强度，并且"离己"越近，越是高关系强度，则越是熟悉、了解和信任，因而在现实世界中，缔约者身份是影响缔约选择的一个重要因素。与乡村社会中关系强度差序化格局所对应的是：农地租金价格也呈现差序化格局。据邓大才等的问卷调查显示，2000 年全国农地流转中，以亲属、熟人以及其他外村人为转入对象的流转占比分别为 65%、27% 以及 8%；到 2008 年，大约还有 60% 的土地租约发生在亲友之间，剩下的基本都是发生在熟人内部（邓大才，2007）。另据 2011 年的调查数据显示，广东省农户对不同流转对象的农地意愿租金具有显著差异，流转对象为亲友邻

居、普通农户、生产大户以及龙头企业的平均农地意愿租金分别为553.42、732.59、1 158.89 以及 3 304.55 元（钟文晶和罗必良，2013）。课题组 2014 年在全国 9 省的调查发现，流转对象为亲友邻居、普通农户、生产大户以及龙头企业的平均农地租金分别为 840.73、937.57、1 016.65 以及 1 309.62 元。可见，从全国平均水平看，农地租金价格差序化现象尽管有所弱化，但依然存在。农地流转缔约更为集中发生在熟人关系中，并且在熟人交易中的农地缔约价格更低。

（二）差序化地租现象的机理分析：基于监督成本角度

探究乡村社会的关系强度差序化格局对农地租金价格差序化的影响机理，一个可能的解释逻辑是：在农地流转缔约过程中，不同关系强度的缔约对象，其面临的事后监督成本不同，从而引起租金价格的差异。

不同于一次性的农地买卖交易，农地流转是具有契约期限的限期交易，即契约到期后农地将归还给拥有农地的承包户。但现实世界中农地租赁契约注定是不完备的，这为农地转入户的机会主义行为提供了潜在空间，他们可能会采取施用大量农药损害土质以及过度利用等短期掠夺性经营行为（俞海、黄季焜，2003），导致农地转出户收回土地时，土地用途、质量等发生改变。由于存在事前的不确定性，这种改变又是农地转出户难以接受的，因此为尽量避免对方的机会主义行为侵害，农地转出户必然对农地有着较强烈的控制权偏好（赵其卓、唐忠，2008），并且希望通过强化对农地流转的事后监督以保障自身权益[1]。可见，农地流转交易中的机会主义行为，无疑会提升农地流转中的监督交易成本，耗散农户在农地流转中所获的财产性收益，于是，要么交易受到限制，要么农户会依据交易主体的身份不同，判断其在交易中机会主义行为的程度及其带来的交易成本高低，进而采取不同的定价策略。

乡村社会中的农户在各自的差序关系网络中进行交易活动。在此网络中，"离己"越近，意味着关系强度越大，代表主体间的合作频率越高，彼此间越是互相信任。否则，反之。在制度经济学的视野里，信任是长期

---

[1]　控制权偏好是指在契约的不完备性的条件下，专用性资产的所有者需要通过规定的事后"控制权"来保护其专用性资产免受机会主义侵害。

博弈的结果，它能减少交易双方的信息非对称程度，有利于降低事后交易费用，提高经济运行效率，弥补正式制度的不足，亦有助于维持市场的有序运行（金俐，2002），由此，关系强度、信任程度的差异与租赁价格有着密切关系（洪名勇，2007）。与对方的关系强度越强，信息越对称，农户具有较好的事后监督能力，农地流转过程中监督成本对交易收益的耗散会减弱，于是农户会相机要求较低的农地流转价格；反之，与交易对象的关系强度越弱，农户预期受到机会主义行为侵害的可能性增大，面临较高的农地流转事后监督成本，这时，农户会相机选择通过提高农地流转价格以弥补损失。

上述作用机理可用图 5 - 3 表达。图 A 表示，农地流转的事后监督成本与农地流转交易双方的关系强度是反相关关系，即交易双方的关系强度越大，事后的监督成本越低；图 B 表示，农地流转的事后监督成本与农地流转价格之间是正相关关系，即事后监督成本越高，农地转出方越会提高流转价格以弥补成本损失；在图 C 的辅助下，推导出的图 D 表明，农地流转交易双方的关系强度越大，农地租金要价会越低。

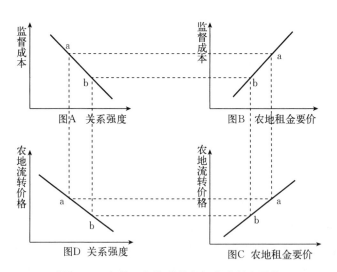

图 5 - 3   交易双方关系强度与农地租金要价

综上，地租价格差序化格局所蕴含的经济学含义是，农户通过农地流转而获得的财产性收益，除了决定于租金价格外，还取决于交易事后支付的监督成本。受乡村社会中差序关系格局的影响，不同的农地缔约交易对象意味着不同的事后监督成本，由此，农户会根据与交易对象的关系强度，采用不同的农地租金要价策略。

五、进一步的讨论

经典地租理论表明，农地的质量、农地经营模式以及经营者生产能力等因素都会影响农地的潜在生产价值，进而影响农地租金价格。但是，从"人—地"关系角度看，我国农户对农地存在"客观生存依赖"与"主观情感依赖"的双重依赖关系，由此会引发交易中的禀赋效应，进而影响农地租金价格。从乡土社会"人—人"差序关系格局看，不同的关系强度暗含着不同的农地流转事后监督成本，从而影响农地租约中的价格决定。不过，关于"人—地"、"人—人"关系是如何影响农地租金价格的，都被排除在经典地租理论的考察视线以外。

综上认为，农地租金价格的决定并不仅仅是农户对交易收益的权衡，而是同时表达了身份、情感及其权益认知的多重交易性质的活动，承载着多重的社会、经济意义，因此研究我国农地租金价格是如何决定的，需发展多学科的综合分析方法，构建一个更为贴近现实的"三维"理论框架（图5-4），即以经典地租理论中"地"交易角度的地租理论为基础，在借鉴相关学科资源的基础上，从"人—地"、"人—人"两个关系维度进行拓展，形成一个"地"本身、"人—地"关系、"人—人"关系的三维理论

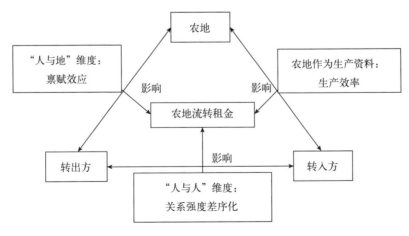

图5-4　农地租金生成的"三维"理论框架图

分析框架。这一拓展的理论框架意味着，农地租约中价格的决定是"一连串的事件"，需要综合考量各类不同因素的影响。当然，这一分析框架中所涉及的不同影响因素的作用是否显著及其影响程度如何，仍有待通过实证分析进行验证，这是后续有待推进的研究工作。

第二节　农地流转、价格幻觉与市场"失灵"

农地流转价格的快速上涨并未显著促进农地流转市场规模的扩大。为什么生产效率较低的农户不选择将农地流转给生产效率较高的农业经营主体从而获得租金？对此，本节构建"依赖特征-价格幻觉-价格机制失效"分析框架予以解释，并利用全国 6 193 个农户样本进行实证检验。研究发现，农地流转价格机制失效的根源在于流转双方对农地资源价值评价维度的不一致。其中，农户（作为农地潜在转出方）对农地的多重依赖以及对农地的多维价值评价引发的农地价格幻觉，大大降低了其参与农地流转的可能性。本节的研究有助于深化对农地流转市场及其契约性质的认识。

一、问题提出

农地流转价格是影响中国农地市场发育的关键因素，事关农地流转效率和农民权益保障等重大问题，已引起学界的普遍关注。代表性研究成果包括：①将农地流转市场视为一个同质的要素市场，探讨农地流转均衡价格的形成路径（焉香玲，2010）。此类研究基于超额利润分析框架探讨农地租金变化的原因，认为农地超额利润的增加是刺激转入户形成农地流转需求从而导致租金上涨的主要原因（朱奇云，2008）。②将农地流转视为一个产权交易问题，重点分析交易费用对农地流转价格形成的影响（田传浩等，2005；邓大才，2007；刘荣材，2010）。此类研究基于交易费用理论，探析中国农地流转市场存在的交易摩擦，认为可通过塑造农户产权主体地位、利用村集体介入农地市场等方法健全和完善农地流转市场（夏柱智，2014）。③将农地流转视为一种经济社会行为，讨论租金形成背后的乡土伦理规范等社会因素（钟涨宝、汪萍，2003；田先红、陈玲，2013）。

此类研究从行为学角度关注农户的农地流转决策，将农地流转视为一个社会问题，指出其租金的形成应在经济因素的基础上强调社会因素的作用（程佳等，2014）。上述研究考量了中国农地流转市场的特殊性，分别从经济利润、交易成本、社会因素等方面探索并揭示了影响中国农地流转价格生成的因素。

一般来说，价格机制包括价格生成机制和价格响应机制。前者指价格是如何形成的，后者指价格是如何发挥作用的。对于农地流转市场而言，理解价格的生成机理是重要的，但深刻认识价格的响应机制至少是同样重要的。显然，已有文献未能对后者予以足够的关注。

以下三个方面的现象值得重视：第一，2005—2015 年，尽管中国农地流转率以平均每年 20.53％的速度提升，但明显低于同期农地租金平均每年 24.60％的上升速度[①]。第二，尽管农地流转率逐年提升，但实际发生的农地流转总体上并非是由价格诱导的市场型流转。具体而言，农户的农地流转对象一般包括亲友邻居、同村普通农户、家庭农场、种养大户、龙头企业等，而发生于亲友邻居、其他普通农户之间的农地流转契约占全部农地流转契约的比例高达 88.48％，即流转主要为"村落里的熟人"间的关系型流转（罗必良，2017）[②]。第三，2010 年，中国耕地经营规模在 10 亩以下的农户占农户总数的 85.79％；到 2015 年，这一比例依然高达 85.74％[③]。可见，近几年农地市场的价格提升既未有效诱导农地的市场化流转，更未促进农地向具有比较优势的农业规模经营主体集中，以致农业小规模经营格局并未发生根本性改善。因此，理解农地流转不畅以及农地经营规模不经济的现实困境，有必要进一步从价格生成扩展到行为响应的机理研究。

农地流转价格超过农户的自耕利润可表达为"高租金"，即"有价"；而农业规模经营主体在转入与集中农地方面的受阻，则可表达为"低流

[①]　根据《全国农村固定观察点调查数据汇编（2005—2015 年）》（农业部农村固定观察点办公室编，北京：中国农业出版社，2017 年）中的数据整理计算得到。

[②]　叶剑平等（2010）也证实了类似情形。他们在 2008 年对中国 17 个省（份）农户的调查表明，在农户的土地转出情况中，有 79.2％的流转合约发生在农户与同村亲戚或其他村民之间；而在农户的土地转入情况中，有 87.2％的流转合约发生在农户与同村亲戚或其他村民之间。

[③]　根据原农业部经管司编制的《全国农村经营管理情况统计资料》（2010 年和 2015 年）中的相关数据计算得到。

转"，即"无市"。可以说，如果以资源是否掌握在更有能力主体手中作为市场运行效率判断的基准，那么，中国农地流转市场呈现的"高租金"与"低流转"表象的背后，则隐含着"有价无市"的市场失灵现象。传统理论认为，完全竞争市场结构是实现资源最优配置的最佳市场形式，它以市场价格作为反映资源利用价值的符号与载体，通过"价高者得"的自由竞价方式，引导资源配置于对其价值评价最高的主体，使整个经济实现最高效率。但是，在现实经济中，完全竞争市场结构只是一种理论上的假设。从对市场失灵原因的经典性判断来看，垄断、外部性、信息不完全和物品公共性等因素往往被视为市场价格难以解决资源配置低效率问题的根源。与之不同，本节认为，导致中国农地流转市场失灵的关键因素是中国特殊的制度背景和农户对农地所持有的特殊态度。即尽管农地意愿转入主体具有更高的农地资源利用效率，甚至愿意支付较高的农地租金，但农地资源利用效率较低的分散农户却有着相对更高的农地租金要价。为此，本节将农地流转的价格生成机制进一步延伸到行为响应，基于不同主体对农地价值评价维度的差异，构建"农地依赖特征-价格幻觉-价格机制失效"的分析框架，以期揭示作为农地潜在转出方的农户高估农地租金以及由此导致农地流转市场失灵的根源。

二、农地流转价格机制失效：依赖特征引致价格幻觉

（一）价格生成及其响应的一般机理

价格的生成是市场发育的重要表征。其生成机理是，供求双方根据对资源价值的判断，分别形成供给曲线与需求曲线，交易市场应尽量维持物品的供需均衡，由此生成合理的市场定价（Marshall，1890）。可见，物品的交易价格由其资源价值所决定。那么，资源价值又由什么决定呢？效用价值论提出，物品的价值由边际效用决定，包含"有用性"与"稀缺性"两个概念，假定稀缺性一定，则"有用性"和"效用"是同义的（罗必良，2001）。如此一来，均衡价格的形成依赖于众多的买者和卖者根据资源"有用性"对资源进行的价值评价。

价格的响应机制是买卖双方基于已经生成的市场价格所做出的行为选择。行为主体对价格的响应与两个方面相关联。一是与其行为能力有关。

一个有效的价格机制应该能够将资源配置给具有更高资源利用能力的主体，所以有"价高者得"。正如张五常（2014）所强调的，价格不仅应决定谁胜谁负，也应决定生产力高者胜。二是与行为主体对资源或物品的"有用性"评价有关。一般来说，物品往往具有多种有价值的功能属性，而参与市场交易的不同主体对其不同功能属性的"有用性"的评价是不一样的。"均衡价格"隐含着一个重要的假设条件：资源的"有用性"必须且唯一地取决于交易双方的资源利用能力或资源利用效率，此时，市场形成的价格仅与资源利用效率有关，资源将流向利用效率更高的一方。在此基础上，当交易双方均根据其资源利用效率这一评价维度对资源进行价值评价时，市场形成的价格将能够引导资源配置给资源利用效率最高的主体，易于市场出清；而当交易双方根据资源的不同价值评价维度对资源进行效用评价时，评价维度的不一致与偏差将导致有利于改善资源配置效率的市场均衡难以达成。

显然，农地流转中存在的"有价无市"的市场失灵现象，不仅与农地流转参与主体的行为能力或农地资源利用效率有关，更是与参与主体对农地资源的价值功能的评价维度密切关联。需要进一步讨论的问题是，在农地流转市场中，流转双方对农地的价值评价维度是不是都会统一到农地资源利用效率上呢？或者说，认为农地"更有用"的主体就是客观上农地资源利用"更有效率"的主体吗？

（二）农地流转双方不一致的价值评价

"有用"是指存在功效、作用和影响，本质上反映的是一种"人—物"关系，虽具有客观性，但亦与主体的生存境况、目标偏好及资源可替代性感知相关联。效用及其最大化原则表达的是在个人可支配资源的约束下，使个人需要和愿望得到最大限度地满足。而在分析企业行为时，由于企业目标的单一性，效用最大化原则常常被转化为利润最大化原则。"利润"取代"效用"后，客观的经济收益目标得到重视，但其他目标或愿望往往会被忽略。在农地流转市场中，农地承租方相当于企业，因而会将农地视为生产要素并对其进行单维经济价值评价（程佳等，2014）；而农地转出者是依集体成员权而拥有农地承包权的农户，其长久以来对农地的依附性决定了其对农地的目标偏好是复杂的，特别是对农地不可替代性的感知是强烈的。由此，作为农地转出者，农户对农地做出的功能性价值评价必然是多维的。对于农户个体而言，一方面，农地可以满足其农业生产需要，即有地可耕种，这也是农地最为明显的价值体现；另一方面，不可忽视的是，农地还能满足农户的生存保障需要，即有地作保障，并能满足农户的身份承载需要，即"耕者有其田"。因此，农户对农地的目标偏好可以从经济、社会与心理3个维度来考察。

1. 经济价值。已有文献证明，资源稀缺的人比资源富有的人更为厌恶风险（Bardhan et al.，2000）。在不确定条件下进行经济行为决策时，风险厌恶程度更高的主体倾向于规避不确定性，只有在面对更高风险溢价时才会选择承担风险。农地是农业生产最主要的场所与最基本的生产资料，农户通常视农地为稀缺资源。掌握农地的实际使用控制权是农户保障家庭收入、实现家庭成员就业的最基本手段。对于农户而言，转出农地，一方面意味着在获得农地要素租金回报的同时，将丧失务农劳动力投入回报；另一方面在缺乏非农就业能力的前提下，则意味着面临较高的生存风险。可见，在做出农地转出决策时，农户对农地的经济价值评价，不仅取决于其自身的农地资源利用效率，还与其对农地的经济依赖程度有关。也就是说，越是以农为生，农户对农地的经济依赖特征越强，农地对于其生存的意义越大，农地的经济价值亦越大。农户对农地的经济依赖一般体现为两个方面：一是农户对农地的收入依赖，体现了其依赖农业获得经济来源的程度；二是农户对农地的劳动就业依赖，体现了其家庭成员依赖农业实现就业的程度。

2. 社会价值。倾向于转出农地的农户，往往是务农机会成本较高、现阶段愿意且能够离地转移就业者。然而，由于非农就业岗位对农村劳动力提出了越来越高的人力资本要求（罗明忠、刘恺，2015），纵使农村劳动力有大量剩余，真正符合非农就业岗位要求的农村劳动力仍然较少，从而使得中国农民外出务工具有鲜明的被动性和不确定性，离地农民无法完全稳定地转移到城市（游和远、吴次芳，2010）。此外，农村劳动力即使能够稳定地外出就业，也难以与城镇居民享有同等的社会保障。因此，农地依然是农户获得生存保障的基本手段，对外出务工的农民起着直接或间接的失业保障、医疗保障、养老保障等作用（杨婷、靳小怡，2015）。农户选择将农地转出，不但会使其在就业不稳定期间失去择业缓冲，还会改变其原有的收入结构，冲击农村传统的"家庭养老＋土地保障"的风险规避模式（许恒周、金晶，2011）。可见，农户对农地的保障依赖特征更加凸显了农地的社会价值。农户对农地的保障依赖，主要取决于其家庭成员外出稳定就业的难易程度。一般来说，家庭成员的就业能力和城市融入能力越强，并且获得的政策支持越充分，他们越容易实现外出稳定就业，则农户对农地的保障依赖越弱，农地对于农户的社会价值就越低。

3. 身份价值。 中国长期紧张的人地关系，造就了农户"恋地"、"惜地"与"占有"的特殊偏好。"农户拥有农地天经地义"的观念表达了农户对农地具有强烈的心理所有权意识，并由此延伸成其对农地的产权控制意识，进而使农民对农地产生了情感依恋（Pierce et al.，2003）。可见，农地于农民而言具有人格化财产特征（Alchian & Woodward，1991）。加之中国农民农地赋权的身份化、确权的法律化、持有的长久化，使农地的人格化财产特征不断增强（钟文晶、罗必良，2013）。人格化财产与人格紧密相关，丧失人格化财产的痛苦难以通过替代物来弥补（罗必良，2014）。由此，农地的人格化及农民的情感依赖，将促使农地显现出身份价值。不仅如此，情感依赖引发的身份价值还会诱导农户对农地的强烈的产权控制意识。农户对农地的产权控制意识不仅局限于正在自耕的农地，还包括转出的农地；而对其转出的农地，则表达为对承租方处置行为的关心（如种植作物的选择、耕作规划及用途改变）。

概括而言，农地流转双方对农地要素的功能感知及可替代性感知存在差别，进而衍生出对农地不一致的价值评价维度：具有农地"产权身份垄断"特征的农户对农地存在"与生俱来"的经济依赖、保障依赖及情感依赖，由此形成的农地价值评价具有经济价值、社会价值与身份价值的多维性；而农地承租方作为经营者，其对农地进行价值评价时仅考虑自身的农地资源利用效率及农地所内含的经济价值（罗必良，2001）。因此，农地流转双方对农地价值评价维度上的差异决定了农地流转市场的特殊性，进而导致价格机制失效。

（三）依赖特征、价格幻觉与价格机制失效

1. 数理推演。 假设农地流转市场中只有两个主体，即作为农地潜在转出方的农户 A 与农地承租方 B，且 B 的农地利用效率 e_B 高于 A 的农地利用效率 e_A。

首先，对农户 A 进行农地转出效用分析。根据前文的分析，具有农地"产权身份垄断"特征的农户 A，在做出农地转出决策时会基于农地的经济价值、社会价值及身份价值对农地进行多维价值评价。其效用 U_A 为：

$$U_A = U_{A经济} + U_{A社会} + U_{A身份} \qquad (5-1)$$

式中，$U_{A经济}$ 与农户的农地资源利用效率 e_A 以及（农户）对农地的经济依赖特征 j 有关，$U_{A社会}$ 与（农户）对农地的保障依赖特征 b 有关，$U_{A身份}$ 与（农户）对农地的情感依赖特征 q 有关。令 $U = u(x)$ 表示效用函数，因此，U_A 又可以表达为：

$$U_A = u(e_A, j, b, q) \qquad (5-2)$$

农户 A 做出农地转出决策时所提出的租金要价所对应的效用水平，必然不会小于他拥有农地实际使用控制权时的效用水平。或者说，农户 A 提出的最低租金要价 P_A 所对应的效用 U_{PA}，至少应与 A 所认为的拥有农地实际使用控制权时的效用 U_A 相等，即：

$$U_{PA} = u(P_A) = U_A = u(e_A, j, b, q) \qquad (5-3)$$

式中，$u(P_A)$ 为农户 A 提出的最低租金要价 P_A 的效用函数。

其次，对农地承租方 B 进行农地转入效用分析。B 仅考虑农地作为生产资料时的经济价值 $U_{B经济}$，且 $U_{B经济}$ 仅与 B 的农地资源利用效率 e_B 有关。因此，B 转入农地后所获得的实际效用 U_B 为：

$$U_B = U_{B经济} = u(e_B) \qquad (5-4)$$

农地承租方 B 做出农地转入决策时提出的租金出价所对应的效用水平，必然不会大于其转入农地后获得的实际效用水平。因此，农地承租方 B 转入农地时的最高租金出价 P_B 所对应的效用 U_{PB}，必然与其转入农地后所获得的实际效用 U_B 相等，即：

$$U_{PB} = u(P_B) = U_B = u(e_B) \qquad (5-5)$$

式中，$u(P_B)$ 为农地承租方 B 提出的最高租金出价 P_B 的效用函数。

最后，综合式（5-3）与式（5-5），可得到市场上最低租金要价的效用水平与最高租金出价的效用水平的比值：

$$\frac{u(P_A)}{u(P_B)} = \frac{u(e_A, j, b, q)}{u(e_B)} \tag{5-6}$$

同时，交易形成的基本条件是最低租金要价不高于最高租金出价：$P_A \leqslant P_B$，即：

$$u(P_A) \leqslant u(P_B) \tag{5-7}$$

由此，农地流转达成的条件为：

$$\frac{U_A}{U_B} = \frac{u(e_A, j, b, q)}{u(e_B)} = \frac{u(P_A)}{u(P_B)} \leqslant 1 \tag{5-8}$$

从以上推导及式（5-8）可知：

第一，当农户 A 对农地不存在经济依赖、保障依赖及情感依赖，即 j、b、q 均为 0 时，由于 $e_A < e_B$，则 $U_A = u(e_A) < u(e_B) = U_B$，不等式成立，农地资源流向对其利用效率更高的农地承租方 B，价格机制的资源配置作用得到体现。

第二，当农户 A 对农地具有强烈的经济依赖 j、保障依赖 b 及情感依赖 q 时，他拥有农地实际使用控制权时的效用 U_A 变大。当 U_A 逐渐变大至 $U_A > U_B$ 时，不等式无法成立，农地流转市场的价格机制失效。

2. 推论及假说。 从以上分析可知，与农地承租方对农地进行单维经济价值评价相比，作为农地潜在转出方的农户对农地进行多维功能性价值评价必然导致其在做出农地转出决策时因对农地资源价值评价过高而提出一个偏高的租金要价。由于无法形成一个仅与农地资源利用效率有关的均衡价格，农地流转市场的资源配置功能失效。

本节将农户提出过高的租金要价视为农户存在农地价格幻觉。由于对农地具有多重依赖，农户的农地租金要价并不仅仅由其自身的农地资源利用效率所决定，而是会要求农地租金能够进一步弥补其转出农地后所预期的保障效用损失与情感效用损失。从农户效用最大化角度而言，农地价格幻觉的存在具有合理性。但是，如果以资源是否掌握在更有能力主体手中作为判断市场运行效率的基准，农户过高的农地价格幻觉会致使农地无法向具有更高农地资源利用效率的农业经营主体流动，农地市场运行效率将下降。

那么，如何判断农户对农地资源的价值评价是否过高（即存在农地价格幻觉）？其重点在于衡量农地的单维经济价值与多维功能性价值之间的差距。这一差距越大，表明农户对农地的租金要价越是来源于农地的非经济价值部分。据此，一个可行的操作办法是，询问农户"如果将土地租给别人，最低租金是多少"（即"意愿最低要价"，willingness to accept，WTA），由此了解农户对农地多维功能性价值的评价；询问农户"如果从其他农户租赁土地，最高的出价是多少"（即"意愿最高出价"，willingness to pay，WTP），由此可以得知农户对农地单维经济价值的评价。对于同一农户来说，农地流转的 WTA 与 WTP 的比值能够表达其对农地的多维功能性价值评价与单维经济价值评价的差异。若 $WTA/WTP=1$，则农户对农地的总价值评价等于其基于农地资源利用效率进行的农地价值评价；若 $WTA/WTP>1$，则农户对农地的总价值评价高于其基于农地资源利用效率进行的农地价值评价。WTA/WTP 的比值越大，表示农户对农地的总价值评价越偏离其基于农地资源利用效率进行的农地价值评价。WTA/WTP 的比值上升到一定程度，将抑制农地资源集中到利用效率更高的农业经营主体手中。

需要说明的是，将个体作为卖家的 WTA 与作为买家的 WTP 作比值的处理方法经常被应用在行为经济学中禀赋效应研究方面。研究人员通过实验设计发现，个体在参与交易时会对一个具体、同质的物品具有低估获得价值而高估损失价值的倾向（Coursey et al.，1987）。在本节研究中，笔者将农户农地流转的 WTA 与 WTP 的比值表达为农户的农地价格幻觉而非禀赋效应，其原因是：其一，对于禀赋效应产生的原因，广受认可的是"损失规避心理"解释范式。但是，人为什么会出现"损失规避"，已有研究主要着眼于心理层面的讨论，并认为多次经验或学习效应是缓解禀赋效应的重要因素（Shogren et al.，1994；Loomes et al.，2003）。与之不同，本节认为，在农地流转中，正是农户对农地价值的评价具有多维性，才会导致其失去农地的机会成本变高，这种"损失规避心理"并不仅仅来源于单纯的心理感受，而是更多地体现为风险规避的理性选择，且亦非交易经验可以消除。其二，考虑到农地的异质性（对于种植不同作物而言更是如此），想要了解农户对不同类型土地（土地质量、灌溉条件、地块大小与距离远近等）的禀赋效应是极其困难的，因此，本节研究从平均估价的角度来获得农户农地流转的 WTA 和 WTP 数据。

基于上述分析，本节提出以下假说：

假说1：农户越以农为生，对农地的经济依赖特征越明显，越会存在农地价格幻觉。

假说2：农户越以地规避风险，对农地的保障依赖特征越明显，越会存在农地价格幻觉。

假说3：农户对农地的产权控制意识越强，对农地的情感依赖特征越明显，越会存在农地价格幻觉。

三、数据来源与模型选择

（一）数据来源

本课题组于2015年初通过分层聚类方法对农户进行了抽样问卷调查。具体抽样过程是：首先，根据各省份总人口、人均生产总值、耕地总面积、耕地面积占国土面积比例、农业人口占总人口比例和农业增加值占地区生产总值比例这6个指标的聚类特征，并结合中国七大地理分区，按照聚类值得分（高、中、低）分别抽取9个省份作为样本省份，包括东部地区的辽宁省、江苏省和广东省，中部地区的山西省、河南省和江西省，西部地区的宁夏回族自治区、四川省和贵州省；然后，根据上述6个指标对各省份的县级单位进行聚类分析，按照聚类值得分（高、中、低）在每个样本省份分别抽取6个县（合计54个县），在每个样本县按经济发展水平将乡镇分为最高、较高、较低、最低4组（将各乡镇按照地区生产总值由高到低排序后四等分），再在各组中随机抽取1个乡镇（其中，在广东省、江西省的每个样本县分别抽取了10个样本乡镇）；接着，在每个样本乡镇抽取1个代表性的行政村，在每个行政村随机抽取2个自然村；最后，在每个样本自然村按照农户年收入水平高低将农户分为5组，并在每组中随机挑选1户农户进行问卷调查。此次调查共发放问卷2 880份，回收问卷2 838份，其中有效问卷2 704份。2015年9月和2016年2月，课题组利用同一套问卷对江西省与广东省再次进行了农户问卷调查（排除前述样本县域，按照前述抽样方法，在江西省再抽取25个县，在广东省再抽取18个县，在每个县抽取5个乡镇，在每个乡镇随机选取1个行政村，进而随机选取2个自然村，在每个自然村再依农户年收入水平高低选取10户农户），两省分别有2 500户和1 800户农户接受了调查，分别获得有效问卷

2 469 份和 1 704 份。将上述问卷合并并剔除部分缺失重要数据的样本，最终用于本节分析的样本农户为 6 193 户。

对样本基本特征的描述如下：从被访者的个体特征来看，男性占63.25%；小学文化程度的占 39.78%，初中文化程度的占 36.81%，高中文化程度的占 13.80%；从样本的家庭特征来看，家庭总人口数的均值为4.91 人，家庭劳动力人口数的均值为 3.26 人，纯务农人口数的均值为1.09 人，务农收入占总收入的比重平均为 32.05%。

对样本农户的实际转出租金、WTA 与 WTP 数据进行统计（表 5 - 1），可以发现：① 无论是否实际参与了农地流转，农户的 WTA（1 030.76 元）都远高于 WTP（745.90 元）；② 即使是有农地转出的农户，其 WTA 也比实际转出租金高出 52.14%；③ 无农地转出的农户的 WTA 比有农地转出的农户的实际转出租金更是高出 84.23%。这初步验证了农户对农地的总价值评价较大偏离于其基于农地资源利用效率进行的农地价值评价。

表 5 - 1　农地流转：实际转出租金、WTA 与 WTP 的比较

单位：元/亩

	实际转出租金	WTA	WTP
有农地转出的农户（N=1 428）	583.09	887.11	646.72
无农地转出的农户（N=4 765）	—	1 074.20	775.89
总样本（N=6 193）	583.09	1 030.76	745.90

（二）变量选择与统计描述

本节实证研究设计了两个不同的被解释变量，其一为农户是否存在农地价格幻觉，其二为农户的农地价格幻觉程度。本节将农户农地流转的 WTA 与 WTP 作比值处理，并根据不同的赋值原则将其表达为相关的被解释变量。具体的赋值原则为：WTA/WTP=1，表示农户不存在农地价格幻觉（这些农户在本节中被称为"不存在农地价格幻觉农户"）；WTA/WTP>1，表示农户存在农地价格幻觉（这些农户在本节中被称为"存在农地价格幻觉农户"）。显然，对于存在农地价格幻觉农户，WTA 与 WTP 比值的增加能够表达其农地价格幻觉程度的提高。问卷数据显示，

2 849 个样本农户存在农地价格幻觉，占总样本的 46%。

基于前文分析和有关假说，农户是否存在农地价格幻觉以及农地价格幻觉程度主要受以下 3 个方面因素的影响：

一是经济依赖特征。依照前文的分析，本节选择农业收入占比（即农业收入占家庭总收入的比例）来测量农户对农地的收入依赖程度；选择农业劳动力占比（即农业劳动力占家庭劳动力总数的比例）来测量农户对农地的劳动就业依赖程度。表 5 - 2 显示，不存在农地价格幻觉农户的农业收入占比均值为 32.6%，高于存在农地价格幻觉农户的这一均值（31.4%）；不存在农地价格幻觉农户的农业劳动力占比均值为 36.1%，高于存在农地价格幻觉农户的这一均值（33.4%）。①

二是保障依赖特征。可从两个维度来测度农户对农地的保障依赖程度。一方面，从农户能力角度来说，如果农户对自身能力的评估较低，进而对离地进城的忧虑心理较明显，则其对农地的保障依赖特征也较明显。本节用对城市住房的担忧程度、对城市就业的担忧程度、对城市医疗与养老的担忧程度及对后代教育的担忧程度 4 个变量来测度农户对离地进城的忧虑心理。另一方面，农户对农地的保障依赖也与农民非农就业扶持政策紧密相关。一般来说，农户对农民非农就业扶持政策的满意程度越高，其家庭成员离地进城的难度越小，因而农户对农地的保障依赖程度越低。为此，本节用对农民外出就业扶持政策的满意程度、对农民自主创业扶持政策的满意程度及对农民进城政策的满意程度 3 个变量测度农户对农民非农就业扶持政策的满意程度。表 5 - 2 显示，农户对离地进城的忧虑心理的 4 个测量变量的均值都约为 3.8（接近"较担心"的赋值），农户对农民非农就业扶持政策的满意程度的 3 个测量变量的均值都约为 3.1（接近"一般"的赋值），这表明，农户普遍存在对农地的保障依赖特征。进一步比较可以发现，不存在农地价格幻觉农户对城市就业的担忧程度均值显著低于存在农地价格幻觉农户，对农民外出就业扶持政策的满意程度均值则显著高于存在农地价格幻觉农户。

三是情感依赖特征。农民对农地往往存在明显的心理所有权，因而即

---

① 一般来说，以农为生和以农为业的农户应该具有更为明显的农地价格幻觉。这里的统计结果显然与人们通常的感受不一致。后文将对此做出解释。

使在离地进城后，他们依然对农地的使用具有强烈的产权控制意识，从而表现出强烈的情感依赖特征。由此，本节用农地转出后对承租户在农地上种植何种作物的在意程度、对承租户在农地上挖沟的在意程度以及对承租户改变农地用途的在意程度 3 个变量来测度农户对农地不同层面的控制意识。表 5-2 显示，第一，农户对承租户在农地上挖沟的在意程度均值以及对承租户改变农地用途的在意程度均值远高于对承租户在农地上种植何种作物的在意程度均值；第二，不存在农地价格幻觉农户对农地的情感依赖显著低于存在农地价格幻觉农户对农地的情感依赖。

此外，本节在模型中还引入了农地禀赋特征变量，包括农户承包地及农户所在乡镇农地的肥力条件和灌溉条件，以及农户所在村庄及所在乡镇的交通条件，以控制农户农地客观价值的影响。

上述变量的说明与描述性统计分析结果见表 5-2。

表 5-2　变量的含义与描述性统计分析结果

变量名称		含义与赋值	不存在农地价格幻觉农户（$N=3\,344$）		存在农地价格幻觉农户（$N=2\,849$）		均值差
			均值	标准差	均值	标准差	
经济依赖	农业收入占比	农业收入/家庭总收入	0.326	0.351	0.314	0.320	0.013 *
	农业劳动力占比	农业劳动力/家庭劳动人口数	0.361	0.338	0.334	0.320	0.027 ***
保障依赖	对离地进城的忧虑心理						
	对城市住房的担忧程度	不担心=1；较不担心=2；一般=3；较担心=4；很担心=5	3.844	1.094	3.879	1.040	−0.035
	对城市就业的担忧程度		3.791	1.091	3.839	1.039	−0.048 **
	对城市医疗和养老的担忧程度		3.843	1.082	3.865	1.038	−0.022
	对后代教育的担忧程度		3.811	1.158	3.826	1.109	−0.015
	对农民非农就业扶持政策的满意程度						
	对外出就业扶持政策的满意度	不满意=1；较不满意=2；一般=3；较满意=4；很满意=5	3.125	1.071	3.088	1.038	0.038 *
	对自主创业扶持政策的满意度		3.102	1.050	3.087	1.038	0.015
	对农民进城政策的满意度		3.036	1.047	3.040	1.026	−0.004
情感依赖	对承租户种植何种作物的在意程度	不在意=1；一般=2；很在意=3	1.516	0.759	1.800	0.810	−0.285 ***
	对承租户在农地上挖沟的在意程度		2.354	0.839	2.406	0.776	−0.052 ***
	对承租户改变农地用途的在意程度		2.510	0.783	2.538	0.728	−0.028 *

（续）

变量名称	含义与赋值	不存在农地价格幻觉农户（N=3 344）		存在农地价格幻觉农户（N=2 849）		均值差
		均值	标准差	均值	标准差	
农户承包地特征						
承包地的肥力条件	很差＝1；较差＝2；一般＝3；较好＝4；很好＝5	3.218	0.828	3.300	0.826	−0.082***
承包地的灌溉条件		3.171	0.988	3.241	0.942	−0.070***
承包地的交通条件		3.456	0.920	3.388	0.899	0.068***
所在镇农地的特征						
所在镇农地肥力条件	将同乡镇样本农户对承包地的相应评价取平均值	3.184	0.580	3.237	0.572	−0.053***
所在镇农地灌溉条件		3.455	0.683	3.383	0.680	0.072***
所在镇农地交通条件		3.218	0.828	3.300	0.826	−0.082***

（表格左侧纵排标注：农地特征）

（三）模型设定

在本节实证研究中，第一个被解释变量为农户是否存在农地价格幻觉，是二元离散变量，适合选择二元离散 Probit 模型来分析；第二个被解释变量为农户农地价格幻觉程度，若农户存在农地价格幻觉，其农地价格幻觉程度被赋值为农户的 WTA 与 WTP 之比，是大于1的数值变量，适合选择线性回归模型来分析。

农户是否存在农地价格幻觉的 Probit 模型的基本形式为：

$$I_i = X_i\beta + \varepsilon_i \qquad (5-9)$$

式中，i 表示农户，$i=1, 2, \cdots, n$；I_i 表示农户是否存在农地价格幻觉的结果变量；X_i 表示农户对农地的经济依赖、保障依赖、情感依赖特征变量以及影响农户是否存在农地价格幻觉的控制变量；β 表示回归系数向量；ε_i 为随机误差项。为了使 I_i 的预测值总是在 [0，1] 区间，在给定解释变量的条件下，考虑 I_i 的两点分布概率：

$$\begin{cases} p(I_i = 1 \mid X_i) = F(X_i, \beta) \\ p(I_i = 0 \mid X_i) = 1 - F(X_i, \beta) \end{cases} \qquad (5-10)$$

式中，$I_i=1$ 表示农户存在农地价格幻觉，$p(I_i=1)$ 表示农户存在农地价格幻觉的概率；$F(X_i, \beta)$ 也称为"连接函数"，因为它将解释变量 X_i 与被解释变量 I_i 连接起来。在 Probit 模型中，$F(X_i, \beta)$ 为标准正态的累积分布函数，即：

$$p(I_i = 1 \mid X_i) = F(X_i, \beta) = \Phi(X'_i\beta) = \int_{-\infty}^{X'_i\beta} \phi(t)\,\mathrm{d}t$$

$$(5-11)$$

令 II_i 表示农户的农地价格幻觉程度，其影响因素的线性回归模型可表示为：

$$II_i = \alpha + X_i\gamma' + \mu_i \qquad (5-12)$$

式中，X_i 的含义与式（5-9）中一致，γ' 表示回归系数向量，μ_i 为随机误差项。

四、计量结果及分析

借助 Stata14 软件进行模型估计，得到结果见表 5-3。Probit 模型的 LR 卡方检验值为 276.35，线性回归模型的 F 值为 2.34，均在 1‰的统计水平上显著，表明两个模型的总体拟合效果较好。

表 5-3 经济依赖、保障依赖与情感依赖对农户农地价格幻觉影响的模型拟合结果

变量名称	Probit 模型：是否存在农地价格幻觉				线性回归模型：农地价格幻觉程度	
	参数估计		边际效应估计			
	系数	标准误	系数	标准误	系数	标准误
农业收入占比	-0.106 **	-0.054	-0.041 **	0.021	0.278	0.571
农业劳动力占比	-0.141 **	-0.055	-0.054 **	0.021	-0.405	0.316
对城市住房的担忧程度	0.011	-0.023	0.004	0.009	0.039	0.062
对城市就业的担忧程度	0.047 *	-0.025	0.018 *	0.010	0.054	0.072
对城市医疗与养老的担忧程度	-0.012	-0.025	-0.005	0.009	-0.033	0.082
对后代教育的担忧程度	-0.005	-0.020	-0.002	0.008	0.075	0.058
对农民外出就业扶持政策的满意程度	-0.049 *	-0.027	-0.019 *	0.010	0.163 **	0.078
对农民自主创业扶持政策的满意程度	0.016	-0.028	0.006	0.011	-0.054	0.067
对农民进城政策的满意程度	0.012	-0.022	0.005	0.008	-0.171 ***	0.063
对承租户在农地上种植何种作物的在意程度	0.295 ***	-0.022	0.113 ***	0.008	0.188	0.256
对承租户在农地上挖沟的在意程度	-0.029	-0.029	-0.011	0.011	0.052	0.124
对承租户改变农地用途的在意程度	-0.020	-0.030	-0.008	0.011	0.064	0.095
承包地的肥力条件	-0.009	-0.028	-0.003	0.011	0.509	0.339
承包地的灌溉条件	0.009	-0.024	0.003	0.009	-0.474 *	0.264
承包地的交通条件	0.004	-0.027	0.002	0.010	0.588	0.451

（续）

变量名称	Probit 模型：是否存在农地价格幻觉				线性回归模型：农地价格幻觉程度	
	参数估计		边际效应估计			
	系数	标准误	系数	标准误		
所在镇农地肥力条件	0.218***	−0.054	0.084***	0.020	−0.793	0.493
所在镇农地灌溉条件	−0.002	−0.045	−0.001	0.017	0.027	0.488
所在镇农地交通条件	−0.111**	−0.037	−0.042***	0.014	−0.311	0.585
常数项	−0.819***	−0.169	—	—	2.951**	1.165
调整的 R^2	—		—		0.007	
样本量	6 193		6 193		2 849	

注：*、**和***分别表示在10%、5%和1%的统计水平上显著。

（一）经济依赖特征的影响分析

从 Probit 模型的参数估计结果与边际效应估计结果看，农户的农业收入占比每增加10%，其存在农地价格幻觉的可能性减少0.41%；农户的农业劳动力占比每增加10%，其存在农地价格幻觉的可能性减少0.54%。从线性回归模型的估计结果看，对于存在农地价格幻觉农户，上述两个变量不影响其农地价格幻觉程度。上述计量分析结果表明，随着对农地的收入依赖程度与劳动就业依赖程度的增强，农户存在农地价格幻觉的可能性降低，这与本节假说1不符。可能的解释是：以农业为主要收入来源和劳动就业保障的农户更倾向于理性地将农地视为生产资料，将农地的生产性收益作为评价农地价值的依据，因此，他们存在农地价格幻觉的可能性不大。而对于不以农为生的农户，由于非农产业是其家庭的主要经济来源，他们更为重视农地的资产或财产价值，而非生产价值。此时，他们对农地的总价值评价可能偏离于其基于农地资源利用效率进行的农地价值评价，表现为增加其存在农地价格幻觉的可能性。这意味着，农户的转型，特别是在从纯农户向非农户转变的过程中，农户对农地的价格幻觉有不断增强的趋势。可见，通过农业劳动力的非农转移来推进农地流转，并不具有逻辑的必然性。

（二）保障依赖特征的影响分析

第一，从 Probit 模型的参数估计结果与边际效应估计结果看，在

"对离地进城的忧虑心理"相关测量变量中，农户对城市就业的担忧程度每提高1个级别，其存在农地价格幻觉的可能性增加1.8%，表明，越是担心无法在城市稳定就业的农户，其存在农地价格幻觉的可能性越高。

第二，在"农民非农就业扶持政策的满意程度"相关测量变量中，农户对农民外出就业扶持政策的满意程度每提高1个级别，其存在农地价格幻觉的可能性减少1.9%，表明，越是对农民外出就业扶持政策感到满意，农户存在农地价格幻觉的可能性越低，与本节假说2相符。但是，从线性回归模型的参数估计结果看，对于存在农地价格幻觉农户，他们对农民外出就业扶持政策的满意程度每提高1个级别，其农地价格幻觉程度增加0.163，表明，农户对农民外出就业扶持政策越感到满意，其农地价格幻觉程度越高。对农民外出就业扶持政策的满意程度在总体上会降低农户存在农地价格幻觉的可能性，但却会提高存在农地价格幻觉农户的价格幻觉程度，与本节假说2不符。可能的解释是：一旦农户具有农地价格幻觉，其对农地的总价值评价已经偏离于其基于农地资源利用效率进行的农地价值评价。他们对农民外出就业扶持政策感到满意，表明其能够在城市稳定就业。对于这类农户，农地的生产资料功能弱化、但资产价值功能显现。因而，他们对农地的总价值评价可能进一步偏离于其基于农地资源利用效率进行的农地价值评价，表现为农地价格幻觉程度的增加。

第三，从线性回归模型的参数估计结果看，对于存在农地价格幻觉农户而言，他们对农民进城政策的满意程度每提高1个级别，其农地价格幻觉程度降低0.171，表明，农户对农民进城政策感到满意，会显著抑制其农地价格幻觉程度。农户对农民进城政策感到满意，表明其家庭成员不但能够在城市稳定就业，还能够融入城市生活并在城市获得足够保障。此时，农地对农户的生产资料功能与资产价值功能皆得到弱化，使得农户对农地的保障依赖减弱，进而降低农户的农地价格幻觉程度，与本节假说2相符。综合上述计量结果可以认为，若扶持政策仅限于帮助农民获得稳定的非农就业，而无法引导外出就业农民融入城市，则其可能致使存在农地价格幻觉农户的价格幻觉进一步提高。可见，从降低农户对农地流转价格幻觉以推进农地流转的角度来说，不仅要关注于农户如何从土地上"离得开"，还必须重视农户如何进城就业"融得下"的问题。

（三）情感依赖特征的影响分析

从 Probit 模型的参数估计结果与边际效应估计结果看，农户对承租户在农地上种植何种作物的在意程度每增加 1 个级别，其存在农地价格幻觉的可能性增加 11.3%。这表明，若农户在转出农地后仍然希望干预承租户的种植作物选择决策，则其存在农地价格幻觉的可能性较高，与本节假说 3 相符。农户对承租户在农地上挖沟的在意程度以及对承租户改变农地用途的在意程度不会显著影响其是否存在农地价格幻觉，亦不会显著影响存在农地价格幻觉农户的价格幻觉程度。可能的解释是，农户希望干预承租户的种植作物选择决策，能够很好地体现农户对承包地强烈的心理所有权及产权控制意识，因此其对应变量能够显著增加农户存在农地价格幻觉的可能性。但是，农户希望干预承租户在农地上挖沟以及改变农地用途，可能是基于对承包权权属范围的理解做出的选择，与其产权控制意识关系不大。由于农地仍属于集体所有，农户认为农地承包户无权对承包农地作出用途上的变更等，否则将违反相关规定。因此，相应解释变量无法显著影响农户的农地价格幻觉。当然，对此还有进一步研究的必要性。

五、进一步的讨论

本节关注现阶段农地流转市场中的一个重要现象：即使转出农地获得的租金收益高于自耕农地获得的生产收益，农户依然选择不转出农地。本节的贡献在于：第一，揭示了农地流转双方对农地资源价值的评价维度具有不一致性，表明农地流转的价格生成及其响应逻辑与一般物品的市场逻辑存在差异；第二，强调农户对农地的依赖特征，并引入"农地价格幻觉"概念，揭示农地市场价格机制失效的内在机理。

本节的主要结论是：第一，理论分析表明，农地承租户重视农地的经济价值，对农地进行单维经济价值评价；而农户在转出农地时则会综合考虑农地的经济价值、社会价值与身份价值，对农地进行多维功能性价值评价。农地流转双方对农地资源价值评价存在维度上的不一致，影响到市场价格机制作用的发挥。第二，从数理推导及逻辑推演可知，农户对农地的经济依赖、保障依赖与情感依赖特征越明显，就越可能存在农地价格幻觉，从而抑制其实际进入农地流转市场的可能性，使得市场价格的资源配置机能失效。第三，利用全国 6 193 个样本农户的微观调查数据进行实证检验，结果显示，对城市就业的担忧程度越高，对农民外出就业扶持政策的满意程度越低，对承租户在农地上种植何种作物的在意程度越高，农户越可能存在农地价格幻觉；对于存在农地价格幻觉的农户，对农民外出就业扶持政策的满意程度将增强其农地价格幻觉程度，而对农民进城政策的满意程度则能够减弱其农地价格幻觉程度，从而表明"离地"政策和"进城"政策具有不同的激励效果。第四，特别值得提及的是，农户对农地依赖性及其价格幻觉，具有明显的情境依赖性。以农为生的农户对农地的依赖性主要表达为经济依赖，并不表现出明显的农地价格幻觉，但随着农户从纯农户向非农户的转变，其对农地的价格幻觉有不断增强的趋势。

　　审视本节的计量分析结果，可以得到一些有意义的政策启示：第一，农业劳动力的非农转移并不必然带来农地流转。对农地的收入依赖程度越高与劳动就业依赖程度不高、不以农为生的农户，往往更可能存在农地价格幻觉。这意味着，"有闲地可转"的农户反而具有过高的租金要价，这是阻碍中国农地流转市场发育的重要因素。第二，农户对农民外出就业扶持政策的满意程度在总体上会降低农户存在农地价格幻觉的可能性，但却会提高存在农地价格幻觉农户的农地价格幻觉程度。可见，若农村劳动力转移就业扶持政策仅限于帮助农民获得稳定的非农就业，而无法引导外出就业农民融入城市，则其可能致使存在农地价格幻觉农户的价格幻觉程度进一步提高。因此，构建农民工融入城市的长效机制，才能有效弱化农户对农地的社会保障依赖，帮助降低农户的农地价格幻觉程度；第三，为缓解农户对农地的情感依赖，降低农地价格幻觉对农地流转的抑制，有必要提高农户参与农地流转的风险规避意识。在规范农地交易双方参与农地流转的程序、构建合理的农地流转价格机制的同时，应以农地流转的"价格指数保险"开展配套的探索性试验。

第六章　农地流转契约及其关联性

在分别讨论了农地流转的缔约对象、契约期限以及租金决定问题后，本章将进一步分析农地租约中的期限、租金及其相互关联性。在此基础上，我们将分析农村要素市场之间的互动关系。农业三大要素市场组织之间其实是通过农业中间服务组织的作用交织而成，而每一种农业要素市场组织均是一个相应的要素契约集合，农业"三大市场"的一般均衡是"三大契约"相互关联的结果。接着进一步思考一个问题：不稳定的农地流转契约关系。因为农地流转契约的不稳定性不但损害缔约双方的利益，增加无谓的社会成本，而且不利于农地流转效率的提升，农地市场的流转效率也会间接约束其他要素市场的发育。因此，我们尝试构建了一个"理性和关系"整合视角的农地流转契约稳定性理论分析框架，从而为全面系统性地认识农地流转契约稳定性问题提供新的视野和机会。最后，基于佃农理论的分析背景，我们把地主视为农地转出者，佃农视为农地转入者。那么，过去的地主与佃农之间的租金决定关系其实是目前农地流转的契约选择问题。

第一节　租约期限、租金及其相互关联性

一、问题的提出

农地流转本质上表现为农地经营权的流转，而经营权流转不可避免地依附于农户承包权，从而使得农户天然地具有"产权身份垄断"与"产权地理垄断"优势（罗必良，2014），由此，主流文献都集中于将期限、租金的决定问题视为出租户单方面的租约选择问题。不仅如此，既有文献进一步将租约期限与租金选择视为两个独立的问题：一方面，将租约期限表达为出租户的自主选择，而将农地租金假定为由市场决定并视为外生变量，从而将租金变量纳入租约期限的决定模型；另一方面，将租金决定表

达为出租户的租金要价，而将租约期限假定为由市场决定并视为外生变量，从而将期限变量纳入租约租金的决定模型。上述的处理方式带来了研究结论的不一致（表6-1）。

表6-1 已有文献的研究结论及其差异

被解释对象	解释变量	研究结论
期限	租金	两种结论。一是流转高租金对农户缔约的长期限选择行为起促进作用（徐珍源、孔祥智，2010）；二是租金对期限选择的影响作用是有限的（钟文晶、罗必良，2014）。
租金	期限	两种结论。一是期限越长，转出租金越高（邓大才，2007；伍振军等，2011）；二是期限对转出租金影响不显著（申云等，2012）。

已有研究所得结论不一致，其原因可能在于：第一，农地流转的租约安排，并不是出租户单方选择的结果。在实际契约的签订中，由于缔约双方具有身份及目标偏好的差异，其对契约条款的要求往往存在不一致性，其中，对契约期限的要求的不一致性更为突出，有时甚至同一因素对缔约双方的契约期限选择的作用效果是相反的（刘文勇、张悦，2013）。事实上，租约的订立是缔约双方的博弈过程，期限与租金则是可讨价还价的变量，正因为如此，农户的农地出租及其租约安排，往往具有明显对象依赖性或对象差异性（罗必良，2014）；第二，农地租约一般具有"租约集"的特点，通常表现为多个契约条款与内容的集合，因此，租约均衡及其稳定，并不完全由某个单一条款的选择而决定，租约中的"条款集"往往具有相互补充、相互替代以及相互匹配的特性（罗必良，2011）。也就是说，农地租约中的期限与租金，并不是相互分离的，而是互为因果的，具有显著的内生性。鉴于此，本节关注农地租约中的期限、租金及其相互关联性，将期限与租金决定，视为流转双方博弈的结果，从而阐明租约选择过程及其决定机理，揭示农地租约的选择逻辑。

二、租金与期限的决定：关联决策的一般原则

（一）期限与租金的内生性

租约安排与缔约双方的利益密切相关，其最终的订立必然符合交易双方各自的成本最小化原则（Cheung，1968）。但是，由于缔约双方具有身

份特征及目标偏好的差异，他们根据成本最小化原则选择的最优租约安排可能是不同的，特别是对于租约期限的选择。由此，如何促使缔约双方形成一致的租约期限意见，成为缔约达成的关键。

已有关于租约期限决定的研究，通常假定存在不同的租约期限的市场均衡，并由此推断出租户和承租户的租约期限决定表现为短租市场或长租市场的进入选择。必须指出，我国的农地流转市场正处于初步发育阶段，完善的交易体系尚未形成，目前村落中可能并不存在可供选择、价格外生的农地短租期或长租期市场。可见，将期限决定问题简单地视为缔约主体进入短租期市场或长租期市场的选择问题，其实是高估了我国农地租赁市场的发育程度，与现实不符。可以认为，农地租约的期限安排并不是外生给定市场的选择结果，而是缔约双方从存在租约期限选择差异，到最终达成租约安排一致的过程，这个过程依赖于缔约主体就租约中的"条款集"进行协商与博弈，最终形成约束条件下双方均认可的、相对最优的租约安排集。为了简化问题，本部分模型构建将只考虑与缔约双方利益相关、可以讨价还价的期限与租金两个变量，希望解决的问题是，假定出租户选择的最优租约期限 $T_出$，承租户选择的最优租约期限 $T_入$，当 $T_出 \neq T_入$ 时，如何进行租约期限的博弈与协商？博弈过程中租金究竟发挥怎样的作用？会遵循怎样的准则？

（二）期限与租金的互动缔约原则

假定农地流转租约期限有长期、短期两种选择，租金调整有提价、降价两种选择。由此有两种基本的情景：一种是缔约双方对租约期限的选择具有一致性，即双方都选择长期或短期，此时期限易于达成一致，租金仅由租赁市场外生决定，类似于选择进入哪类市场的决策行为；另一种情形是交易伊始，双方对租约期限的选择不一致，此时要达成租约必然需要寻找租约中的其他要素，来调节双方对于期限选择的差异。由于缔约主体特征与交易客体特征是租约中相对固定的要素，但租金是双方可以讨价还价的变量，因此，依赖租约中可变要素"租金"的变动进行期限协商是可能的选择。此时，租金除了受市场价格影响外，还受双方就期限的协商过程的影响，即租金变量不再完全是外生变量。下面针对缔约双方期限选择不一致的情形，分析双方的博弈策略，观察可能的缔约结果。

情形 1：承租方是长期限选择、出租户是短期限选择（图 6-1）。当承租方作为期限选择的决定者且选择长期租约时，出租户是期限选择的妥协方，他要实现利益平衡，必然会以租金提价作为期限妥协的补偿，因此，最终可能形成长期高价租约；对应地，当期限决定角色调换后，出租户首先按照意愿选择短期期限，这时租金调整权属于承租户，承租户必然要求降价弥补期限妥协造成的损失，此时达成短期低价租约。图 6-1 中两条逻辑线均能促使缔约双方达成租约，但形成的租约特征不同。

图 6-1 承租方是长期限、出租户是短期限选择的缔约结果

情形 2：承租方是短期限选择、出租户是长期限选择（图 6-2）。当承租方作为期限选择的决定者且选择短期租约时，出租户是期限选择的妥协方，他要实现利益平衡，必然会以租金提价作为期限妥协的补偿，因此，最终可能形成短期高价租约；对应地，当期限决定角色调换后，出租户首先按照意愿选择长期期限，这时租金调整权属于承租方，承租方必然要求降价弥补期限妥协造成的损失，此时达成长期低价租约。图 6-2 中两条逻辑线均能促使缔约双方达成租约，但形成的租约特征不同。

图 6-2 承租方是短期限、出租户是长期限选择的缔约结果

将上述缔约结果整合为一个缔约策略表（表 6-2）。

表 6-2 基于租金与期限的关联决策策略表

承租方选择／出租户选择	长期转入		短期转入	
长期转出	长期		承租方提价，形成短期高价租约	出租户降价，形成长期低价租约
短期转出	承租方提价，形成长期高价租约	出租户降价，形成短期低价租约	短期	

上述"期限选择—租金博弈—租约达成"的分析表明农地租约中期限、租金的相互关联性，缔约的基本原则是：当缔约双方期限选择一致时，期限易于决定，且租金仅为市场外生决定；当缔约双方期限选择不一致时，租约的达成既表现为租约期限选择从差异到一致的博弈过程，又表现为租金调整双方期限的选择过程，由此实现缔约双方利益的平衡：出租户租金要价的上升，意味着需接受承租户的期限要求，以达到期限选择统一；承租方租金支付的下降，意味着接受出租户的期限要求，以达到期限选择统一。简单来说，租约的博弈原则为：一方要获得期限选择权，就必须以对另一方进行租金补偿为代价，由此反映出的租约特征为：当承租方是长期限选择、出租户是短期限选择时，将形成"长期高价租约"或"短期低价租约"；而当承租方是短期限选择、出租户是长期限选择时，将形成"长期低价租约"或"短期高价租约"。可见，在缔约双方的租约期限选择不一致的情形下，租金是租约期限决定的内生变量，最终达成租约期限与初始期限选择之间的差异越大，租金调整幅度会越大。

三、引入农地质量属性：模型扩展及其假说

（一）引入农地质量属性

从初步的缔约原则可知，如果可以获取出租户与承租户对农地租约的期限选择差异，那么推导租约安排特征就成为了可能。下文将进一步引入一个对出租户、承租户缔约选择都具有影响作用的变量：租约标的物农地质量。

反映农地资源特性的重要指标——农地质量，影响着缔约双方对农地价值的利益诉求，其对租约期限、租金安排等的影响已引起关注。但是，农地质量对租约安排的影响机理，特别是对期限决定的影响，不同的文献得出了不一致的结论：农地出租方对农地质量进行有效监督是困难的，相对而言，高质量农地的监督成本更高，因此越是高质量的农地，选择转出或长期转出的可能性越低（钟文晶等，2014）；农地的保障功能（就业、收入）促使农户倾向于短期租出农地（徐珍源等，2010）；农地质量越高意味着保障功能越强，这使得高质量农地租约的短期化特征更明显；从承

租户角度考虑，认为生产者对粮食生产的长期投资收益预期越高，希望农地租约的期限越长，而农地质量越高意味着农地生产价值越大，由此承租户会倾向于长期租入高质量农地（周曙东等，2010）。可见，农地质量对缔约主体的租约选择的影响路径是复杂的，对缔约双方的租约期限选择作用方向也并不一致。如果将其简单视为解释变量而纳入计量模型，可能会导致错误的结论。

为找出农地质量、租约期限、租金安排三者的关联匹配特征，本节在"期限选择—租金博弈—租约达成"分析模型的基础上，尝试引入农地质量属性，推测不同农地质量条件下的农地流转租约特征。

（二）拓展模型：农地质量与租约期限选择

最佳的租约形式是在促进事后效率灵活性与保护权利感受的刚性之间进行权衡取舍。Hart 和 Moore（2008）指出，事后效率灵活性表达的是短期限的交易便于租约的调整，从而能够更高地保持交易的灵活性，其可以理解为，长期限租约对交易灵活性具有阻碍作用。长期租约意味着在较长时期内，无论是对交易对象的选择，还是对交易价格的选择等，均表现出缺乏弹性的特征，阻止所有者对交易物的再配置权利，因此长期租约对交易灵活性产生了"毒丸"的作用（Pagano and Volpin，2002）；保护权利感受的刚性表达的是主体希望保护权利免被侵犯的刚性需求，可理解为，有效的租约期限约定能对机会主义行为具有抑制作用。由于人具有机会主义倾向，在信息不对称的交易情况下缔约主体预期，对方将会不完全如实披露所有的信息，存在其他损人利己的行为。而租约有助于抑制机会主义行为，保障缔约双方的权利，但不同的租约期限长短对不同的缔约主体将产生不一样的权利保障作用。

可见，租约标的物农地质量差异，会影响主体对契约期限的选择。以此为理论前提，以下通过逻辑推导，在不同的农地质量下，缔约双方的期限选择有何差异。

1. 农地质量与出租户的租约期限选择。

（1）租约的灵活性要求。表 6-3 说明了在不同农地质量下，出租户基于租约灵活性对租约期限做出的可能性选择。

表 6-3　农地质量、出租户的租约灵活性要求与租约期限选择

	对出租户的影响途径		对期限选择的影响方向
农地租约的灵活性要求	交易前对交易物的保障依赖	高质量	—
		低质量	＋
	交易时的交易难度及未来交易价格预期	高质量	—
		低质量	＋

表 6-3 中选择结果的影响途径在于：一是农地的长期流转阻碍农地的社会保障功能的实现。农户具有农地"产权身份垄断"特征，是必然且唯一的农地转出主体。由于现阶段农村的社会保障体系未完全建立，农地依然是农户家庭获得福利保障的基本手段，对外出务工农民起到直接、间接的就业再选择、医疗保障、养老保障等作用（杨婷、靳小怡，2015），由此决定了农户对农地存在不可忽视的、持续性福利保障依赖。长期转出农地使得农户在较长时间范围内失去了农地资源再配置权利，一定程度上限制了农地的保障功能。可见，农户对于长期转出农地会有一定的抵触心理，并且，高质量的农地显示出的保障收益更高，农户对流转租约的灵活性要求更高（徐珍源、孔祥智，2010）。

二是不同质量的农地的交易难度、未来交易价格的不可预期性具有差异。相较而言，高质量的农地容易找到新的承租户，并且出租户也趋向于认为高质量的农地存在升值空间，即对未来的流转价格有较高预期。因此，农户对于高质量的农地租约灵活性要求更高。

推测 1：出租农户拥有高质量农地时，选择长期租约所造成的灵活性损失大，会倾向于选择短期租约。

（2）预期机会主义侵害损失。表 6-4 说明了在不同农地质量下，出租户为规避承租方的机会主义所带来的损失而可能做出的期限选择。

表 6-4　农地质量、出租户的预期侵害损失与租约期限选择

	对出租户的影响途径		对期限选择的影响方向
承租户的机会主义行为	受损可能性与受损程度	高质量	—
		低质量	＋

农地流转租约是有期限的，因此农地最终必然会归还农户手中，但所

归还农地的农地质量则是难以预期和考核的（罗必良，2014）。由于现实世界中农地流转租约注定是不完备的，这为农地承租户的机会主义行为提供了制度空间，承租方可能利用对土地质量信息的不可观察性与不可考核性，实施掠夺性经营行为（俞海等，2003）。农地在上一期租约中的质量受损，到归还农户时已经难以逆转；而且质量越好的农地可能受损的程度越高，受损后恢复的难度越大。为了避免不可预期的农地质量损失，出租户可能倾向于选择短期租约（邹宝玲等，2016），从而避免对方的机会主义行为（Cheung，1970），并且农地质量越好，短期租约的倾向性越强。

推测 2：对于高质量的农地，出租户倾向于选择短期租约，避免长期租约执行中对方潜在的违约行为。

2. 农地质量与承租方的租约期限选择。

（1）租约的灵活性要求。表 6-5 表示的是不同农地质量下，因应承租方的租约灵活性要求而形成的租约期限选择结果。

表 6-5　农地质量、承租方的租约灵活性要求与租约期限选择

	对承租户的影响途径		对期限选择的影响方向
农地租约的灵活性要求	交易时的交易难度及未来交易价格预期	高质量	＋
		低质量	－

相比低质量农地，承租方重新找到同样地理位置、同样质量较优的农地作为替代是困难的，因此，对于承租方而言，质量较好农地租约的灵活性所带来的效率不高，亦由此，承租方对租约的灵活性要求不高。

推测 3：由于再缔约成本较高，承租方希望长期租入高质量农地，以锁定生产成本、降低交易费用。

（2）专用性投资的锁定风险损失。表 6-6 表示的是不同农地质量下，承租方为应付专业性投资所可能引发的机会主义行为而形成的租约期限选择结果。

表 6-6　农地质量、承租方的专用性投资的锁定风险损失与租约期限选择

	对承租方的影响途径		影响方向
专用性投资的锁定风险	投资收益与投资行为	高质量	＋
		低质量	－

农地价值依赖于各种形式的互补性投资（Feder and Nishio，1999），承租方基于收益最大化，会对租入农地进行固定资本投资等生产性投资行为，提高农业生产效率。但是，农业投资具有较强的资产专用性及收益滞后性特征，并且，附着于土地的资产转让（交易）存在较高成本（Cheung，1970），这就意味着，承租户一旦进行农业投资项目，被"锁定"的风险性极高，这会强化承租户对长期租约的选择倾向（Bergemann and Hege，1998）。

推测 4：相比低质量农地，承租方对高质量农地的专用性投资意愿更强，被锁定的风险损失也更大，因应于租入农地的稳定性预期要求，其倾向于长期租入高质量农地。

（三）引入农地质量差异的租金与期限的互动缔约选择

综合上述 4 个推测发现，当农地的质量条件较好时，出租户更倾向于短期租出，而承租方则更倾向于长期租入；反之，当农地的质量条件差时，出租户的短期选择特征、承租户的长期选择特征较不明显。在此基础上，结合"期限选择—租金博弈—租约达成"分析框架，可推演出如图6-3的研究假说，即对于高质量农地，可能形成租出方主动降价的低价短期租约，或租入方主动提价的高价长期租约，换句话说，高质量农地的长期转出可以为农地租出方带来更高的租金收益，时间是价格的增函数；而低质量农地的流转中，由于流转双方的租约期限选择特征不那么明显，"期限换租金"空间小，此时长期转出农地并不能为农地租出方带来更高的租金收益。

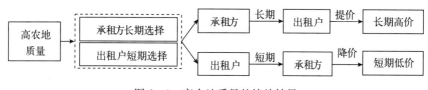

图 6-3　高农地质量的缔约结果

四、实证分析

（一）数据来源

数据源于课题组 2015 年初在全国范围内进行的农户抽样调查。通过聚类分析选取广东、贵州、河南、江苏、江西、辽宁、宁夏、山西、四川9省区共计54个县域，发放问卷2 880份，收回回收2 704份，问卷回收率为93.89％。本节选取参与农地流转的960个样本农户进行计量验证分析。

（二）变量选取与赋值

1. 变量选取。

（1）以实际流转中的租约期限作为期限的指标；

（2）以实际达成的租约租金作为租金的指标；

（3）农地质量从两个方面衡量：一是从总体角度进行衡量，指标为"整体质量"；二是从土壤肥力、区位条件等维度细化考察，对应选择的指标为"肥力条件"、"灌溉条件"、"区域地形"与"交通条件"。

2. 变量赋值。变量赋值及描述性统计见表6-7。

表6-7 变量定义与描述（$N=940$）

变量	变量问项	均值	标准差	极小值	极大值
租约期限	不定期＝1；1年以内＝2；1～3年＝3；3～5年＝4；5年以上＝5	2.64	1.60	1	5
租约租金	租金或分红（年/亩）	562.3	2 004.6	0.00	35 000
整体质量	1＝较差；3＝一般；5＝较好	3.60	1.19	1.00	5.00
土壤肥力	1＝很差；2＝较差；3＝一般；4＝较好；5＝很好	3.35	0.86	1.00	5.00
灌溉条件	1＝很差；2＝较差；3＝一般；4＝较好；5＝很好	3.15	1.05	1.00	5.00
区域地形	1＝山区；3＝丘陵；5＝平原	3.29	1.64	1.00	5.00
交通条件	1＝很差；2＝较差；3＝一般；4＝较好；5＝很好	3.34	0.92	1.00	5.00

（三）统计分析

对参与农地流转的960个样本农户进行统计分析（表6-8），发现：①整体质量、水肥条件、地形交通条件较好的农地，其签订4年以上租约的比例会较高；②4年以上租约的平均租金高于短期租约，且在整体质量、水肥条件、地形交通条件较好的农地中尤为突出。

表6-8　描述性分析

		4年以上租约比例（%）	4年以上租约平均租金（元/亩）	4年以下租约平均租金（元/亩）	平均租金差值（元/亩）
整体质量	好	40.91	1 116.42	362.14	754.28
	差	29.41	349.50	245.83	103.67
土壤肥力	好	39.19	1 209.38	321.73	887.65
	差	23.76	978.02	304.09	673.93
灌溉条件	好	42.73	1 038.44	348.68	689.76
	差	24.55	757.41	241.57	515.84
区域地形	好	43.26	1 550.32	418.12	1 019.43
	差	23.92	522.79	268.89	110.51
交通条件	好	38.39	1 360.38	340.95	1 132.20
	差	22.38	393.44	282.93	253.90

　　为直观观察不同农地质量条件下，农地流转租约中期限与租金的相关性是否具有差异，根据调查数据绘制折线图。图6-4分别描述了农地的不同质量维度（整体质量、土壤肥力、灌溉、地形、交通）条件下，租约期限与租约租金的关系。其基本特征是：与整体质量、土壤肥力、灌溉条件、地形条件、交通条件较差时相比，当农地整体质量、土壤肥力、灌溉条件、地形条件、交通条件较好时，"租约期限"与"租约租金平均值"有更为明显的正相关趋势。由此可以初步证明，高质量农地的长期转出可以为农地租出方带来更高的租金收益；而当农地的质量条件较差时，"期限换租金"的趋势并不明显。

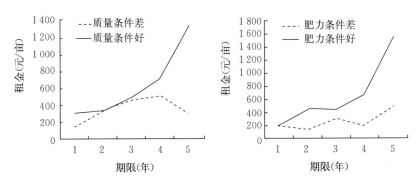

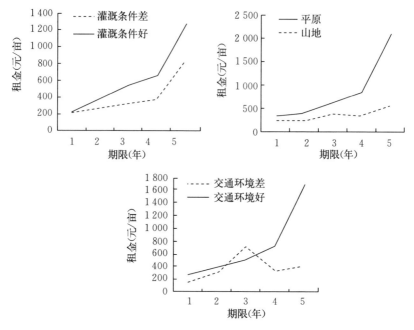

图 6 - 4 不同质量维度下租约期限与租约租金的关系特征

（四）方差分析与相关性分析

1. 方差分析。进一步通过方差分析考察农地的不同质量维度对租约期限及租金价格是否有显著性差异。结果见表 6 - 9。

表 6 - 9 农地租约租金价格的方差分析结果

	整体质量差 (N=68)	整体质量好 (N=352)	肥力差 (N=101)	肥力好 (N=347)	灌溉差 (N=220)	灌溉好 (N=344)	山地 (N=255)	平原 (N=393)	交通差 (N=143)	交通好 (N=101)
不定期	138.28	303.68	176.96	193.94	205.20	224.17	239.24	324.00	149.44	258.57
1年以内	343.75	329.39	144.78	451.92	254.84	375.76	236.81	411.82	300.88	396.74
1~3年	458.18	485.74	301.25	442.50	326.76	544.26	388.97	602.31	705.91	502.71
4~5年	505.00	694.06	190.00	674.13	377.50	655.64	356.67	825.83	343.75	722.14
5年以上	282.86	1 327.60	483.33	1 540.71	865.95	1 267.28	563.47	2 010.10	410.00	1 714.26
合计	276.32	670.71	226.14	669.63	368.18	643.43	329.63	907.88	307.66	732.27
F值	2.341 *	3.634 ***	1.94	4.741 ***	2.770 **	3.116 **	2.195 *	5.330 ***	2.500 **	5.465 ***
显著性	0.065	0.006	0.110	0.001	0.028	0.015	0.070	0.000	0.045	0.000

注：* 表示 $p < 0.1$；** 表示 $p < 0.05$；*** 表示 $p < 0.01$。

表 6-9 表明：

（1）"土壤肥力"方差分析显示，当农地土壤肥力较差时，不同期限的农地租约年租金差异并不显著，而当整体质量、土壤肥力较好时，不同期限的农地租约租金差异通过显著性检验；

（2）"整体质量"、"灌溉"、"地形"与"交通"四组方差分析有着相对一致的表现：无论农地的质量、灌溉、地形与交通条件好坏，不同期限农地租约的年租金差异均通过显著性检验，但当农地的灌溉、地形与交通条件较好时，不同期限农地租约年租金方差分析 F 明显较高，说明在农地质量较好的组别中，租约年租金随期限变化产生差异的程度更高。

2. 相关性分析。 方差分析验证了，在不同质量条件下，农地租约期限与租金的相关性有所差异。为进一步识别不同质量条件下契约安排到底会呈现何种差异，需要继续验证在"质量"变量的调节作用下，期限与租金存在何种相关特征。进一步选取变量的交互项处理及相关性分析方法。具体方法为：首先，进行农地质量变量与期限变量的交互项处理，将"整体质量""土壤肥力"、"灌溉条件"、"区域地形"及"交通条件"共五个变量分别与"租约期限"变量作相乘的交互处理，生成新变量"整体质量×租约期限"、"土壤肥力×租约期限"、"灌溉条件×租约期限"、"区域地形×租约期限"、"交通条件×租约期限"；然后，将"租约租金"变量作对数处理，生成新变量"租约租金对数"；最后，利用 SPSS20.0 软件，对上述变量作 Pearson 法和 Spearman 法的相关性分析，以稳定检验在农地质量的调节作用下，期限与租金具有何种相关特征。分析结果如表 6-10、表 6-11 所示。

表 6-10　农地质量、租约期限与租约价格的相关性分析（$N=940$）

项　目	整体质量		土壤肥力		灌溉条件		区域地形		交通条件		租约期限	
	Pearson	Spearman	Pearson	Spearman	Pearson	Spearman	Pearson	Spearman	Pearson	Spearman	Pearson	Spearman
租约价格对数	0.203 **	0.210 **	0.150 ***	0.180 ***	0.073 ***	0.131 ***	0.262 ***	0.328 ***	0.190 ***	0.214 ***	0.447 ***	0.471 ***
土壤肥力			1.000	1.000	0.852 ***	0.588 ***	0.250 ***	0.247 ***	0.302 ***	0.273 ***	0.157 ***	0.154 ***
灌溉条件					1.000	1.000	0.282 ***	0.270 ***	0.371 ***	0.366 ***	0.156 ***	0.160 ***
区域地形							1.000	1.000	0.296 ***	0.285 ***	0.167 ***	0.166 ***
交通条件									1.000	1.000	0.136 ***	0.124 ***

注：*** 表示 $p<0.01$；** 表示 $p<0.05$；* 表示 $p<0.10$。

表 6 - 11　农地质量和租约期限的交互项与租约价格的相关性分析（$N=940$）

项　目	整体质量×租约期限		土壤肥力×租约期限		灌溉条件×租约期限		区域地形×租约期限		交通条件×租约期限	
	Pearson	Spearman	Pearson	Spearman	Pearson	Spearman	Pearson	Spearman	Pearson	Spearman
租约价格对数	0.377 **	0.362 **	0.438 ***	0.479 ***	0.397 ***	0.446 ***	0.466 ***	0.527 ***	0.412 ***	0.453 ***
土壤肥力×租约期限			1.000	1.000	0.907 ***	0.906 ***	0.816 ***	0.843 ***	0.801 ***	0.837 ***
灌溉条件×租约期限					1.000	1.000	0.813 ***	0.828 ***	0.789 ***	0.808 ***
区域地形×租约期限							1.000	1.000	0.873 ***	0.903 ***
交通条件×租约期限									1.000	1.000

注：*** 表示 $p<0.01$；** 表示 $p<0.05$；* 表示 $p<0.10$。

计量结果表明：

（1）表 6 - 10 显示，整体质量、土壤肥力、灌溉条件、区域地形、交通条件共 5 个变量，与租约租金对数呈正相关关系，Pearson 相关性分析和 Spearman 相关性分析均是 1% 水平下显著，表明，农地质量越好，农地流转租约租金越高；

（2）表 6 - 11 显示，"整体质量×租约期限"、"土壤肥力×租约期限"、"灌溉条件×租约期限"、"区域地形×租约期限"、"交通条件×租约期限"变量与"租金价格对数"变量具有正相关关系，Pearson 相关性分析和 Spearman 相关性分析均是 1% 水平下显著，表示在农地质量的调节作用下，租约期限与租金的正相关关系更为显著。图 6 - 5 能够直观表达计量结果

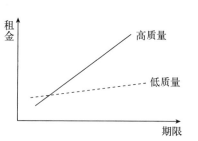

图 6 - 5　不同质量条件下期限对租金的影响示意图

的经济学含义，图中实线表示农地质量较好时，农地流转租约期限的正向变化会对租约租金有显著促进作用，即流转租约期限越长，农地流转租约租金越高；虚线表示农地质量较差时，农地流转租约期限的正向变化不会对租约租金产生影响，或影响作用很小，即"期限换租金"空间小。

五、进一步的讨论

既有研究农地流转租约安排的文献，大多简单地将租约安排看作是一

个出租户单方选择的结果，并将租约中的核心条款——租约期限与租金选择的决定机理视为两个独立的问题。但是，农地租约一般具有"租约集"的特点，租约均衡及其稳定并不完全由某个单一条款的选择而决定，可以说，农地租约中"期限"与"租金"条款的决定，往往具有相互补充、相互替代以及相互匹配的特性，期限与租金并不是相互分离的，而是互为因果的，具有显著的内生性的。因此，将期限与租金问题分别独立地考察分析显然是不妥的。

本节为农地流转的租约研究提供了一个新的视角，主要贡献在于：①考虑到现阶段农地流转市场的初步发育状态，认为租约期限的决定并不是缔约主体对长租、短租市场的选择与进入的问题，由此发现租约期限与租金之间可能的内生性，指明现有实证研究的不足；②将期限与租金视为联合决策问题，认为，由于缔约双方具有身份及目标偏好的差异，他们对租约内条款的要求存在普遍的不一致性，因此租约的订立必然表现为缔约双方就租约中"条款集"的博弈。依此逻辑，构建"期限选择—租金博弈—租约达成"分析框架，将租约的达成既视为租约期限选择从差异到一致的博弈过程，又表现为租金调整双方期限的选择过程，由此实现缔约双方利益的平衡；③将农地质量视为关键变量引入分析框架，实证考察在农地流转过程中农地质量、流转租约期限、流转租约租金三者的关联匹配特征。计量结果为：当农地整体质量、肥力、灌溉、地形及交通条件较好时，农地流转期限越长，租约租金越高；而当农地各维度质量条件较差时，农地流转租约期限的正向变化不会对租约租金产生影响，或影响作用很小。也即，在农地流转交易中，呈现"高质量—高租金—长期限"、"低质量—低租金—短期限"的农地质量与租约安排的匹配特征。

上述研究结果表明，农地租约具有强烈的"条款集"的特点，多个契约条款往往具有相互补充、相互替代以及相互匹配的特性，某个单一条款的选择或多或少地会受到其他多个契约条款与内容的影响，可以说，农地租约中每个条款的决定，均是在寻求租约"条款集"和内容的总体均衡及稳定。显然，如何在解决内生性问题的基础上，进一步厘清农地租约中关键条款各自的决定机理及其选择逻辑，尚需做出进一步的努力。

第二节 博弈均衡、要素品质与农地租约选择

上述分析表明，农地租约的选择与农地质量密切相关。本节进一步考察农地质量或者说要素品质的契约含义。事实上，如果基于佃农理论的分析背景，我们可以把地主视为农地转出者，佃农视为农地转入者。那么，地主与佃农之间的地租选择关系其实是农地流转的契约选择问题。本节认为，传统佃农理论之所以认为分成契约低于定额租约的效率，是因为忽视了风险因素。本节证明，如果将风险问题转换为交易费用约束并使工资率满足一定条件，则分成契约与定额租约将具有相同效果。进一步放松要素同质的假设，利用博弈模型分析表明，低质量土地和高能力佃农的要素组合与分成契约匹配，定额租约则适用于高质量土地和低能力佃农的要素组合；并且，定额租约和分成契约分别是信息对称和不对称结构下的最优制度选择。文章运用 20 世纪初中国的农户调查数据对理论模型进行了检验。

一、问题的提出

关于土地租约安排与资源配置效率问题，一直是学界经久不衰的热门话题。其中，尤受重视的是有关分成租佃制度及其效率的研究。长期以来，古典和新古典的经济学家，包括亚当·斯密和马歇尔，大多认为这种制度的效率低于工资契约和定额租约。当代主流经济学家甚至将第三世界国家的经济停滞与其农业中盛行的分成契约联系起来（Rey，1998）。

古典经济学创始人 Smith（1776）认为分成契约下土地得不到改良。因为该制度安排类似于佃农上交什一税，即产出的十分之一被抽掉，从而成为土地改良的极大障碍。更为严重的是，地主甚至可以分享土地产出的一半，留给佃农的剩余是如此有限，以致彻底打击了佃农改良土地的任何积极性。Jones（1831）曾经指出，分成契约会使得佃农在佃田面积较小的情形下，将承担相对更多的公共负担，得到的产出份额相对更少。沿袭古典的"税收—对等"思路，以 Marshall（1920）为首的新古典经济学家，进一步强调分成契约缺乏效率的根源在于，如果佃农必须将土地收益的半数交给地主，那么，一旦佃农进行资本与劳动投入的总收益少于其所

获报酬的两倍，则不可能从事土地投资。及后，Schickele（1941）、Heady（1947）和 Johnson（1950）把 Marshall（1920）的分析进行了更仔细的形式化处理。

尽管 Sismondi（1815）赞扬过分成租佃制度，Mill（1857）企图以"习惯"来解释分成契约下土地改良不足的根源，但由于分成租佃契约规定了每一时期佃农按其产出的多少缴纳一定比例的地租，这种租金支付看上去与从价税相似，因而分成契约一直被认为是低效率的（Chen，1961）。

Cheung 在 1968 年发表《私有产权与佃农分成》一文，对上述长期延续的"定论"提出了质疑，他用微积分及几何方法证明，在竞争和私产的约束下分成契约与定租契约效率相同，从而开创了契约理论意义上的佃农理论。该文作为博士论文的一部分，亦即 1969 年出版的专著《佃农理论》的第二章。本章将其称之为"佃农理论Ⅰ"。应该说，"佃农理论Ⅰ"是没有考虑风险因素的佃农理论。

1969 年，Cheung 获得芝加哥大学经济系的政治经济学博士后奖学金跟约翰逊教授合作，继续从事农业契约研究。不过，他大部分时间都是到法学院找科斯教授学习新制度经济学。在科斯的启发下，他在芝加哥大学的图书馆里面发现那里竟然有民国时期的佃农契约样本和当时的大米和小麦的产量数据。于是，他把大米和小麦产量的标准差作为衡量风险的指标，并在原博士论文基础上增加了一章"交易费用、风险规避与契约选择"，从而正式地把风险作为佃农分成契约选择的解释变量。这篇论文发表在科斯主编的《法和经济学杂志》第 12 卷的第一期，并作为其专著《佃农理论》的第四章，此乃"佃农理论Ⅱ"。所以，佃农理论Ⅱ是考虑了风险因素的佃农理论。

可见，Cheung（1969）对分成租佃理论的开拓性研究，提出了两个与传统观点相反的理论假说：第一，与 Coase（1960）定理相一致，认为在交易费用为零时，分成契约与其他契约形式一样，会产生有效的资源配置结果（佃农理论Ⅰ）；第二，中国的经验证据表明分成契约已经存在有相当长的历史，因而即使放松零交易费用的假设，分成契约下的资源配置也并不必然无效率，这可能是交易费用约束条件下分散风险而实现了收益最大化（佃农理论Ⅱ）。

自 Cheung 之后，土地租约问题重新吸引了学者们的关注。Barzel

（1989）认为，任何契约安排都存在非最优利用问题，没有一个单独的契约在所有情况下都是最优的，随着情况的变化，契约形式也会发生改变。这就是说，在某种环境条件下，分成契约也可能是有效率的，这和佃农理论Ⅰ并无二致。富有启发意义的是，他认为佃农理论Ⅱ中关于风险规避的解释难以令人满意，并特别强调：由于监督土地肥力的变化非常困难，地主和佃农才倾向于接受分成契约。于是，对资源可变性特征的考核成本才是选择分成契约的关键性解释变量（Barzel and Suen，1992）。

信息激励学派通过"道德风险"模型（Stiglitz，1974）和"逆向选择"模型（Hallagan，1978）证明定额租约和分成契约的选择取决于不同信息结构下的自我甄别机制。对于"佃农理论Ⅱ"的解释，Newbery（1977）提出过反对意见。后来，学者们从风险成本的共同分担（Roumasset，1976）、地主和佃农之间的双重激励（Eswaran and Kotwal，1985）以及有限责任（Shetty，1988；Basu，1992；Sengupta，1997）等多个角度，对分成契约的效率问题做出了进一步的讨论。值得注意的是，Stiglitz 在 1974 年运用委托代理模型构造的新佃农分成理论并不是沿着传统的税收—对等方法展开的，而是基于阿罗的信息经济学范式。

除了上述的规范分析外，近十几年来也出现了不少关于分成契约的实证研究。例如，Ackerberg 和 Botticini（2000）的经验证据就推翻了"在黑死病缺乏劳动力时期地主采用分成契约吸引风险规避型佃农"的"风险分成假说"，同时也证实了分成契约能够保证地主发现佃农偷懒和监督他们对农场有价值资产的保护。在此基础上，Ackerberg 和 Botticini（2002）又进一步对佃农和地主的特性与契约选择做回归分析，发现如果某些特性无法观察或只能部分观察，那么，能够被估算出来的那些可观察特性的回归系数可能存在偏差，从而产生内生性伪回归问题。当内生性匹配问题得到控制后，他们发现，佃农的风险规避态度对契约选择有显著性影响。此外，Bellemare（2009）研究了一个穷地主与富佃农之间的"反佃农理论"，他通过马达加斯加的数据发现，当地主和佃农都是风险规避者或者存在高昂的交易费用时，分成契约要优于定额租约和工资契约。在传统的佃农理论假设下，地主是风险中性而佃农是风险规避，分成契约则是约束条件下的帕累托效率安排。不过，Bellemare（2012）基于马达加斯加的普通法和习惯法的约定，通过经验数据验证了"不安全产权是影响契约选择的主要因素"的理论假说，从而推翻了"分成契约会增加地主风险承担"的传统观点。事实上，上述关于要素与契约内生匹配假说的文献只是收集部分地区的数据进行计量分析，并没有构建严谨的数理模型。

此外，经济史学家也从实证的角度对分成契约下佃农收入和工资契约下的雇农收入进行比较，发现 18 世纪中叶和 20 世纪初长江中下游佃农的收入是雇农工资的 2～3 倍（Pomeranz，2008）。因为近代中国佃农已经具备较大的独立生产性质，他们支配剩余索取权，通过人格化与市场化的渠道将家庭的、地主的和市场的不同生产要素组合起来创造财富，在不确定性中获取企业家才能报酬和土地投资风险收益；相反，雇农则没有独立经营的权利，所以既不能创造属于自己的剩余财产也难以获得在市场上的套利机会（龙登高、彭波，2010）。所以，在中国历史上，就制度安排对农户行为主体产生的收益而言，分成契约要优于工资契约。

基于现有文献的梳理，本节提出的问题是：第一，Cheung（1969）的佃农理论Ⅰ的分成契约有效性数学证明是在交易费用为零的条件下成立的，若该前提不成立，则其最优化模型推导出来的结论是否发生改变？尽管他的佃农理论Ⅱ在逻辑推论上已经考虑了交易费用；第二，佃农理论Ⅰ是在要素同质的前提下成立，若假定要素异质性，那么分成契约是否依然有效率？第三，进一步地，把真实世界中的交易费用和要素品质考虑进来，佃农理论还会成立吗？

本节的可能性贡献在于：第一，Cheung（1969）的佃农理论是两个相对独立的部分，也就是说，"佃农理论Ⅱ"的风险因素并没有整合到"佃农理论Ⅰ"的模型中。本节将证明，在"佃农理论Ⅰ"数理模型基础上，运用博弈论方法把风险因素统一到交易费用范畴当中，而无需借助私产竞争的前提，仅加入交易费用这个唯一的约束条件就可证明分成契约的有效性。第二，Cheung 的佃农理论隐含着要素（土地和劳动力）同质的假设。本节将放松这一假定，将要素异质性问题纳入到佃农理论，并尝试对农业内生匹配假说进行数理模型的构建。第三，Stiglitz（1974）的委托代理模型与传统的税收—对等方法是分离的。本节在修正的税收—对等方法基础上，结合委托代理模型重新求出佃农分成的博弈均衡解，并得到新的结论：信息对称下，分成契约效率低；信息不对称下，分成契约效率高。

本节分为六个部分：除本小节外，第二小节把风险费用引入传统的"税收—对等"图解法中重新证明分成契约的有效性；第三小节放松模型中的要素同质性假设，基于土地和劳动力质量的非均匀特性，提出制度选择的博弈模型；第四小节将风险因素与要素品质考虑进不同的信息结构中，解释分成契约与定额租约的效率差异；第五小节基于卜凯（1936）收集的数据，运用现代计量经济学的自举法对模型假说做分位数回归检验；最后是一个简短的结论。

二、风险费用和契约效率：对传统佃农理论的批评

（一）基本假设

我们不改变 Cheung（1969）佃农理论中的变量设定：假设有两种同质的生产要素 h 和 t。每户佃农的生产函数均是 $q(h, t)$，$\partial q/eh > 0$，$\partial q/et > 0$ 且 $\partial^2 q/eh^2 < 0$，$\partial^2 q/et^2 < 0$。其中，h 代表每户佃农所承租的土地，t 代表每户佃农所投入的劳动。为方便讨论，不妨设生产函数为一次齐次函数，于是有：$y = q/h = q(1, t/h) = f(1, k)$，这里 $k = t/h$。

从上节的文献简述可知，Cheung（1969）批评传统分成租佃理论所使用的"税收—对等方法"并没有明确解释为什么在分成均衡点上仍会存在佃农的剩余收入，因为"佃农的这种剩余收入的存在，是与均衡状态不相一致的"。按此逻辑，他认为传统分析方法所推导出来的分成均衡点并不是最终的均衡点，因此认为分成契约无效率的观点存在逻辑上的矛盾。于是，他把私产和竞争两个约束条件引入地租最大化问题中，发现只要把分成比例和要素比率加进分成契约的规定中才能满足均衡解的要求，从而推翻了分成契约无效率的传统观点。但是，本章的模型认为，传统观点的不严谨之处主要是未能考虑真实世界中的交易费用。尽管 Cheung（1969）的佃农理论 Ⅱ 已考虑了风险规避和交易费用，但他未能把这两个约束条件同时放进佃农理论 Ⅰ 的最优化数学方程组中。所以，本节将沿用传统的税收—对等图解法重新证明：只要佃农工资契约的工资率 w 满足一定条件，则分成契约与定额租约具有相同的效率。不过，与 Cheung（1969）不同，本

章尝试把风险因素统一到交易费
用范畴当中，且无需借助私产竞
争的前提，仅加入唯一的交易费
用约束条件就可证明分成契约的
有效性（图6-6）。

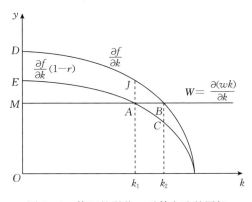

图6-6 修正的税收—对等方法的图解

在图6-6中，本节在传统
的图解法基础上仅修改了横轴
的变量，即把传统做法中的佃
农劳动 t 改为单位土地的劳动
投入比例 k，其余变量和符号
含义均不改变。

（二）传统佃农理论谬误：忽略风险因素

在不考虑交易费用的前提下，若按传统的税收—对等方法，均衡点为
B，即当地主雇用工人来耕作土地时，所雇用农业工人的单位土地劳动比
例将是 k_2。此时，若地主自己耕种土地也能获得同样的结果，而不管地
主是工作到 k_2 并在其他方面工作，还是工作少于 k_2 而按 w 雇用他人来耕
作。作为土地的回报，地主所获得的地租用面积 S_{MDB} 来表示，这一地租
额等于定额租约安排下的租金。如果用 Y_F 表示由地主和佃农构成两人社
会的总产出水平，那么，它应该是地主净收益 $\pi_F^l = \int_0^{k_2} \left(\frac{\partial f}{\partial k} - w \right) dk$ 和佃
农净收益 $\pi_F^t = wk_2$ 之和，即面积 S_{0DBk_2}：

$$Y_F = \int_0^{k_2} \left(\frac{\partial f}{\partial k} - w \right) dk + wk_2 = \int_0^{k_2} \frac{\partial f}{\partial k} dk \qquad (6-1)$$

但是，在分成契约安排下，扣除分成租金后佃农的边际收益曲线 $\frac{\partial f}{\partial k}$
根据分成率 r 的大小向下移动到 $\frac{\partial f}{\partial k}(1-r)$ 上。此时，均衡点变为点 A，
相应的单位劳动投入为 k_1。在这种条件下，总产出 Y_S 用面积 S_{0DJk_1} 来表
示，地主获得的净租金收益 π_S^l 等于面积 S_{EDJA}：

$$\int_0^{k_1} \frac{\partial f}{\partial k} dk - \int_0^{k_1} \frac{\partial f}{\partial k}(1-r) dk = r \int_0^{k_1} \frac{\partial f}{\partial k} dk \qquad (6-2)$$

佃农分得的净收益自然是面积 S_{0EAk_1}：

$$\int_0^{k_1} \frac{\partial f}{\partial k}(1-r)dk = \int_0^{k_1}\left[\frac{\partial f}{\partial k}(1-r)-w\right]dk + wk_1 \quad (6-3)$$

其中，面积 S_{MEA} 即 $\int_0^{k_1}\left[\frac{\partial f}{\partial k}(1-r)-w\right]dk$ 表示佃农得到的收益（S_{0EAk_1}）超过他从事其他经济活动可能得到的收益（面积 $S_{0MAk_1}=wk_1$）。

Cheung（1969）的佃农理论 I 对传统观点的反驳就在于，均衡点 A 上不可能存在这笔超额收益，因此 A 点不是分成的最终均衡点。事实上，分成契约除了规定了每一时期关于总产出在佃农和地主之间的分配比例外，还划分了协约双方实际分担的风险大小。若把面积 S_{0MAk_1} 理解为佃农在既定工资率为 w 下愿意付出 k_1 的单位土地劳动投入而获得的固定收益为 wk_1，则超额收益 $\int_0^{k_1}\left[\frac{\partial f}{\partial k}(1-r)-w\right]dk$ 应该被视为佃农因承担农业生产风险而获得的报酬。尽管 Cheung（1969）的佃农理论 II 也提及"人们选择分成契约是为了从分散风险中获得最大收益"，但他全盘抛弃传统观点，认为 A 点不是均衡点。我们将证明，只要把面积 S_{MEA} 视为风险回报，则 A 点仍是分成的最终均衡点，从而可以继续沿用传统的分析方法。

一般来说，地主和佃农都会通过有关农业生产的经验与信息来预测未来以控制和降低风险，但这些行为需要耗费大量资源。那些用于防范风险所耗费的资源的价值就是风险费用，它是交易费用的一部分。进一步，我们可以知道，在风险决策的均衡点上，佃农控制风险的报酬在边际上一定等于因此而付出的费用。所以，在均衡点 A 上，佃农的风险收益最终会被交易费用所抵消。此时，佃农的超额收益便会消失，则真实世界中（考虑了风险因素的状态）分成契约下的佃农净收益为：

$$\pi_s^p = \int_0^{k_1}\frac{\partial f}{\partial k}(1-r)dk - \int_0^{k_1}\left[\frac{\partial f}{\partial k}(1-r)-w\right]dk = wk_1$$

$$(6-4)$$

此时的总产出为：

$$Y'_s = Y_s - \int_0^{k_1}\left[\frac{\partial f}{\partial k}(1-r)-w\right]dk = \int_0^{k_1}\frac{\partial f}{\partial k}dk - \int_0^{k_1}\left[\frac{\partial f}{\partial k}(1-r)-w\right]dk$$

$$= r\int_0^{k_1}\frac{\partial f}{\partial k}dk + wk_1 \quad (6-5)$$

传统观点之所以认为分成契约效率低下，是因为它会引发：

一是经济上的浪费，即面积 $S_{AJB} = \int_{k_1}^{k_2} \left(\dfrac{\partial f}{\partial k} - w \right) dk$ ；

二是佃农劳动投入积极性减弱造成的产出下降，即面积 $S_{k_1 ABk_2} = (k_2 - k_1)w$。

由于：

$$Y_S = \int_0^{k_1} \frac{\partial f}{\partial k} dk \qquad (6-6)$$

$$Y_F = \int_0^{k_2} \frac{\partial f}{\partial k} dk = \int_0^{k_1} \frac{\partial f}{\partial k} dk + \int_{k_1}^{k_2} \frac{\partial f}{\partial k} dk \qquad (6-7)$$

且 $\quad \int_{k_1}^{k_2} \dfrac{\partial f}{\partial k} dk = \int_{k_1}^{k_2} \left(\dfrac{\partial f}{\partial k} - w \right) dk + (k_2 - k_1)w > 0$

所以分成契约下的总产出 Y_S 小于定额租约下的总产出 Y_F。

问题是，该结论明显忽略了佃农在定额租约下需要承担所有农业生产风险的这一事实。因此，若在扣减因规避风险而额外支付的风险费用之后，原定额租约下的总产出有可能恰好下降到分成契约下的总产出水平。按此逻辑，传统观点的错误在于没有考虑真实世界的风险费用，如果将风险费用视为交易费用，则可得到与 Cheung（1969）相一致的结论。与 Cheung（1969）不同的是，依然可以保留"税收—对等"方法。

（三）交易费用：对分成契约等效性命题的重新证明

命题 1 当工资率 $w^* = \dfrac{\int_{k_1}^{k_2} \dfrac{\partial f}{\partial k} dk}{k_2 - k_1}$，则分成契约下的总产出 Y'_S 等于定额租约的总产出 Y'_F。

我们知道，在定额租约安排下，地主定期获得佃农上交的固定租金 $\int_0^{k_2} \left(\dfrac{\partial f}{\partial k} - w \right) dk$，但与分成契约相比，他不再承担风险，这相当于佃农为地主购买了一份保险契约。由于佃农此时承担了全部风险且假设两类契约下的农业生产风险总水平不变，则佃农的风险费用即为自身在原分成契约下控制风险的支出（$S_{MEA} = \int_0^{k_1} \left[\dfrac{\partial f}{\partial k}(1-r) - w \right] dk$），加上为地主支付的保险费用（$\Delta RC = S_{AJB} = \int_{k_1}^{k_2} \dfrac{\partial f}{\partial k} dk$），

即 $$TRC = \int_0^{k_1} \left[\frac{\partial f}{\partial k}(1-r) - w \right] dk + \int_{k_1}^{k_2} \frac{\partial f}{\partial k} dk \qquad (6-8)$$

因此，佃农此时的净收益为 $wk_2 - \left\{ \int_0^{k_1} \left[\frac{\partial f}{\partial k}(1-r) - w \right] dk + \int_{k_1}^{k_2} \frac{\partial f}{\partial k} dk \right\}$。

又由于：

$$Y'_F = \int_0^{k_2} \left(\frac{\partial f}{\partial k} - w \right) dk + wk_2 - \int_0^{k_1} \left[\frac{\partial f}{\partial k}(1-r) - w \right] dk - \int_{k_1}^{k_2} \frac{\partial f}{\partial k} dk$$

$$= \int_{k_1}^{k_2} \frac{\partial f}{\partial k} dk + r \int_0^{k_1} \frac{\partial f}{\partial k} dk - (k_2 - k_1)w + k_1 w \qquad (6-9)$$

所以当 $w^* = \dfrac{\displaystyle\int_{k_1}^{k_2} \frac{\partial f}{\partial k} dk}{k_2 - k_1}$ 时，有：

$$Y'_F = \int_{k_1}^{k_2} \frac{\partial f}{\partial k} dk + r \int_0^{k_1} \frac{\partial f}{\partial k} dk - (k_2 - k_1) \frac{\displaystyle\int_{k_1}^{k_2} \frac{\partial f}{\partial k} dk}{k_2 - k_1} + k_1 \frac{\displaystyle\int_{k_1}^{k_2} \frac{\partial f}{\partial k} dk}{k_2 - k_1}$$

$$= r \int_0^{k_1} \frac{\partial f}{\partial k} dk + \frac{k_1}{k_2 - k_1} \int_{k_1}^{k_2} \frac{\partial f}{\partial k} dk = Y'_S \qquad (6-10)$$

可见，若工资率满足上述特定条件，则分成契约与定额租约具有相同效率。传统观点认为分成契约无效率是因为忽视了真实世界中的风险费用或交易费用的影响（此处是以工资率作为风险费用的基准刻画单位），只要把交易费用作为约束条件而引入模型中，那些原来看似"无效率"或"非均衡"的状态就有可能变得有效率且实现均衡。

三、模型扩展：要素品质及其博弈均衡解

在上述模型的基础上，我们放松要素同质的假设条件，进一步考察要素品质差异对契约选择的影响。特别地，以定额租约为备选契约安排，通过分成契约与定额租约的效率比较，提出一个基于要素品质的契约选择理论。

（一）土地异质性与契约选择

我们知道，尽管一个佃农可以控制其自身的劳动投入 ι，但最终产出水平仍然在相当程度上取决于土壤肥力、灌溉条件等因素。为便于讨论，我们将这些因素影响均表达为土地的质量维度。于是，本章分别用 h_H 表示高质量土

地和 h_L 表示低质量土地（$h_L < h_H$），且 $h = h_H$ 的概率是 p，$h = h_L$ 的概率为 $(1-p)$。本章此处借助离散型概率分布函数 $F(p)$ 反映农业生产风险。

首先考虑土地所有者的契约选择策略。在定额租约安排下，不管土地质量如何，地主都获得大小为 $\overline{\pi_F^1}$ 的总地租数额。但在分成契约下，其租金收益便跟土地质量的高低有关，此时的期望租金为 $E\pi_F^s = prq(h_H, t) + (1-p)rq(h_L, t)$。那么，当 $E\pi_F^s = \overline{\pi_F^1}$ 时，便可得到地主的分成比例：

$$r = \frac{\overline{\pi_F^1}}{pq(h_H, t) + (1-p)q(h_L, t)} \qquad (6-11)$$

据此，我们得到佃农在不同契约安排下的净收益函数：

分成契约下的是 $EN\pi_S^s = p(1-r)q(h_H, t) + (1-p)(1-r)q(h_L, t)$；

而定额租约下的收益则以分段函数形式出现：

$$\pi_S^\ell = \begin{cases} q(h_H, t) - \overline{\pi_F^l}, & p \\ q(h_L, t) - \overline{\pi_F^l}, & 1-p \end{cases} \qquad (6-12)$$

进一步比较在土地质量较高（$h = h_H$，$p \to 1$）时佃农的协约行为：

$$E\pi_S^s - \pi_S^\ell = (1-r)q(h_H, t) - [q(h_H, t) = \overline{\pi_F^l}] - rq(h_H, t)$$

$$= \overline{\pi_F^l} - \frac{\pi_F^l q(h_H, t)}{pq(h_H, t) + (1-p)q(h_L, t)}$$

$$= \frac{(1-p)\overline{\pi_F^l}[q(h_L, t) - q(h_H, t)]}{pq(h_H, t) + (1-p)q(h_L, t)} < 0 \qquad (6-13)$$

同理，当 $h = h_L$，$p \to 0$ 时，有 $E\pi_s^p - \pi_s^p > 0$。从而得到以下命题：

命题 2　在低质量土地上，佃农选择分成契约；在高质量土地上，佃农选择定额租约。

该命题的直观解释是，在低质量土地上，农业产出水平较低，佃农需要与地主一起分担效率损失的风险，从而选择分成契约；但在定额租约下，佃农拥有剩余收益的全部索取权，所以他会在高质量土地上与地主签订定额租约以获得更高的剩余产出。

由于这里假设地主对分成契约和定额租约是无差异的，所以（（分成契约，分成契约）；$p \to 0$）和（（定额租约，定额租约）；$p \to 1$）均是该博弈的两个贝叶斯纯策略纳什均衡解且达到帕累托最优。

（二）地主与异质性佃农的契约匹配博弈

进一步分析存在能力差异的佃农与地主之间的协约行为。假定存在两类行为能力不同的佃农向地主承租土地，分别是强能力佃农 t_H 和弱能力佃农 t_L。其中，$t=t_H$ 的概率为 x 且对应的收益为 π^p，反之为 $1-x$ 且相应的收益为 0。假设 x 在 $[0, 1]$ 上密度函数为 $g(x)$、分布函数为 $G(x)$，并以连续型变量 x 来刻画风险。当佃农需要向地主上交的租金为 π^l 且地租率为 R 时，则佃农在"承租"与"不承租"两种策略的期望收益分别为：$x[\pi^p-(1+R)\pi^l]+(1-x)[0-(1+R)\pi^l]$ 和 0。

因此，存在一个临界点 $(\pi^p)^* = \dfrac{(1+R)\pi^l}{x}$。当且仅当 $\pi^p \geqslant (\pi^p)^*$ 时，佃农才会承租土地。该结论也意味着，存在一个关于强能力佃农出现的临界概率值 $x^* = \dfrac{(1+R)\,\pi^l}{(\pi^p)^*}$。由此，所有愿意承租土地的佃农的平均能力概率为：

$$\bar{x} = \frac{\displaystyle\int_0^{x^*} xg(x)dx}{\displaystyle\int_0^{x^*} g(x)dx} = \frac{\displaystyle\int_0^{x^*} xg(x)dx}{G(x^*)} \tag{6-14}$$

所以有：

$$\frac{\partial \bar{x}}{\partial R} = \frac{\dfrac{\pi^l}{R}x^* g(x^*)\displaystyle\int_0^{x^*} g(x)dx - g(x^*)\dfrac{\pi^l}{R}\displaystyle\int_0^{x^*} xg(x)dx}{\left[\displaystyle\int_0^{x^*} g(x)dx\right]^2}$$

$$= \frac{\pi^l g(x^*)}{R[G(x^*)]^2}\int_0^{x^*} G(x)dx > 0 \tag{6-15}$$

从该不等式可以得到：

命题3 当佃农对于分成契约和定额租约无差异时：如果地租率较低，弱能力佃农才有可能承租土地，那么，地主将会倾向于选择定额租约；反过来，如果地租率较高，高能力佃农才会可能承租土地，那么，地主将会倾向于选择分成租约。由此，（（定额租约，定额租约）；$x \to x_L$）和（（分成契约，分成契约）；$x \to x_H$）均是该博弈的两个贝叶斯混合策略纳什均衡解且实现帕累托效率。

四、模型综合：要素品质、信息结构与契约选择

本小节的工作是进一步将风险费用与要素品质问题结合起来，考察不

同信息结构条件下分成契约与定额租约的制度效率差异。

（一）信息对称结构下的最优安排：定额租约

由 $y = f(1, k)$ 的经济学性质 $\frac{\partial y}{\partial k} > 0$ 且 $\frac{\partial y^2}{\partial^2 k} < 0$，可令 $y = \ln k + \varepsilon = K + \varepsilon$。这里，$K = \ln k$，$\varepsilon$ 为均值等于 0 的外生扰动参数。

因此，$E(y) = E(K + \varepsilon) = E(K) + E(\varepsilon) = E(K) = K$。用分段函数表示分成契约和定额租约两种制度安排：$s(y) = (1-r) y - \bar{\pi}^p$。即：

$$s(y) = \begin{cases} y - \bar{\pi}^p, \bar{\pi}^p > 0, r = 0; 定额租约 \\ (1-r)y, \bar{\pi}^p = 0, r > 0; 分成契约 \end{cases} \quad (6-16)$$

此外，进一步假设佃农的生产费用函数为 $C(K) = \frac{1}{2}\beta K^2$ 且生产费用系数 $\beta > 0$。这样，佃农此时的期望净收益：

$$\begin{aligned} E(\pi^p) &= E[s(y) - C(K) - RC] \\ &= (1-r)K - \bar{\pi}^p - \frac{1}{2}\beta K^2 - \int_0^{k_1} \left[\frac{\partial f}{\partial k}(1-r) - w\right]dk \end{aligned}$$

$$(6-17)$$

那么，地主的期望净收益最大化问题为：

$$\max_{k, k_2} E(\pi^l) = E[y - s(y)] = \bar{\pi}^p + rK \quad (6-18)$$

$$\text{s.t. } (1-r)K - \bar{\pi}^p - \frac{1}{2}\beta K^2 - \int_0^{k_1}\left[\frac{\partial f}{\partial k}(1-r) - w\right]dk \geqslant w$$

$$(6-19)$$

即，佃农的期望净收益函数成为地主争取自身期望净收益最大化的约束条件。由于在最优条件下，地主无须支付佃农更多，约束条件的等号成立。

于是，将 $\bar{\pi}^p = (1-r)K - \frac{1}{2}\beta K^2 - \int_0^{k_1}\left[\frac{\partial f}{\partial k}(1-r) - w\right]dk - w$ 代入地主的目标函数 $E(\pi^l) = \bar{\pi}^p + rK$，有：

$$E(\bar{\pi}^p) = K - \frac{1}{2}\beta K^2 - \int_0^{k_1}\left[\frac{\partial f}{\partial k}(1-r) - w\right]dk - w$$

$$(6-20)$$

因 $\frac{\partial E(\pi^l)}{\partial K} = 1 - \frac{1}{2}\beta 2K = 0$，解得

$$K^* = \frac{1}{\beta}; \frac{\partial E(\pi^l)}{\partial k_1} = W - \frac{1}{2}\frac{\partial f}{\partial k}(1 - r) = 0 \quad (6 - 21)$$

又根据生产函数的齐次性质得 $\frac{\partial q}{\partial t} = \frac{\partial f}{\partial k}$ 和均衡工资率 $W^{**} = \frac{\partial q}{\partial t}$，所以，

$r^* = 1 - \dfrac{W^{**}}{\frac{\partial f}{\partial k}} = 0$。

这表明，当佃农劳动力市场为完全竞争状态时，佃农与地主之间的信息对称博弈结果是双方选择定额租约作为最优制度安排。

（二）信息不对称结构的最优制度选择：分成契约

当地主对佃农的单位土地劳动投入比例或劳动质量进行考核的费用过高时，佃农将选择 t 从而 k 来最大化自身期望净收益，其一阶条件意味着：

$$\frac{\partial E(\pi^p)}{\partial k} = 1 - r - \frac{1}{2}\beta 2K = 0 \quad (6 - 22)$$

即：

$$K^{**} = \frac{1-r}{\beta} \quad (6 - 23)$$

这是信息不对称结构下地主面临的额外约束条件。若给定 $r = 1$，佃农收入与产出无关，他将选择 $t = 0$ 从而 $k = 0$，即该等式是地主激励佃农投入劳动力的约束条件。那么，地主的最优化问题变为：

$$\max_r E(\pi^l) = \overline{\pi^p} + rK \quad (6 - 24)$$

$$\text{s. t. } (1 - r)K - \overline{\pi^p} - \frac{1}{2}\beta K^2 - \int_0^{k_1} \left[\frac{\partial f}{\partial k}(1 - r) - w\right]dk \geqslant W$$

$$(6 - 25)$$

$$K = \frac{1-r}{\beta} \quad (6 - 26)$$

构建拉格朗日函数：

$$L(r, \gamma, \eta) = (\overline{\pi^p} + rK) + \gamma\left\{(1 - r)K - \overline{\pi^p} - \frac{1}{2}\beta K^2 - \right.$$

$$\left. \int_0^{k_1}\left[\frac{\partial f}{\partial k}(1 - r) - w\right]dk - w\right\} + \eta\left(K - \frac{1-r}{\beta}\right)$$

$$(6 - 27)$$

由 Kuhn - Tucker 定理得：

$$\frac{\partial L}{\partial r} = K + \gamma\left(\int_0^{k_1} \frac{\partial f}{\partial k}dk - K\right) = 0 \qquad (6-28)$$

$$\frac{\partial L}{\partial \gamma} = (1-r)K - \bar{\pi}^p - \frac{1}{2}\beta K^2 - \int_0^{k_1}\left[\frac{\partial f}{\partial k}(1-r) - w\right]dk - w = 0$$

$$(6-29)$$

$$\frac{\partial L}{\partial \eta} = K - \frac{1-r}{\beta} = 0 \qquad (6-30)$$

合并整理得：

$$r^{**} = \beta\int_0^{k_1} \frac{\partial f}{\partial k}dk > 0 \qquad (6-31)$$

可见，分成契约是地主与佃农在信息不对称结构下博弈的最优选择。

（三）不同信息结构的契约效率比较

在信息对称结构下，$r^* = 0$ 且 $\bar{\pi}^p > 0$，则定额租约为最优选择，即它要优于分成契约。此时，不存在由信息问题引起的资源配置扭曲，因而无损害经济效率的内生性交易费用（$RD_F = 0$），即信息对称下定额租约的总交易费用仅包含外生性的风险（交易）费用：

$$TCC_F^c = RD_F + RC_F = \int_0^{k_1}\left(\frac{\partial f}{\partial k} - W\right)dk \qquad (6-32)$$

当信息不对称时，$r^{**} > 0$ 且 $\bar{\pi}^p = 0$，则分成契约取代定额租约，此时的外生性交易费用为：

$$RC_S = \int_0^{k_1}\left[\frac{\partial f}{\partial k}\left(1 - \beta\int_0^{k_1} \frac{\partial f}{\partial k}dk\right)\right]dk \qquad (6-33)$$

而内生性交易费用则是期望产出的净损失与生产费用的节约之差：

$$RD_S = \Delta E(y) - \Delta C = \Delta E(K) - \Delta C$$

$$= (K^* - K^{**}) - [C(K^*) - C(K^{**})] = \frac{\beta}{2}\left(\int_0^{k_1} \frac{\partial f}{\partial k}dk\right)^2$$

$$(6-34)$$

信息不对称下分成契约的总交易费用为：

$$TCC_S^n = RD_S + RC_S = \int_0^{k_1}\left[\frac{\partial f}{\partial k}\left(1 - \beta\int_0^{k_1} \frac{\partial f}{\partial k}dk\right)\right]dk + \frac{\beta}{2}\left(\int_0^{k_1} \frac{\partial f}{\partial k}dk\right)^2$$

$$(6-35)$$

对上述两种总交易费用进行比较，得到由要素品质差异性所引起的额外制度费用：

$$\Delta TCC = TTC_S^\eta - TTC_F^c = \frac{1}{2}\int_0^{k_1}\left[\beta\frac{\partial f}{\partial k}\left(1 - \int_0^{k_1}\frac{\partial f}{\partial k}dk\right)\right]dk + wk_1$$

$$(6-36)$$

由此，可以得到命题 4：

（1）若 $\int_0^{k_1}\frac{\partial f}{\partial k}dk = \int_0^{k_1}\frac{\partial f}{\partial k}\left(\int_0^{k_1}\frac{\partial f}{\partial k}dk\right) - 2\beta wk_1$，则信息不对称下分成契约无差异于信息对称下定额租约，但优于信息不对称下定额租约。

（2）若 $\int_0^{k_1}\frac{\partial f}{\partial k}dk > \int_0^{k_1}\frac{\partial f}{\partial k}\left(\int_0^{k_1}\frac{\partial f}{\partial k}dk\right) - 2\beta wk_1$，则信息对称下定额租约优于信息不对称下分成契约，且后者又优于信息不对称下定额租约。

（3）若 $\int_0^{k_1}\frac{\partial f}{\partial k}dk < \int_0^{k_1}\frac{\partial f}{\partial k}\left(\int_0^{k_1}\frac{\partial f}{\partial k}dk\right) - 2\beta wk_1$，则信息不对称下分成契约优于信息对称下定额租约，且后者又优于信息不对称下定额租约。

五、实证分析

（一）假说、变量选取与数据来源

根据前面的讨论，分成契约下佃农的单位土地劳动投入均衡值 k_1 小于定额租约或工资契约下的均衡值 k_2。于是，本章提出以下假说：

假说 1 随着 k 值的减少，土地租约会更多地表现为分成契约；反之，则为定额租约。

假说 2 随着要素异质性引起的风险增加，土地租约也会更多地偏向于分成契约。

本节选取的变量如表 6-12 所示。其中，我们用务农劳动力标准差 $WORKERSTD$ 与作物种植面积标准差 $LANDSTD$ 分别表示劳动与土地要素的异质性引起的风险大小。因为标准差反映每个观察值偏离均值的程度，若标准差越大，则说明该要素的差异程度越大，从而风险越大。它们越大，越需要采用分成契约分担风险，因而分成契约所占比重 $TENANCY$ 越大。同时，我们使用农业劳动力人数与作物种植面积之商表示要素的禀赋比例，即为 k 值。因此，该值越大，选择分成契约的比例就越高。

表 6-12 变量的指标设计

变 量	代 码	定 义	预期符号
分成契约比重	TENANCY	分成契约农家数/总农家数	
要素禀赋比例	K	务农劳动力人数/作物种植面积	负号
区位虚拟变量	REGION	中国北部取1，其他取0	不确定
劳动力差异性	WORKERSTD	务农劳动力标准差（$\sqrt{\sum_{i=1}^{n}(t-Et)^2}$）	正号
土地差异性	LANDSTD	种植面积标准差（$\sqrt{\sum_{i=1}^{n}(h-Eh)^2}$）	正号

注：Et 为劳动力数量的均值，Eh 为土地面积的均值。

数据来源于卜凯（1936）20世纪初对中国7省2 866个农户的调查资料。

其统计描述如表6-13。

表 6-13 主要变量的描述统计

变量名称	自举后的样本值	平均值	方差	最小值	最大值
分成制比重	100	62.66	1 907.69	0.00	100.00
要素禀赋比例	100	0.72	2.98	0.07	2.04
区位虚拟变量	100	0.53	0.27	0.00	1.00
劳动力差异性	100	1.12	0.19	0.59	2.08
土地差异性	100	2.67	2.51	0.89	6.66

（二）分位数回归的实证检验

分位数回归是对以古典条件均值模型为基础的最小二乘法的延伸，用多个分位函数来估计整体模型，不同的分位数回归采用各种相应的非对称权重进行残差最小化处理（Koenker and Bassett，1978）。基于该方法，本章将 TENANCY 作为被解释变量，将影响它的因素作为解释变量，建立如下分位数回归模型：

$$Q_\tau[TENANCY \mid X]A_\tau + B_\tau^1 k + B_\tau^2 REGION + B_\tau^3 REGION \times k +$$
$$B_\tau^4 WORKERSTD + B_\tau^5 LANDSTD \qquad (6-37)$$

对 TENANCY 在分位数 20%～80% 之间采用自举法（bootstrap

method）做分位数回归，结果见表 6 - 14。

表 6 - 14　BOOTSTRAP 技术下的分位数回归分析结果

分位数	常数项	K	$REGION$	$k \times REGION$	$WORKERSTD$	$LANDSTD$
0.20	104.637*** (1.344)	−2 824.662*** (38.181)	−45.176*** (3.315)	−9 047.911*** (610.779)	0.039 4*** (0.005)	−0.152 (0.384)
0.25	86.658*** (18.650)	−2 777.741*** (18.650)	−61.313** (20.111)	−5 076.901 (3 444.075)	0.150* (0.114)	0.190 (5.275)
0.30	86.658*** (12.096)	−2 777.741*** (520.100)	−61.313** (24.451)	−5 076.901 (4 193.972)	0.150** (0.054)	0.190 (4.023 1)
0.35	56.706** (18.423)	−1 902.297* (865.346)	−101.689** (40.458)	4 394.123 (5 603.182)	0.188** (0.061)	7.239 (6.712)
0.40	56.706*** (15.903)	−1 902.297** (663.539)	−101.689** (42.455)	4 394.123 (6 084.988)	0.188** (0.072)	7.239 (8.290)
0.45	56.706*** (16.280)	−1 902.297*** (511.883)	−101.689*** (26.079)	4 394.123 (3 993.113)	0.188* (0.098)	7.239 (5.024)
0.50	56.706** (18.581)	−1 902.297*** (511.883)	−101.689*** (28.291)	4 394.123 (4 360.16)	0.188* (0.134)	7.239 (6.010)
0.55	41.272** (21.503 6)	−2 054.626** (864.308)	−102.616** (48.393)	5 490.049 (8 248.770)	0.324** (0.081)	4.851 (8.623)
0.60	41.272** (13.769 2)	−2 054.626** (764.341)	−74.785 (42.969)	2 483.386** (7 991.656)	0.324** (0.120)	4.851 (7.918)
0.65	41.272* (17.588)	−2 054.626* (938.747)	−74.785 (41.130)	2 483.386 (7 505.947)	0.324* (0.120)	4.851 (9.910)
0.70	42.801* (19.469)	−2 370.586* (1 417.75)	−70.833 (54.504)	2 157.427 (8 970.642)	0.374* (0.119)	1.785 (7.893)
0.75	75.217 9*** (16.270)	−3 796.199* (1 226.35)	−92.306 (66.865)	2 676.961 (11 023.12)	0.360** (0.118)	0.393 (9.547)
0.80	78.410 9** (29.786)	−2 637.224 (35.709)	−72.797 (62.337)	−579.471 (16 410.08)	0.093 (0.178)	15.932 (12.654)

注：①*** 表示该变量在 1% 的水平上显著，** 表示在 5% 的水平上显著，* 表示在 10% 的水平上显著；

②表中的括号内数值为回归系数的标准差。

从表 6 - 14 可以观察分成契约比重分位数回归的结果：

（1）在分位数 20％上，k、REGION、$k \times$ REGION 和 WORKER-STD 这四个因素的参数估计结果都在 95％置信区间以内，说明农地耕作的劳动密集程度、南北地区差异以及劳动力的异质性是影响分成契约比重的主要因素。

（2）在分位数 25％至 75％之间，k、REGION 和 WORKERSTD 这三个参数的估计结果都在 10％显著性水平下，说明大部分分成契约选择受农地耕作的劳动密集程度、南北地区差异以及劳动力的风险性的影响。

（3）在高分位数 80％，各参数均不显著，这是其他契约安排与分成契约的效率边界及临界值。

综上所述，我们发现 k 和 WORKERSTD 这两个指标在大部分分位数水平段都是影响分成契约比重的重要因素，说明劳动与土地要素品质及其差异在决定制度选择中起了至关重要的作用：一方面，k 反映的是劳动力和土地两种要素的比例大小，它与 TENANCY 成负相关关系，即 k 越小，人们越普遍采用分成契约。这与本章的假说 1 相一致；另一方面，WORKERSTD 与 TENANCY 成正相关关系，它代表了务农劳动力供给的可变化性，该值越大，表明一个风险规避的地主越愿意选择分成契约，同时，拥有部分土地剩余索取权和剩余控制权的佃农会选择分成契约以分散风险获得企业家报酬，从而验证了假说 2。

六、进一步的讨论

本节的研究表明，Cheung（1969）基于批评传统分成租佃观点所推导出来的分成均衡点并不是最终的均衡点，因为在该分成均衡点上仍存在佃农的剩余收入，这显然与均衡定义相矛盾。另外，他发现只要把私产和竞争两个约束条件引入地租最大化问题就能证明分成契约是有效率的，但本节认为，传统观点的不严谨之处主要是未能考虑真实世界中的交易费用，若将因规避风险而额外支付的风险费用转换为交易费用作为契约选择的约束条件，则无需借助私产竞争的前提就可以沿用"税收—对等"方法得到与佃农理论Ⅰ相一致的结论。

佃农理论Ⅰ是在要素同质的前提下得到的，若把它变为异质性要素假设，我们能够发现：在低质量土地上，佃农选择分成契约；在高质量土地上，佃农选择定额租约。相反，佃农耕作能力低，地主选择定额租约；佃农耕作能力高，分成契约被地主采用。此外，当佃农劳动力市场为完全竞争状态时，佃农与地主之间的信息对称博弈结果是双方选择定额租约作为最优制度安排，而分成契约是地主与佃农在信息不对称结构博弈中的最优选择。

运用卜凯（1936）的数据得到的计量结果进一步表明，随着佃农的单位土地劳动投入比例的减少，土地租约会更多地偏向于分成契约；而且，随着要素异质性引起的风险增加，土地租约将较多地表现为分成契约。

最后，需要强调的是，要素品质与比例结构的差异会引起不同的风险或交易费用，相同的行为动机在不同的交易费用约束条件下将产生不同的制度绩效。农业生产具有季节性、空间分散性以及活动的连续性和长周期性等特殊属性，这些属性会在不同的制度环境中产生不同的交易费用。尽管本章利用民国时期卜凯教授的调研数据进行了实证，但并不意味着分成租约在任何时期总是有效率。中国历史上曾出现过不同的人地关系变化，且不同的时期有不同自然风险态势，因此，农地契约选择会表现出不同的"情景依赖性"及趋势。

第三节　理性与关系：农地租约的稳定性问题

我国农地流转具有两个非常重要的特征，一是普遍存在的关系型流转交易，二是依附于农户承包权基础上的农地流转。由此，农地流转的契约关系隐含着契约的不稳定性问题。农地流转契约的不稳定性不但损害缔约双方的利益，增加无谓的社会成本，而且不利于农地流转效率的提升。本节以农地流转契约稳定性为着眼点，将交易成本经济学、社会网络理论以及渠道行为理论的主要观点融入农地流转契约稳定性的分析中，阐明农地流转契约稳定性的影响机理，归纳出资产专用性、关系规范与权力关系三个关键变量，由此构建了一个"理性和关系"整合视角的农地流转契约稳定性理论分析框架，从而为进一步认识农地流转契约稳定性问题提供新的视野。

一、问题的提出

农村土地"集体所有、均田承包、家庭经营"是我国农业的基本经营制度。以农户为单位的小农经济结构无法内生出以专业化分工为"介质"的边际报酬递增机制，导致牺牲规模经济与相应的范围经济而造成效率损失（邓宏图和崔宝敏，2007）。农地流转可以降低耕地细碎化带来的效率损失，提高资源配置效率，产生土地边际产出拉平与交易收益效应，降低劳动成本；通过土地流转提高一体化程度有利于农产品质量安全的控制。着眼于土地流转经济效益的发挥，农地流转与集中已经成为我国农地及其农业发展政策激励的基本方向。基于政策的明确导向与农地流转的潜在收益机会，我国农地承包经营权流转已经逐步活跃并有进一步加快的趋势。但随着流转规模的不断扩大，其所引发的毁约及其利益纠纷已经成为一个突出的问题。不稳定的流转关系，增加了农地流转的随意性和不稳定性，这不但损害了缔约双方利益，增加了无谓的社会成本，而且不利于流转效率的提升。

契约是组织行为的一种治理工具，与绩效直接关联。契约不完全性使契约执行过程中的不确定性加大，引发缔约主体的机会主义行为倾向。目前关于契约及其稳定性问题的研究，形成了两条基本的理论逻辑：一是以理性逻辑为起点的交易成本理论；另一理论流派区别于经济学家的理性和精于算计，强调社会交易中存在于彼此之间的各种"关系"的作用。本节以契约不完全性假设为前提，以农地流转契约稳定性为着眼点，运用多学科嵌入的分析方法，将交易成本经济学、社会网络理论以及渠道行为理论的主要观点融入农地流转契约稳定性的分析中，旨在厘清农地流转契约稳定性的影响机理，构建一个整合的理论分析框架。

二、理性逻辑：交易成本与租约稳定性

交易成本经济学以"交易"为分析单位，假定经济人是有限理性且具有机会主义行为倾向，并接受契约设计是不完全的假设。科斯1937年在经典的文章《企业的性质》中提出了"交易成本"的概念，并开创了企业

契约理论，交易成本经济学由此产生并逐渐成为解释市场、企业、混合组织间相互替代与互补关系以及各种组织内部治理机制选择的理论。

交易成本由什么所决定？科斯并未将交易成本概念具体化，这方面研究的重要进展得益于 Williamson（1979）。Williamson 认为，资产专用性、不确定性和交易频率三个维度的交易特性决定了交易成本，其中资产专用性是决定经济交易本质"最关键的维度"。资产专用性是指为了进行某种交易进行了一项资产的投资，一旦完成，若用来完成其他的交易，其价值就会出现不同程度的贬值，专用性越高，贬值程度越大，所产生的交易费用也就越高。当交易存在专用性投资时，经济主体的机会主义行为动机会使一方采取"战略性行为"欺骗对方，由此获得"损人利己"的经济收益，即所谓的"套牢"效应。进一步地，Klein 进一步地提出了"可挤占准租"的概念，将 Williamson 意义上的"机会主义"诱因和行为进一步明确为对"可挤占准租"的争夺和"敲竹杠"，并认为，只要资产专用性投资程度足够高，投资创造未来的"准租"足够大，机会主义引发"敲竹杠"行为的可能性就超越了"契约本身控制的范围"，从而降低交易合作的稳定性（Klein，1996）。在解决以上问题的方法中，Williamson 成功分析了企业纵向一体化过程对市场的替代，认为选择纵向一体化的企业形式替代市场组织，主要目的在于减少高资产专用性带来的交易成本，进而解决被"套牢"的风险。依此理论逻辑，意味着交易成本影响着企业或市场契约的转换空间及其稳定性。

需要指出的是，不同的交易对象衍生出不同的交易特性，对应着不同的交易成本。对于中国特殊农情下的农地流转交易而言，农地具备怎样的资产专用性特征，进而如何影响契约的转换及其稳定性呢？在我国农村基本经营制度安排下，农地的承包权依附于所有权，经营权依附于承包权，形成一个权利支逐级依附的状态。从法律赋权看，《中华人民共和国农村土地承包法》（2002 年）中规定，国家依法保护农村土地承包关系的长期稳定。农村土地承包后，土地的所有权性质不变，承包地不得买卖。在农地不能自由交易买卖的法律限制下，决定了我国农地市场发育的主要是租赁市场。在这种制度格局下，当农地转入者面临高交易成本时，不能买入农地以实现完全的纵向一体化，以降低交易成本。于是，可能的另一个选择便是退出农地流转交易。由此可见，在不完全的土地市场特性下，农地流转交易并不存在市场或企业的契约转换空间，农地市场发育更多地依赖于流转契约的稳定性维护。

根据交易成本经济学的理论逻辑，农地流转契约的稳定性与交易特性中的资产专用性有着直接关联。农地是农业生产中不可替代的稀缺投入要素，农地流转交易中也涉及了一定的资产专用性或特用性投资。在实际的交易行为中，专用性投资对于交易双方而言，其实是利弊互见的问题，因为存在买卖交易双方都存在专用性投资的情况，区别仅在于投资程度不同。在农地流转交易中，农地资产专用性主要表现为两个方面：

其一，从农地转出者的角度而言，农地表现出"自专用性"特征。任何特定地理区位、肥力、水源等条件的农地资源，适应于特定的农业生产用途，这被称为农业生产中必须遵循的"因地制宜"原则。正如巴泽尔指出"每英亩土地都与其他所有土地，即使是与它毗邻的土地，有各种不同：石头的多寡，坡度的大小……不同地块在是否有地下水，排灌渠的质量和数量，有无泵水设施，附近的道路种类以及与市场的远近，以及利用这些特征的难易程度也各有不用"（巴泽尔，1997）。由于农业生产活动具有与土地本身相联系的自然特性、地理位置的专用性，从而决定了每块农地之间的差异性，也就是说，对于任何需要流入农地的进入者而言，转入的农地地块天然地具有"地理资产专用性"特性，而这种专用性投资是属于具有该地块承包权的农户。农地的自专用性程度的高低，取决于农地的价值以及能否被替代的程度。农地自专用性越强，获取专用性准租金的能力越强，其竞争力越强，易诱致农户的机会主义行为，主要表现为两方面：一是面对潜在交易机会时，易于引发农户对土地的"价值幻觉"以及对土地准租金的追求；二是当预期不足时，农户又可能将土地"作为弱者的武器"（董海军，2008），单方面收回土地，这种对土地的影响能力，使他们能在契约外采取其他行动实现利益救济。自专用性投资特征及其风险引发的交易成本，增加了契约稳定的维护成本。

其二，从农地转入方的角度，存在农地的"他专用性"特征。就农地转入方而言，对转入的农地进行专用性投资，包括施肥及其地力培育、修建农田水利设施等，会提高农地的产出，带来投资收益，但这种投资收益是否具有可得性，实际上取决于交易关系的相互依赖性及其契约稳定性。因为一旦农地转出方发生毁约行为，农地转入方在法律限制下，并无权买入农地，实现纵向一体化，这将使得转入方的农地投资成为"沉淀成本"，即当土地被对方收回时，相应的投资连同农地一样被收回，无法得到补偿。这些利他型投资是依附于农地而存在的，直接增加了土地的现时价值，当违约成本小于这些增加的现时价值时，这种潜在租金的获取便成为了可能，而且当转入方规模较大时，其对单个违约农户的法律诉求往往存在执行障碍，从而最终选择"沉默"（刘凤芹，2003）。

可见，农地的"自专用性"与"他专用性"从两个不同的方面影响了农地流转契约中的交易成本，研究农地流转契约稳定性时，有必要纳入农地所具有的两类资产专用性因素。

三、关系逻辑：社会网络、渠道行为与租约稳定性

交易成本经济学在分析契约治理问题时，以理性选择模型为基础，强调交易特性中资产专用性的影响，其不足主要表现于：仅仅关注了交易中客观情境因素的影响，并未涉及交易主体的影响，其交易群体特征以及交易主体异质性等问题未纳入分析范畴，从而无法揭示同一契约关系下缔约主体关系异质性对契约稳定性的影响。结合多学科的视角和观点对其进行修正、补充和完善，正是本节力图达到的方向。

（一）社会网络理论的"关系规范"与农地流转契约稳定性

社会网络理论以 Granovetter 和 White 等为代表，该流派从客观存在的社会结构出发，将个人、组织之间的各种关系视为嵌入在社会结构中的变量，通过研究微观个体互动与宏观社会结构的内在逻辑联系，解释这些社会关系在社会结构中所引致行为表现差异性，其基本观点是：经济行为嵌入于社会网络结构之中（Granovetter，1985；马克·格兰诺维特，2007）。社会网络是经济交易发生的基础，市场存在于社会网络之中，社会关系是社会网路的基础（White，1981）。由此看来，社会网络理论强调的是：社会关系在人们经济活动中所起的作用，关系的强弱特征影响合作交易行为。正如 Macneil（1980）认为，在对各种类型契约进行研究的过程中，正确方法的核心是认识到这些契约背后隐藏的社会关系上的嵌入性。进一步地，学者们从 Macneil 的著作以及社会学理论中提炼出表达关

系规范的不同维度，并实证验证何为有效的关系规范。从已有研究成果看，关系规范涉及信任、交流、合作关系持续性等十多个方面，但从出现频率看，信任是最为基本的，其他经常使用的维度有沟通或信息交流、合作、承诺等。嵌入交易的社会关系较强时，例如双方通过高频率的沟通互动发展较高水平的信任，这些关系规范生成的关系性规则会具有较强的约束力，从而影响参与者的行动，使得不需要第三方的加入而能保证合作的顺利运行，从而更有可能达到较高层次的合作水平。关系规范产生的约束甚至可能远远强于正式的制度安排（Macneil，1978）。Williamson（1979）认为，关系亲密有助于交流，随着关系的推进，信息不对称的情况大大减少，专用的语言被普遍使用，制度和人们之间的彼此信任也逐渐发育。在人们认为的信任可以发挥作用的地方，会放弃一部分利用不完全契约而进行机会主义做法。可见，关系规范有助于规避潜在的高交易成本风险。

农地流转是发生在我国农村环境之下，以农户为主体所签订的契约更应该考虑农村环境下特有的关系规范。这是由于中国的村庄普遍具有乡土性，村民的日常生活受限于村庄有限的边界，这种地方性的束缚虽然影响了村民活动范围的外扩，但也使得"熟悉"成为这种乡土社会的重要特征。人们因熟悉获得信任，获得可靠性认可。相互熟悉使得关系网络的范围扩大，影响力也更为深刻。一方面，农村内部发生的交易在选择交易对象时，可以借助乡土社会形成的关系网，毫不费力地根据关系网内的信息将不信任的交易对象排除在外，以免日后产生纠纷，从而降低未来纠纷产生的可能性；另一方面，在这张关系网中，村民更加重视人与人之间人情关系的建立。人情成为了关系规范中最有价值的成分。人情往来会在人们长期的生活互动中逐渐形成，并成为大多数人的潜在意识的行动，进而发展成为一种规范。当村民不遵守规范时，将会受到村庄舆论的谴责，从而失去大家的信任。中国农村社会在外部市场化转型的背景下，尽管可能受到市场经济的冲击，但传统文化仍得以保留并融入在农村土地的流转市场中，而并未表现出"从身份到契约"的彻底转换（胡新艳，2012），村民会受到关系规范的支配，会被整合成一个有秩序的、彼此间纷争较少的群体。在村民的利益函数中，除了货币以外，还必须加上人情得失、关系所积、所欠等非货币要素。因此，在中国农村社会，关系规范嵌入的交易活动是十分常见的。

与完全追求效率原则的"要素市场"不同，农村土地的流转市场大多情况下可以认为是以"情感市场"为基础的农户与村集体内部熟人之间的流转。多数农户在流转农地时，首先考虑的是转让给直系血亲，其次是邻居，再次是同族人，土地流转对象选择过程中表现出较强的"人格化"倾向；而且非亲属之间的土地转让更多地表现出市场交易的性质，而亲属之间的流转则并非完全是从成本收益角度考虑（张照新，2002），这种农地流转大多带有照顾和帮忙的性质，很少完全按照市场的原则来运作。可见，在农村土地的流转市场中，关系情感规范将经济学意义上的"市场契约"转变成"身份契约"与"市场契约"的混合契约，甚或完全的身份契约。市场契约是正式契约，通过第三方规制来维护，身份契约是非正式契约，依赖于社区伦理来维护。因此，尽管在市场化转型之下，利益成为决定农村社会关系越来越重要的因素。但现实中农村社会关系从外围向内核（家庭亲密关系）紧缩，仍然阻止了乡村社会关系的普遍利益化（徐晓军，2009）。

研究农地流转契约问题时，强调关系规范的影响，与我国农村体制环境下的根植性"关系"文化特色具有现实情境的兼容性。从理论层面看，纳入关系规范，则可以防止交易成本分析方法存在"社会化不足"的问题。

（二）渠道行为理论的"权力关系"与农地流转契约稳定性

社会网络理论强调的社会关系，是以交易群体为整个关系的基础，多表达为正向的积极的双边关系或多边关系，这些关系具有促进经济合作的作用。但若从交易的单个主体来观察，通常会表现出交易主体的异质性。异质性导致的是交易主体单方面影响整个交易的能力，即所谓的权力，因此权力关系在整个合作过程中同样影响合作水平。渠道行为理论解释了这一点。渠道指的是产品在生产者向消费者转移过程中所形成的必要组织或个人及其活动（庄贵军，2000；Stem，1992），在渠道关系中，通常存在不平衡的权力关系，从而导致渠道关系的稳定性降低，因此渠道成员如何利用成员所拥有的不同权力，处理冲突，提升合作水平成为渠道行为理论研究的核心问题之一，对于权力、冲突与合作的研究是该理论研究的重点。渠道作为一种交易关系，构成了渠道成员交易合作的平台，渠道成员在整个过程中不但要处理经济关系，还要解决渠道成员之间的关系以维持较高的合作水平。因此建立渠道的过程本身就是一个缔造契约的过程，渠道行为可以视为缔约主体在建立契约关系时所发生的行为。

渠道行为理论中权力被定义为：一个成员对另一个成员在经营决策方面的影响力（Gaski，1984）。权力在渠道成员之间作为一种使用工具，会影响彼此成员之间的合作关系。关于权力的来源，有两种观点被学界基本认同：一是成员的权力来源于其他合作成员对它的依赖；如 A 对 B 的依赖越大，意味着 B 对 A 就拥有越多的权力；另一种观点是权力来源于合作成员所拥有的社会权力基础，包括奖励、惩罚、合法、认同、专长和信息等六类（Emerson，1976）。如果渠道成员拥有的权力越大，就越容易产生违背其他成员意愿的动机而单方面行动，由此认为，企业间的权力被看成使用压力或强制的同义词，因此一些学者主张在关系交易中企业应该少依赖权力来协调渠道关系。

从渠道行为理论的权力关系观点看，在给定的合作交易关系中，合作绩效取决于权力关系的平衡性（Hibbard，2001）。由于缔约双方的异质性和所占有资源的差异，双方必然存在权力水平的差异。权力优势一方往往比处于权力弱势地位的一方使用更多的强制性权力，从而对权力弱势的一方要求更多，从而引发弱势方的不满，这势必增加了契约执行过程中的交易成本。可见，与社会网络理论将行为人放进一个关系网并强调人与人的互动关系不同的是，渠道行为理论更偏重于从个人本身的角度出发，强调个人对他人的影响力，这种影响力使得原本交易双方平等的地位产生倾斜，在不平等的前提下，人们所权衡后进行的行为会较之以前平等的关系下的行为有所改变。

在目前中国农村社会环境下，进入的工商资本在一定程度上促进了农村经济活动的市场化，小生产农户需要面对"大市场"和大商业资本，他们缺乏资本积累、谈判能力和有效的自主选择权，他们面对的成本，相当一部分是由于双方权力不平衡所导致的高交易成本，权力的不平衡契约理论的分析框架下无法被体现，甚至完全忽视可能存在的由于不平等关系而获取利益的现象（黄宗智，2012）。由于中国的农户偏重以家庭为单位进行个体生产，经营规模普遍较小，资金水平和技术力量相对薄弱，其环境决定了获取的市场信息比较少（俞雅乖，2008），当面对的交易对象是企业等大规模组织时，会受到"市场歧视"从而无法享受风险共担、利益共享，进而导致其利益受到损害。不平等的互利关系可能导致农户被强势方所压榨，在大市场中受到欺负，加之大多数农户由于市场意识淡漠，经营规模细小、分散，他们的资金、技术力量薄弱，难以准确、充分、及时地捕捉市场信息，使得他们和公司的交易谈判中天然地处于相对弱势地位（王军，2009）。由此可见，当农户具有农地流转的交易愿望时，其自身的禀赋决定了其所拥有的权力是有限的，无论是在缔约过程中的谈判还是在执行契约过程中的再谈判都可能面临着谈判权不足的问题，致使受到不公平的对待。权力的不平衡导致了利益分配的天秤倾向权力强势的一方，强势方有动机利用自身的权力使契约收益分配尽可能地偏向自身。强势方机会主义行为的可能性会随着权力不对称程度增大而增大，而农户通常又是风险规避者，一旦农户所感知到的对方机会主义行为的可能性增大到一定程度，为了避免自己未来可能受到更大的利益损失，很可能会选择"先发制人"而收回土地。强势方即使真有机会主义倾向，因自认弱势农户通常没有筹码对自己进行反击报复，故在重新谈判的进程中多半不肯轻易同意弱势农户的诉求，农户的诉求得不到满足，从而导致双边冲突，引发违约（任星耀，2009）。这在一定程度上反映了用西方的契约和交易理论分析中国农村问题存在的局限性。

目前农地流转契约的研究中，还缺乏涉及权力关系概念的研究。一方面，对于流转市场而言，村庄所具有的闭合性和乡土性会形成差异化的权力结构；另一方面，对于农地流转契约的缔约主体而言，由于农地流转主体的多元化必然使流转契约嵌入了不同的权力结构，这些权力结构在整个农村环境是普遍存在的。

四、进一步的讨论

依据不完全契约理论，解决契约不完全的问题是从不完全的内生性出发，基于契约范围内找到一个理性权衡的契约安排（罗必良，2012）。交易成本经济学着眼于在合作过程中，通过降低交易费用，来实现最优契约的安排。

需要指出的是，交易成本经济学固有的经济理性逻辑单纯从资产专用性出发，忽略了交易活动中"嵌入性关系"以及权力要素，排斥了社会关系方法，忽视了契约的外生性影响因素，从而割裂了关于契约分析的完整性。社会关系观揭示并解读了影响交易行为的众多非经济性因素和力量，这对于理解契约的稳定性具有基础性作用。熊云波（2012）将农村社群关系引入农地经营权流转契约研究中，并指出社群关系是契约形成和有效执行的关键之一。虽然农地流转契约涉及关系因素的研究相对较少，但在目前众多关于公司与农户的农产品契约关系的文献中，皆表明关系的培育可以提高合作关系的稳定性（万俊毅、欧小明，2011；胡新艳，2013；刘凤芹，2009）。社会网络理论和渠道行为理论更加关注交易群体特征和交易主体的异质性对交易绩效带来的影响，这类理论带来的启发是，一项不完全契约的稳定性不单单是由其面临的交易费用的高低决定的，具有较高的交易费用的契约也有顺利运行的可能性，而具有较低的交易费用的契约也有违约的风险。与契约理论和交易成本经济学主流最大的不同在于，社会网络理论和渠道行为理论是从契约之外寻找解决问题的途径。农地流转契约的实施过程都嵌入在复杂关系中，既表现为直接经济交易活动中双方协定的契约关系，也表现为隐含于直接交易活动背后的社会关系。社会关系又可以区分为积极的关系规范与消极的权力关系，缔约主体间权力关系上的不平衡使得契约执行面临的交易成本过高，而关系规范的培育可以降低因高资产专用性与权力不平衡带来的交易成本，提升契约的稳定性。

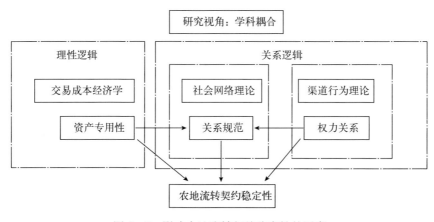

图 6-7 影响农地流转契约稳定性的因素

正如 Williamson（1979）指出：在解释现象的复杂性过程中，交易成本经济学往往应当结合其他理论一起使用，而不是排斥其他理论。由此，可构建一个"理性和关系"整合视角的农地流转契约稳定性理论分析框架（图 6 - 7），从而为系统性地认识农地流转契约稳定性问题提供新的视野和机会。

第四节　农地租约、要素流动与契约关联性

农地租约并不是独立存在的，而是与相关要素市场的发育紧密关联。为此，本节将农地流转置于农业要素市场的互动发育关系中，进一步讨论契约的相互关联性。我们将论证，中间专业服务组织通过一系列要素契约把整个农业要素市场体系中的所有供给者与消费者联系在一起。因此，农业三大要素市场组织之间其实是通过农业中间服务组织的作用交织而成，而每一种农业要素市场组织均是一个相应的要素契约集合。最终，农业"三大市场"的一般均衡是"三大契约"相互关联的结果。

一、问题的提出

从 1978 年农村家庭承包责任制推行开始算起，中国农业的市场化改革已经走过了四十个年头。与过去计划体制下的人民公社生产队制相比，今天的农村家庭承包责任制重新赋予了农民部分的剩余索取权，农民也因此有动力进行农业生产，农业生产率因而得到显著提高（Lin，1992）。不过，相对于中国整体的市场化改革效果而言，农业部门的市场化改革却是相对滞后的（樊纲、王小鲁，2004）。如果把农业市场划分为农业产品市场与农业要素市场的话，那么，前者的市场化水平要远远超过后者，而且后者的市场化滞后性严重降低了整个农业部门的市场化水平。因为从1998 年开始，国家就出台了一系列启动农产品流通体制的市场化改革的政策安排，所以，除粮食等极少数农产品外，其他农产品的购销都基本实现了由市场调节的新体制，即农产品交易管制基本消失了。

显然，中国的农业要素市场仍然是一个被严格管制的不完全竞争市场。最明显的例子就是农地市场，它是一个典型的不完全要素市场。因为

农地家庭承包责任制是一个农地所有权集体占有、农地承包权村民垄断与农地经营权流转受管制的契约安排，尤其是农地所有权与承包权在法律上禁止交易，因此，农地市场的发育只能集中在土地经营权的租赁市场上；此外，农业劳动力的转移受到二元户籍制度、城乡社保非均等化和农地退出权管制的约束，农村劳动力市场的长足发展也因而受到限制，并反过来制约农地市场规模的扩大。最后，由于法律禁止农民房屋、宅基地与承包地的抵押和买卖，加上农业投资的高风险性以及民间金融发展的滞后性，农业资本市场也无法有效出清。可见，农业生产要素的剩余索取权和剩余控制权受到不同程度的管制是造成农业要素市场不完全的重要原因。尤其是，中国的农村土地所有权归集体所有，农民家庭只拥有承包经营权。那么，没有完整产权的农民如何把手中现有的承包经营权流转出去以完善农地市场，从而带动其他农业要素市场的发展？

换言之，在农业产权管制既定不变的条件下，怎样才能有效地节约交易费用以缓解农业市场失灵？在此过程中，农业要素市场组织是否会出现契约之间的关联性？进一步，通过什么途径或机制能够实现三大农业要素市场的一般均衡？

二、文献回顾

在经济思想史上，最早在佃农理论的基础上发现因道德风险而产生土地、劳动力和资本市场之间存在契约关联性问题（Braverman & Stigliz，1982）。他们认为这样的市场联系能引起静态配置效率的提高。值得注意的是，这个结论是建立在地主与佃农均是同质的假设之上。当佃农是异质的时候，关于佃农的信息的获取需要耗费一定时间且只有佃农自己才了解这些信息，从而产生委托者与代理者不匹配的低效率问题。而且，佃农与地主之间的分成租佃契约在"柠檬市场"中会降低土地与劳动之间的匹配效率。但是，要素市场契约之间的关联性能提高匹配效率，并决定佃农与地主之间的谈判地位。所以，这种联系性具有配置性与分配性效应。在某种条件下，通过约束地主的营销与融资活动可削弱其谈判能力，同时降低农业产出与佃农的福利水平。在其他条件下，则相反，只是地主承担福利下降的代价。

之后，要素市场之间的契约关联性理论探讨，仅仅是把该问题视为谈判能力强的代理者对谈判能力弱的代理人的剥削与压制（Basu，1983；Bardhan，1984；Braverman & Guasch，1984）。事实上，当时的研究已经在委托代理的博弈理论框架中考虑信息与制度因素。如，在贫穷的农业经济的制度背景中，在对要素市场联结的性质缺乏了解的情况下，许多关键问题，特别是那些与土地、劳动和资本相关的问题就分析不了（Bardhan，1980）。于是，经济学家们逐渐讨论要素市场之间的契约安排在一个市场不完美、充满不确定性而且缺乏某种市场予以匹配等条件下的选择问题（Chaudhuri & Banerjee，2005；Gill，2007；Motiram & Robinson，2010）。乡村信贷交易中一个地主和一个放贷人在做出非合作决策时分别同某个佃农签订合同所引发的信贷资源配置效率问题（Basu et al，2000）；地主向佃农提供土地和信贷并向后者收取地租和利息的要素联结模型发现，按补贴利率向乡村部门增加定额信贷并不会减少低劳动生产率，而且，如果采用按补贴利率但以有伸缩性地提供贷款的方式，能更有效地提高土地利用效率（Chakrabarty & Chaudhuri，2001）。

事实上，农业要素市场间的契约关联性可以理解为一个互联性契约与关系型契约的互补均衡，即：一个市场上的低效率的市场契约与另一个市场上的高效率的契约"捆绑"，从而使得不能由单一市场的关系型契约加以维系的低效率安排在互联的市场的关系型契约中成为可能。这是因为在社会分工比较发达的经济系统中，在不同的专业化市场上，人们与不同的经济主体发生互动。相反，在分工落后的经济系统中，相同的两个经济主体之间的交易可能会跨越很多市场。一个典型的例子是发展中经济系统的农业市场，佃农和地主不仅在产品市场上发生交易（如佃农可能会购买地主的粮食），在劳动市场上发生交易（如地主购买佃农的劳动），在信贷市场上发生互动（如地主会提供借贷给佃农），还会在保险市场上互动（如地主会向佃农提供某种形式的保险，如分成租佃就是一种保险）（王永钦，2006）。按此逻辑，在转轨时期的中国农业经济系统中，土地、劳动力和信贷资本的关系其实也是一种互联的市场契约，土地要素所有者、劳动力要素所有者与资本所有者在很多市场上都发生互动，他们在农业土地市场、农业劳动力市场和农业资本市场等几乎各类市场上都发生互动。

可见，现有文献对农业市场的契约关联性问题研究展开深入讨论。不过，这些文献并没有考虑中国特色农情所引发的产权管制问题。而且，对于农业中间服务组织是如何影响农业市场组织之间的契约关联及其一般均衡结果，都需要我们进一步思考。

三、理论框架

（一）剩余权利管制导致市场组织失灵的交易费用逻辑

在新制度经济学家中，市场与企业之间的关系并不是新古典经济学尤其是传统微观经济学教科书上讲的那样是前者从属于后者的包含与被包含关系，而是后者对前者的替代关系（Coase，1937）。换言之，新制度经济学往往把企业与市场均视为经济组织，只是前者是一种由企业家的命令指挥资源配置的要素契约集合，后者是通过价格信号以价高者得的游戏规则配置资源的产品契约集合，它们都是组织要素配置的契约网络。按此逻辑，市场组织是一系列短期产品契约的组合，这些产品契约表面上是产品与货币的等价交换平台，而实质上乃产品与货币背后的产权的交易机制。市场的本质特征是产权交易，一旦产权不完整或界定不清晰，关于该项财产权利的市场交易就会变得不完全。例如，当产权受到管制，就会产生租金耗散，价格机制无法最有效配置资源，市场的资源配置功能就会受到制约，表现为市场容量、交易半径与分工深度的减缩。换言之，如果产权被管制而变得不完整，那么，市场也随之变得不完全。

市场的不完全性则具体表现为价格刚性从而供求非均衡，这进一步可能导致市场失灵，即市场无法最优配置资源。现代经济学认为市场失灵仅仅源于垄断、外部性、信息不对称与公共物品，但我们基于中国特殊的农情能够进一步发现农业要素剩余权利的管制也会造成市场失灵。此时，政府的"看得见之手"替代了市场的"看不见之手"。不过，如果政府组织的交易费用低于市场组织的交易费用的话，那么，市场让位于政府也是一种理性选择。当交易费用为零时，通过私下的交易可以使要素实现最优配置（Coase，1960）。但真实世界中，交易费用大于零，要素要流向对其评价最高之处要受到交易费用的约束。换言之，如果从新制度经济学看，市场失灵可能是因为市场组织运行所耗费的交易费用过高。

值得注意的是，这里的交易费用主要是指产权管制造成的租金耗散，即产权的政府管制使分散决策个体失去对公共领域中的租金的排他性权利，那么，人们的相互竞争进入公共领域使用公共资源的结果是，公共领域中的具有经济价值的资源会被瓜分或私人独占。但进入公共领域攫取这些资源是需要耗费一定的交易费用（如界定某项资源的权利并排斥他人使用发生的费用）（何一鸣、罗必良，2010）。换言之，当资源被置于公共领域后，人们就无法像在私人领域那样通过"价格门槛"对侵犯资源产权的行为进行约束与排他。或者说，公共领域的资源因缺乏一个统一的价格约束而产生高昂的排他成本。

（二）市场失灵与契约交易：要素契约对产品契约的替代

从上述分析可知，中国农业要素市场的外生性交易费用不是因为信息搜寻或讨价还价而产生的，而是因为农业要素的产权被管制所造成的。那么，现在的问题是，在这样的产权管制约束条件下，是否能够通过某些途径或机制节约外生性交易费用以缓解市场失灵？

事实上，人们可以通过选择要素契约的交易方式节约外生性交易费用，从而缓解市场组织的失灵问题。市场组织出现失灵是因为构成市场组织的产品契约在使用价格机制进行资源配置的费用太高，而要素契约却可以大幅减少定价费用。因为要素契约的制度特征是消费者只需要给作为信息收集与定价专家的中心签约者支付一个行业内通行的"代理价格"而无需逐一对组成交易标的物的各个零部件进行价格支付，中心签约者的专业化水平促使其"间接定价"费用低于构成市场组织中产品契约的"直接定价"费用，从而缓解市场组织的失灵问题。换言之，要解决这种交易费用过高而产生的市场失灵，可以通过要素契约替代产品契约的组织机制来实现，而不是像西方微观经济学教科书上所说的那样——通过政府干预来解决市场失灵。即：要素契约交易→交易费用节约→市场失灵缓解。

这里值得注意的是，对产品契约与要素契约的经典定义，农业要素市场中的产品契约与要素契约的区别并不是交易标的物是否产品或者要素，而是是否在交易过程中引入了作为信息收集与定价专家的中心签约者（Cheung，1983）。产品契约下消费者直接向生产者支付交易标的物的价格而获得该交易标的物的产权；而要素契约下消费者向中心签约者支付交易标的物的价格而获得该交易标的物的产权，同时，交易标的物的生产者向中心签约者支付中间代理费而获得该交易标的物的销售收入。换言之，要素契约中一定引入了中间服务组织进行间接交易，而且消费者与中心签约者之间、中心签约者与生产者之间的要素契约必然是相互依存，即消费者与中心签约者签订一份要素契约就意味着中心签约者也跟生产者签订另外一份要素契约。因此，农业土地市场、农业劳动力市场与农业资本市场中采用的契约既可能是产品契约也可能是要素契约。如果是后者，则说明了农业生产中的犁地、播种、施肥、机耕、植保、收割、运输和营销以及雇工和融资等活动都是由相应的中间专业服务组织为农民"代理"完成。

（三）中间专业服务组织：农业要素市场间的契约关联主体

在要素契约逐步替代产品契约的过程中，农业要素的中间服务组织便开始逐渐形成。例如，在初始阶段，农户没有购买进行专业化服务（犁地、播种、施肥、机耕、植保、收割、运输和营销以及雇工和融资等等专业服务均视为外生），农村家庭联产承包制下农户在自己的承包地上进行大田作物生产。然而，随着农作物品种的变化（从用工少的农作物转为需要精心料理的农作物）或者从事专业化生产（在种植某种农作物具有比较优势的农户通过"干中学"积累和改进种植该类农作物的知识和技巧，从而专门种植该种作物），农户可能：①出于季节性用工紧缺的需要而加大雇工数量，从而签订若干劳动工资契约；②基于大规模、专业化生产需要大幅转入农地，与其他农户签订农地租赁契约；③鉴于对上述要素使用权的购买而需要向金融机构进行投融资活动并订立资本契约。这样，该农户在雇工生产规模扩大与农地经营专业化水平提升以及农业投资风险增加的条件下，会采取契约化与契约治理的方式减少农业要素市场组织运行的交易费用。此时，他就需要若干中间专业服务组织作为他的代理者负责农业生产流程中的每一个环节的发包服务，即农民委托这类中间专业服务组织进行犁地、播种、施肥、机耕、植保、收割、运输和营销以及雇工与融资等活动。

进一步，在某个局部市场均衡中，中间专业服务组织往往都会进行专用性投资。这样，它们可能在某个要素市场中进行了专用性投资后为避免被其他要素市场中的博弈者（农户或其他中间组织）"敲竹杠"从而要求与对方签订一份合作契约。按此逻辑，如果中间服务组织都在各自的要素市场中进行专用性投资，双方的资产专用性就会互相锁定，因此双方都要求签订长期合作契约甚至组建一体化的产业集团。相反，如果双方都没有进行专用性投资，那么，他们就不会签订合作契约，此时的要素市场组织之间就不存在关联性。可见，要素契约对产品契约的替代促使中心签约者群体的形成，这种职业分化又衍生出中间专业服务组织，它们一般都会进行专用性投资，从而倾向于跟其他要素市场的博弈参与者签订长期合作契约，因此，间接地实现了要素市场组织之间的契约关联，最终还降低了单个农民之间相互签订产品契约的直接定价费用。这样，作为中心签约者的中间专业服务组织通过一系列要素契约把整个农业要素市场体系中的所有供给者与消费者联系在一起。换言之，农业要素市场体系其实是由三种农业要素市场组织交织而成，而每一种农业要素市场组织均是一个相应的要素契约集合。进一步，农业"三大市场"的一般均衡最终是"三大契约"相互关联的结果。而且，当这种市场一般均衡存在时，则说明农地租赁契约、农业劳动力契约和农业资本契约之间是两两相互关联的。

（四）农业中间组织专业化的约束：市场范围与农业特性内生的交易费用

尽管农业中间服务组织的引入能够起到联系各农业要素市场组织并减少外生性交易费用的作用，但中国目前的农业经营主体仍是以农民家庭为主，而且农业合作社、农业企业和"农户＋公司"模式也比较普遍。因为农业中间组织的出现是现代农业社会化分工的结果，但分工又受市场范围所限，当农业要素市场的容量与半径不能有效扩展时，农业中间组织的专业化水平就难以得到提升。此外，市场的本质是产权交易，在此过程中，交易费用都无法避免。尤其是，一旦分工产生的比较收益无法抵偿交易费用时，交易活动就只能停止，分工与专业化生产也无法进一步发展。因此，市场范围的扩展又受到交易费用的约束。按此逻辑，农业要素市场容量的扩展必然伴随着交易费用的上升，劳动分工受限于市场容量，农业分工因而受到交易费用约束。而农业的交易规模有限性、交易风险性与资产专用性都是内生性交易费用产生的来源，具体地：

一方面，生产受季节性与生命节律的约束，使得交易具有不连续和不稳定性，农业要素交易频率会受到限制。与此同时，农业受耕地的不可移动性、地形的不一致性、地块的零散性等约束，交易半径有限。交易频率与交易半径都会影响交易规模的扩展，这样单位交易成本就难以获得规模经济效应而下降。此外，农业较为容易地受到气候不稳定（比如连续降雨导致收割困难）、产品变质、生长期与成熟期不一致等自然风险的影响，而且农户服务需求或农事服务供给的不稳定因素所造成的市场风险会进一步增加交易不确定性，交易成本因而较高。另一方面，农业生产还具有专用性问题。即不同的地理条件、立地条件，不同的产品生产、不同的生产环节、不同的经营规模，需要使用不同的技术与装备予以匹配，导致地理、技术、农艺、人力资本、物质资本等多样的资产专用性。资产专用性越强，被交易对方"要挟"的概率就越高，因此，农户会要求与对方签订长期契约，从而发生一笔额外的缔约成本。

可见，这里交易费用主要是由农业自身特性引起的，即农业特性内生的交易费用。正是这种内生性交易费用间接约束了农业中间经济组织的发展空间。换言之，如果仅仅通过市场的自发力量是难以形成各类有效率的农业中间组织。因此，政府在稳定"集体所有、家庭承包"基本格局的同时，更应该鼓励和发展各类农业中间服务组织，以帮助"理性小农"参与现代分工经济系统当中分享合作剩余。而且，在中国农村，土地所有权归集体所有，农民家庭只拥有承包经营权。这样，没有完整产权的农民只能把手中现有的承包经营权通过转让、租赁或外包等形式与农业中间服务组织签订农业要素契约。

四、理论拓展

我们通过构建一个简单的数学模型证明农业中间组织的介入能够实现对农业土地市场、农业劳动力市场和农业资本市场的一般均衡。

首先，在农业的土地市场中，作为资本需求方的农民通过与土地中介组织签订一份农业土地租赁契约而获得一块农地的使用权，但需要支付一笔较高的租金。而这笔地租是土地租赁中间机构逐一与拥有闲置土地的农民签订土地使用权代理契约来实现的，即后者把土地的使用权委托给前者代理并收取一笔地租收益，而前者则作为中心签约者把这些分散的闲置土地集中起来组成连片土地出租给需要大规模种植的农民。此时，该农民无需亲自去寻找闲置土地的拥有者，只需向土地中介支付租金即可。因此，我们假设农业土地中介服务组织与农民签订一份租金分成契约。在该契约安排下，农民获得农业土地中介服务组织提供的连片土地的使用权，但农民要按照一定分成比例将其在租赁期内实现的农业总收入的一部分作为租金偿还给农业土地中介服务组织。

进一步假设农民有三种同质的生产要素 t、k 和 l。每户农民的生产函数均是 $y(t, k, l)$ 且 $\frac{\partial y}{\partial t}>0$，$\frac{\partial y}{\partial k}>0$，$\frac{\partial y}{\partial l}>0$。其中，$t$ 表示每户农民所投入的资本；k 代表每户农民使用的土地面积，它等于农业土地市场总供给量 K 除以农民户数 n 之商（$k=K/n$）；l 代表每户农民所投入的劳动。那么，农业土地中间服务组织与 n 户农民签订这样的分成契约后得到的净收益为 $NR_j = n \times r \times y(t, k, l) - tc[n(S)]$。其中，$r$ 是农业土地中间服务组织获得的分成比例；交易费用 tc 是 n 的增函数，因为签约农民越多，作为中心签约者的农业土地中间服务组织所承担的交易费用（包括寻找愿意参与分成的农户所耗费的信息费用、在签约过程中与农户之间发生的谈判费用以及对方违约的风险费用）就越高，即 $\frac{\partial tc}{\partial n}>0$。而且，随着签约农户的增加，农业土地中间服务组织投入的专用性资产就越多，农业土地中间服务组织的专业化水平（S）也越高，那么，它在组织与管理签约农户方面就能获得分工经济与规模效应。所以，由专业化带来的效率提高可以降低边际签约费用，即农业土地中间服务组织的专业化程度越高，每增加一户签约农民所带来的交易费用的增量就越小，即 $\frac{\partial tc}{\partial n}$ 是 S 的减函数：$\frac{\partial\left(\frac{\partial tc}{\partial n}\right)}{\partial S}<0$。此外，为了使农民接受分成契约，农业土地中间服务组织必须使农民得到的分成收入不比他们在其他农业要素市场中获得的总收入（即农业劳动力市场上的工资收入与农业资本市场的利息收入之和）低，即：$wl+ti \leqslant (1-r)y(t, k, l)$，$w$ 为农业劳动力市场的工资率，i 为农业资本市场的利息率。这样，农业土地中介服务组织的净收益最大化问题为：

$$\max_{m, r, t}\{n \times r \times y(t,k,l) - tc[n(S)]\}$$
$$\text{s. t. } wl+ti \leqslant (1-r)y(t,k,l) \tag{6-38}$$

构建拉格朗日函数：

$$L = n \times r \times y(t,k,l) - tc[n(S)] - \lambda[wl + ti - (1-r)y(t,k,l)]$$

$$(6-39)$$

从而得到方程组：

$$\frac{\partial L}{\partial n} = ry(t,k,l) + nr\frac{\partial y}{\partial k}\frac{dk}{dn} - \frac{dtc}{dn}(S) - \lambda\left[-(1-r)\frac{\partial y}{\partial k}\frac{dk}{dn}\right] = 0 \quad (6-40)$$

$$\frac{\partial L}{\partial r} = ny(t,k,l) - \lambda y(t,k,l) = 0 \quad (6-41)$$

$$\frac{\partial L}{\partial l} = nr\frac{\partial y}{\partial l} - \lambda w + \lambda(1-r)\frac{\partial y}{\partial l} = 0 \quad (6-42)$$

$$\frac{\partial L}{\partial t} = nr\frac{\partial y}{\partial t} - \lambda i + \lambda(1-r)\frac{\partial y}{\partial t} = 0 \quad (6-43)$$

$$\frac{\partial L}{\partial \lambda} = -[wl + ti - (1-r)y(t,k,l)] = 0 \quad (6-44)$$

再把 $k = \dfrac{K}{n}$ 的一阶导数 $\dfrac{dk}{dn} = \left(-\dfrac{K}{n^2}\right)$ 代入式（6-40）得到：

$$\frac{\partial L}{\partial n} = ry(k,l) + nr\frac{\partial y}{\partial k}\left(-\frac{K}{n^2}\right) - \frac{dtc}{dn}(S) - \lambda\left[-(1-r)\frac{\partial y}{\partial k}\left(-\frac{K}{n^2}\right)\right] = 0$$

$$(6-45)$$

把式（6-41）代入式（6-42）得到：$w = \dfrac{\partial y}{\partial l}$。这意味着，工资率等于农民的劳动边际产值，即在农业劳动力市场上实现了工资契约局部均衡。因此，在工资契约下，农民以获得固定工资收入为条件而让渡其劳动要素的使用权给农业劳动中介服务组织，那么，承担了整个农业生产的所有风险，因而获得全部剩余索取权。换言之，在农业劳动力市场中，工资契约实现了农民与农业劳动中介服务组织之间的劳动要素供求均衡。在均衡点上，农业劳动中介服务组织支付给农民的单位劳动力使用价格等于每个农民每增加一单位劳动投入带来的农产品产量的增加值。

同理，把式（6-41）代入式（6-43）得到：$i = \dfrac{\partial y}{\partial t}$。这意味着，利息率等于资本边际产值，即在农业资本市场上实现了定息契约的局部均衡。其经济学含义是，在资本定息契约下，资本信贷中间组织把资本使用权转让给农民，后者支付一笔固定的利息给前者作为转让补偿。此时，农民承担了资本经营的全部风险，因而获得扣除固定利息支付之后的净收益，从而成为完整的剩余索取者。换言之，在农业资本市场中，定息契约实现了农民与农业资本中介服务组织之间的资本要素供求均衡。在均衡点上，农业资本中介服务组织获得的单位利息价格等于每个农民每增加一单位资本投入带来的农产品产量的增加值。

最后，把式（6‐41）代入式（6‐45）解得：$\frac{ry}{k} = \frac{\frac{\partial tc}{\partial n}(S)}{k} + \frac{\partial y}{\partial k}$。由于

$\frac{\partial tc}{\partial n}(S) > 0$ 且 $\frac{\partial\left(\frac{\partial tc}{\partial n}\right)}{\partial S} < 0$，所以有：$\lim\limits_{S \to +\infty} \frac{\partial tc}{\partial n}(S) = 0$。这样，由 $\lim\limits_{S \to +\infty} \frac{ry}{k} =$

$\lim\limits_{S \to +\infty}\left[\frac{\frac{\partial tc}{\partial n}(S)}{k} + \frac{\partial y}{\partial k}\right]$ 可得：$\frac{ry}{k} = \frac{\partial y}{\partial k}$，当且仅当 $S \to +\infty$。换言之，随着农业土地中间服务组织的专业化水平的提高，边际交易费用得到大幅节约，从而使农业土地市场实现单位地租收入等于土地边际产值的分成契约局部均衡。其经济学含义是，在租金分成契约下，农民与土地中介组织根据分成比例获得农业剩余收入，因此，双方共同承担风险，均成为剩余索取者。换言之，在农业土地市场中，分成契约实现了农民与农业土地中介服务组织之间的土地要素供求均衡。在均衡点上，农业土地中介服务组织获得的单位土地租金价格等于每个农民每增加一单位土地投入带来的农产品产量的增加值。

可见，在农业中间服务组织专业化水平不断提高的条件下，农户与农业中间服务组织在农业资本市场中签订的信贷契约能够同时实现农业土地市场与农业劳动力市场的局部均衡，即农业中间服务组织的专业分工深化最终可能实现农业土地市场定租契约、农业劳动力市场工资契约和农业资本市场分成契约的一般均衡。

五、进一步的讨论

综上所述，由于中国的特殊农情决定了农业要素产权被管制从而产生高昂的交易费用，进而导致农业要素市场变得不完全。因此，放松产权管制可以改善市场的不完全。但在产权管制结构暂时无法改变的时候，可以

通过要素契约替代产品契约的方式，让农业中间服务组织成为中心签约者并获得剩余权利，有利于交易费用的节约，以缓解农业要素市场失灵问题。进一步，作为中心签约者的中间专业服务组织，通过一系列要素契约把整个农业要素市场体系中的所有供给者与消费者联系在一起。农业要素市场体系其实是由三种农业要素市场组织交织而成，而每一种农业要素市场组织均是一个相应的要素契约集合。因此，农业"三大市场"的一般均衡最终是"三大契约"相互关联的结果。而且，在农业中间服务组织专业化水平不断提高的条件下，农户与农业中间服务组织在农业资本市场中签订的信贷契约能够最终实现农业土地市场定租契约、农业劳动力市场工资契约和农业资本市场分成契约的一般均衡，这意味着农地租赁契约、农业劳动力契约和农业资本契约之间是两两相互关联的。

此外，尽管农业中间服务组织的引入能够起到联系各农业要素市场组织并减少外生性交易费用的作用，但农业中间组织的专业化水平受农业要素市场范围的约束，市场范围的扩展又受到内生性交易费用的限制。而农业的交易规模有限性、交易风险性与资产专用性都是内生性交易费用产生的来源，即内生性交易费用间接约束了农业中间组织的发展空间。所以，如果仅仅通过市场的自发力量是难以形成各类有效率的农业中间组织。因此，政府在稳定"集体所有、家庭承包"基本格局的同时，更应该鼓励和发展各类农业中间服务组织，以帮助"理性小农"参与现代分工经济系统当中分享合作剩余。

第七章　策略选择：从流转契约
到交易装置

中国农村的土地制度正在发生两个重要的政策性转变，一是通过强权赋能不断提升农民对土地的产权强度，二是通过加大支持力度推进农地的流转集中，以求一方面保护农民的土地权益，另一方面改善农业经营的规模经济性。

需要进一步明确的问题是，提升物品的产权强度，就必定能够改善人们对物品潜在价值的评价，进而促进物品的交易？第一，交易费用范式关注了资产专用性、交易频率、不确定性等因素对交易成本的影响（Williamson，1985）。这一范式的特点是假定交易参与者具有明晰的产权，且具有同样的交易意愿。不过，该范式忽视了交易主体的主观差异。因为不同的人将其所拥有的物品进行交易的意愿程度是不同的。第二，对于不同的产权主体来说，提升物品的产权强度，其所能发现物品潜在价值的能力是不同的，进而参与交易的可能性及倾向也是不同的。因此，产权强度对产权交易的意义并非是明确的。

本章试图基于"产权强度—禀赋效应—交易装置"的分析线索，以期阐明农地流转的市场逻辑。重点在于：第一，基于产权强度的生成机理的分析，通过引入禀赋效应理论，并通过实证分析揭示农地产权流转抑制的根源。目的在于说明农地产权强度的提升并不必然改善农地承包经营权的流转绩效；第二，对于一项具有排他性产权，同时又具有禀赋效应的物品，如何改善其产权交易效率？交易费用的高低，并不唯一地由产权安排所决定。因此，本节更重要的目的是要说明，如何使产权便于交易，交易装置及其匹配将是一个可以拓展的重要研究方向。

第一节 产权强度、禀赋效应与交易抑制

一、产权强度及其生成机理

周其仁（1995）区分了三类土地私有权的获取途径：一是经过自由的交换契约获得产权（产权市场长期自发交易的产物）；二是通过国家干预的土地市场在形式上获得产权（对土地产权自发交易过程中施加某些限制的产物）；三是通过国家强制的制度安排而完全不经过市场途径所获得的土地（国家组织社会政治运动直接重新分配土地产权的结果）。在第一种情形下，农民有独立的谈判地位，他能够根据成本收益的合理预期决定是否继续持有或完全让渡产权。但是，农民的这种独立谈判地位在第二种情形下打了折扣，而在第三种情形下几乎荡然无存。显然，这三类产权的强度具有依次弱化的特点。由此我们可以合乎逻辑地判断，完全可以有不同的土地私有制，它们具有不同的强度、不同的稳定性，并且具有完全不同的进一步改变的逻辑。

假定存在产权市场，对于人们如何获得产权并判断其产权强度，周其仁的逻辑是没有问题的。但是从起源的角度来说，则存在悖论：如果缺乏产权强度（弱产权），人们不可能通过市场来交易；如果缺乏自由的市场交换，则无法提升其产权强度。因此，有必要进一步认识产权强度的生成机理。

洛克（Locke，1690）从原始森林的果子掉到地上开始分析物成为财产的原因。假若森林的果子掉到地上，没有人拾起，则果子不成为财产。但如果一个人弯腰拾起果子，则果子中注入了劳动，果子就会成为那个人的财产。因而，洛克认为财产是一种自然和技术的产物，是已经物化的劳动。如果财产单纯地指已经物化的劳动，这就会产生一个问题：行窃和战争也是一种劳动，那么采集果子的劳动与偷窃果子的劳动又有什么区别呢？揭示采集果子的劳动与偷窃果子的劳动的区别，可以从不同的角度做出解释。

第一是法律赋权（合法性）。对于一项物品的产权，如果没有法律意义上的界定，那么就不可能有所谓"非法行窃"的"合法性"判断，同样也不可能有所谓的市场交易。经由市场的交换契约获得产权，之所以具有

产权强度，是因为：第一，该产权及其权益是受到法律保护的，具有强制性；第二，这个市场及其契约是合法的，具有权威性。

第二是社会认同（合理性）。行窃和战争是一种社会概念。毫无疑问，如果不考虑社会认同，要区分采集果子的劳动和偷果子的劳动是非常困难的。有关物化劳动成为财产的合法性思想在一定程度上与人类的共同认可与尊重有关，但正如我们已经在现实中看到的一样，作为被赋予一种权利的劳动，如何获取财产总是一种社会的选择。这种选择是关于某种努力在人们头脑中形成的一种可以被社会共同认可的权利的选择。因此，经由市场进行交易，是因为这种方式能够得到社会认可与道义支持。或者说，市场交易能够表达社会认同及其规范。

在国家社会状态下，产权的强度首先依赖于法律赋权的强制性。然而，其强制性的界定、实施及其保护是需要支付成本的，而成本的高低也与社会认同紧密关联。可以认为，从法律的不完全性来说，社会认同是法律机制的重要补充；从法律的可实施性来说，合法性必须服从于合理性。

写在纸上的"制度"与实际实施的"制度"并不总是一致的（罗必良，2005），农村土地制度尤其如此。当国家权力渗透到农地产权的实际运作中之后，农村干部就成为了国家的代理人，国家意志往往是通过乡村干部来达成的。因此，由乡村干部群体所表达的社会认同成为了决定农地流转秩序的主流观念（谢琳等，2010）。

第三是行为能力（合意性）。产权经济学关注产权的实际运行与操作，其中，产权主体的行为能力是一个重要的方面。Barzel（1989）指出，人们对资产的权利不是永久不变的，而是由他们自己直接加以保护、他人企图夺取和任何"第三方"所做的保护这项权利的努力程度所决定。产权主体的行为能力对于产权的实施具有重要的行为发生学意义——产权属性的关键在于可排他性、可处置性以及可交易性，具备排他能力、处置能力与交易能力的产权主体能够强化其产权强度。由于产权在实施中的强度问题，使得同一产权在不同的实践环境、对于不同的行为主体，都可能存在实施上的差异。

因此，Alchian（1965）指出，产权的强度，由实施它的可能性与成本来衡量，这些又依赖于政府、非正规的社会行动以及通行的伦理与道德规范。可以认为，产权强度决定着产权实施，是国家赋权、社会规范与产权主体行为能力的函数——法律赋权从合法性、强制性与权威性方面提升产权强度；社会认同从合理性、道义性与规范性方面强化产权强度；行为能力从合意性、偏好性与行为性方面决定产权强度（罗必良，2013）。

二、禀赋效应：一个认识维度

（一）禀赋效应的含义

早在 1759 年，亚当·斯密在《道德情操论》中把人们的行为归结于同情，阐明具有利己主义本性的个人怎样控制他的感情或行为。他指出一种现象：人们对无论是心灵的还是肉体上的痛苦，都是比愉快更具有刺激性的感情。也即失去自己拥有物品所带来的痛苦，比获得一件同样物品所带来的喜悦更加强烈。简单地说，就是"失而复得"并不具有等同效应。

后有学者用货币来衡量这一感受。Thaler（1980）由此提出"禀赋效应"（Endowment Effect）并将其定义为：与得到某物品所愿意支付的金钱（Willingness to Pay，WTP）相比，个体出让该物品所要求得到的金钱（Willingness to Accept，WTA）通常更多。即指一旦某物品成为自己拥有的一部分，人们倾向给予它更高的价值评价。

Radin（1982）提出，如果一项财物的损失所造成的痛苦不能通过财物的替代得到减轻，那么这项财物就与其持有者的人格密切相关。进而，她将财产分为人格财产和可替代财产。这意味着，对于产权主体来说，人格财产相比于可替代财产，具有更为显著的禀赋效应。对于农户来说，农户持有的宅基地、承包地是凭借其农村集体成员权而被赋予的，具有强烈的身份性特征，表现为典型的人格化财产，相对于为了出售而持有的物品（比如储备的谷物），其禀赋效应将会更高。

Kahneman 等（1991）认为，禀赋效应是"损失规避"的一种表现，即损失比等量收益所产生的心理感受更为强烈，因此人们更计较损失。从交易的角度来说，对于同样的物品，一个人的意愿卖价要高于意愿买价。因此，禀赋效应会抑制潜在的交易。

（二）产权强度与禀赋效应

可以认为，禀赋效应产生于交易。没有交易，就不可能有禀赋效应，但是，禀赋效应会抑制潜在的交易。引入禀赋效应的分析维度，有助于对产权强度的交易含义做进一步的理解。

首先，产权及其交易不仅依赖于法律，在实际运行中更依赖于社会及其道义支持，乡土村庄更是如此。在实际运行中，人们从交易中得到的东西，不仅来自于自己对生产、保护、行窃的选择，而且也取决于别人的认同，而社会规范基本上依赖于人们对公正性的伦理选择。如果违背了任何权利制度赖以存在的公正性，交易所得乃是一种幻影（Baumol，1982）。假定不存在法律约束，当社会认同无法通过交易来强化农民的权益时，或者实施交易可能导致其产权的租值耗散时，产权主体势必会选择继续持有，因为这是防止其物品价值损失的唯一方法。不交易即是最好的交易，此时的禀赋效应很强。

其次，假定某个人拥有的物品，既得到法律的赋权，也得到社会认同，如果他对这类物品具有继续持有的依赖性特征，那么其禀赋效应将尤为强烈（例如，一个以农为生、将土地人格化的农户）。产权赋权的"权威"主要表现为排他性。正如 North（1981）所说："产权的本质是一种排他性的权利，……产权的排他对象是多元的，除开一个主体外，其他一切个人和团体都在排斥对象之列"。法律赋权和社会认同的物品产权的排他性强，持有者的行为能力也相应增强。特别是当完整权利下作为行为努力的产出物成为其赖以维生的来源，持有者本身也成为物品权利的一部分（人格化产权），从而使得这类物品的交易将转换为物与人结合的权利交换，其排他性将变得尤为强烈。此时持有者的禀赋效应很强，即使存在潜在的交易对象，也难以取得这件物品的完整权利，交易也就难以达成。

其三，如果一个人对所拥有的物品具有生存依赖性，并且具有在位控制诉求，特别是当其控制权的交易具有不均质性、不可逆的前提下，那么其禀赋效应将较为强烈。例如农村土地，在承包权与经营权分离的情形下，农地出租意味着农地实际使用的控制权掌握在他人手中，并有可能导致土地质量、用途等发生改变。当承包者重新收回经营权时，处置权的强度已经发生改变。如果存在事前预期，并且这种预期又是承包农户难以接受的，那势必会导致承包权主体的禀赋效应增强，交易必然受到抑制。

此外，值得指出的是，禀赋效应理论一直关注交易过程中"人—物"的关系，却未考虑到面对不同交易对象时的情景差异。就同一物品而言，面对不同的交易对象，产权主体所拥有的产权排他能力是不同的。正如Barzel（1989）指出的，个人权利的实现程度取决于他人如何使用其自己的权利。可以认为，同一个产权主体对其所拥有的物品，面对不同交易对象时的禀赋效应是有差异的。

三、农地确权、禀赋效应与交易抑制

（一）以农地确权推进农地流转的政策努力

应该说，家庭承包制度下农民所获得的土地产权是国家强制的制度安排而完全不经过市场途径所获得。这一赋权方式所决定的逻辑是：①由于产权是国家强制界定的，因此一旦国家意志发生改变，土地产权安排就有了变动的可能，从而决定了制度的不稳定性。②国家的代理人是政府，而政府是由官僚集团构成的。官僚集团除了追求自身的利益，也可能代表着不同利益集体的利益诉求，由此形成的产权制度可能是歧视性的。歧视性产权制度安排所导致的产权模糊及其所制造的"公共领域"至少从两个方面减弱产权强度：一是限制产权主体对其部分有价值的物品属性的控制权；二是限制行为主体行使产权的能力（罗必良，2005）。前者如取消农民土地进入非农流转的交易权，后者如禁止农民对土地承包权与宅基地用益物权的抵押。③按照户籍及成员权所界定的均分地权，必然导致农民行为能力的下降。第一，由于产权是国家无偿赋予的，因此其权利边界及其可实施的内容必须听命于国家，国家意志的改变可以变更权利内容，而且这一变更的不确定性必然导致农民行为预期的不稳定性；第二，由于赋权是均分的，尽管保障了身份权的公平性，但没有顾及成员能力（以及偏好）的差异性，赋权与能力的不匹配，既牺牲了效率，也损害了公平；第三，初始赋权所决定的产权分散性与可实施产权的零碎化，使已经不具备任何规模经济性的农户的行为能力空间进一步收缩。

改善土地的产权强度，可以从不同的维度入手。其中一个重要的方面是改善产权的排他性、公平性与稳定性。中国农村土地的制度安排，就农地的承包经营权层面而言，第一，作为农村集体成员的农户是唯一的产权主体；第二，基于中国特殊的农情与人地关系，土地的福利赋权及其均分亦成为必然选择。因此，农村土地的家庭承包制并不存在太多的关于排他性与公平性方面的问题，关键在于农地产权的稳定性。为了避免国家直接分配的土地产权易于被改变的可能性，产权的流动与市场交易就显得格外重要。因为公平公开的市场交易能够强化社会规范。

所以，推进农地承包经营权的流转具有双重意义。第一，改善产权强度。因为经由市场交易的产权具有规范程序的合法性、社会认同的合理性、自愿参与的合意性，因而能够强化产权强度。第二，改善资源配置效率。资源的产权主体明确，并允许产权的自由转让，同时与这一转让相应的收益得到有效保护，产权主体才有可能最大限度地在产权约束的范围内配置资源以获取最大收益。鼓励农户承包经营权的流转，有助于实现规模经营，降低劳动成本，对农户不仅具有资源配置效应、边际产出拉平效应，还具有交易收益效应（姚洋，1998）。

（二）农地流转的现实反差

早在 1984 年，中央 1 号文件就开始鼓励农地向种田能手集中。2001年中央发布的 18 号文件系统地提出了土地承包经营权流转政策，《农村土地承包法》则首次将土地承包经营权流转政策上升为法律。此后多个文件及政策均在不断强化对农地流转的激励。应该说，政府政策导向为农地流转和农户退出土地承包经营权提供了制度基础。农村改革以来，农民土地的产权强度是不断提升的。主要体现在两个方面：①产权主体地位的强化。1982 年中央 1 号文件明确肯定了包产到户、包干到户的政治地位。2002 年出台的《农村土地承包法》则以法律的形式将农民的土地产权主体地位确立下来。②赋权稳定性的强化。1984 年中央 1 号文件确定了承包给农户的土地"15 年不变"，1993 年 1 号文件将承包期延长到 30 年不变。中共十七届三中全会则进一步明确，赋予农民更加充分而有保障的土地承包经营权，土地承包关系要保持稳定并长久不变。中共十八届三中全会更是强调赋予农民更多财产权利。事实上，从 1989 年国家土地管理局颁发《关于确定土地权属问题的若干意见》，到 2011 年农业部等 6 部门联合发布《关于开展农村土地承包经营权登记试点工作的意见》，农民土地确权一直是各级政府重要的工作内容。

尽管经过长达30年的政策努力，我国的农地产权强度不断提升，但总体来说，土地分散化的经营格局不仅没有发生基本改观，反而有恶化的趋势。1996年，土地经营规模在10亩以下的农户占家庭承包户总数的76%，2015年这一比例增加到85.7%；1996年经营规模在10～30亩的农户占农户总数的20.2%，2015年则下降为10.3%（表7-1）。

表7-1 农户经营耕地规模的分布情况

经营规模	1996年的农户比例（%）	2011年的农户比例（%）	2015年的农户比例（%）
10亩以下	76.00	86.00	85.70
10～30亩	20.20	10.70	10.30
30～50亩	2.30	2.30	2.60
50亩以上	1.50	1.00	1.40

注：1996年数据为全国农村固定观察点农户调查数据；2011年、2015年数据来源于农业部经管司编：《全国农村经营管理资料》（2011，2015）。

（三）禀赋效应与农地流转抑制

从逻辑上来说，在经营权流转过程中，每个农户都可能是潜在买者或卖者，由此可以获得各自的意愿支付价格（WTP）和意愿接受价格（WTA）的报价。WTA/WTP的比值便是禀赋效应强弱的反映。当大于1时，表明存在禀赋效应。一般而言，农户的禀赋效应越高，转出农地的可能性越小，因而能够解释农户的"惜地"行为与农地流转的抑制。

为了测算农户在农地经营权流转中的禀赋效应，我们于2012年初在广东省四大区域（包括珠三角、粤东、粤西与粤北地区）各自随机抽取7个乡镇、每个乡镇抽取拥有承包地的农户10户进行入户问卷调查。回收问卷280份，有效问卷271份（有效率为96.79%）。根据"禀赋效应"的定义，参照经典实验（Daniel等，1990），利用271个样本农户参与农地经营权流转的意愿价格，测算农户农地流转的禀赋效应。

1. 不同类型农户的禀赋效应。 如前所述，农户对土地的禀赋效应与其产权强度紧密关联，因而我们的测算细分了不同的维度。结果如表7-2所示。

表7-2 农户经营权流转禀赋效应的测算结果

分类指标	观察项	测度含义	样本分布		WTP (元/亩)	WTA (元/亩)	禀赋效应
			数量	比重（%）			
法律赋权	土地属于农村集体所有	同意	127	34.32	1 176.45	1 599.82	1.36
		不同意	144	65.68	570.79	988.51	1.73
	应该签订承包经营合同	同意	220	81.18	821.05	1 984.45	2.42
		不同意	51	18.82	607.50	947.62	1.56
	承包权应该长久不变	同意	115	42.44	1 035.45	2 969.16	2.87
		不同意	156	57.56	598.96	1 155.13	1.93
资源禀赋*	农业收入比（%）	≥36.23	113	41.70	578.35	2 032.36	3.51
		<36.23	158	58.30	915.10	2 007.53	2.19
	务农人口比例（%）	≥40	160	59.04	927.93	2 634.31	2.83
		<40	111	40.96	580.93	685.32	1.18
	人均承包地面积（亩）	≥0.73	115	42.44	995.30	1 838.30	1.85
		<0.73	156	57.56	631.40	2 119.58	3.36
行为能力	是否参与流转农地	是	151	55.72	561.17	664.83	1.18
		否	120	44.28	998.92	2 346.92	2.35
	农地种植目的	自用	189	69.74	571.75	747.31	1.31
		出售	82	30.26	1 392.12	4 132.32	2.97
	承包地抛荒	是	43	15.87	405.79	5 956.25	14.68
		否	228	84.13	857.79	1 263.68	1.47

注：*家庭资源禀赋中的农业收入比、家庭务农人口比例、人均耕地面积的测度分别以样本均值作为区分标准。

从表7-2可以发现：

（1）无论任何情形，农户对农地的禀赋效应均高于1，表明农户在农地流转中的"惜地"与高估其拥有的经营权价值，是普遍的现象。显然，普遍存在的禀赋效应必然对农地流转形成抑制。

（2）尽管法律规定农地属于农村集体所有，但却有65.68%农户对此并不认可，干部群体的社会认同度也只有2.10[1]。问卷结果表明，无论是干部群体还是农户，均倾向于认可土地属于"国家所有"，其认同度分别

---

[1] 社会认同的数据来源于本课题组利用各种培训及会议机会在全国范围内对乡镇干部群体所做的书面问卷（2010年2月至2011年3月）。共发放问卷600份，回收有效问卷533份，有效率为88.83%。认同度为"1~5"打分，"1"为非常不认同，"2"为不认同，"3"为一般，"4"为认同，"5"为非常认同。

为 3.98 和 3.86。之所以如此，可能的原因是农户或许认为"国家所有"更能够赋予其承包经营权以公正性和权威性，而"集体所有"所形成的"内部人控制"将弱化其产权强度。因此，农户对土地的"非集体"认知以及干部群体的道义支持，会增强其禀赋效应，进而抑制农地流转。

（3）无论是法律规定还是社会认同，均支持土地承包经营合同的签订（社会认同度达 4.70），农户对此的同意率亦高达 81.18％，其禀赋效应是"不同意"农户的 1.55 倍。可见，承包经营合同所形成的明晰产权，能够显著强化农户的行为能力并增强其禀赋效应，从而抑制农地流转。这表明产权经济学教科书所强调的产权明晰有利于促进产权交易的判断（张军，1991；黄少安，1995），并不完全适用于农地产权流转这一特殊市场的交易情形。

（4）尽管政策导向已经倾向于农户承包经营权的长久赋权，但却仍有 57.56％的农户并不认可，社会认同度也只有 2.50。但是，由于农户天然的身份权使其在承包经营权的赋权中占有"垄断"地位，身份权、承包权、经营权的合一，大大强化了农户土地的人格化财产特征。一旦农户诉求于长久承包权，其排他性产权的占先优势，势必导致在农地流转交易中对产权准租金的追求，从而大大提升其禀赋效应。因此，强化农户的产权强度与鼓励农地的流转集中，存在政策目标上的冲突。

（5）农户对土地的依存性表达了明显的禀赋效应。主要特征在于：第一，以农为生。农业收入占家庭收入的比例越高，其禀赋效应越高；第二，以农为业。家庭中从事农业的人口所占比例越高，其禀赋效应越高；第三，以地立命。农户所承包的农地越少，其禀赋效应越高，且未参与农地流转农户的禀赋效应大大高于已参与流转的农户。其中，农户的务农收入及其种植商业化行为所表达的较高禀赋效应，意味着增加农民的农业收入与促进农地流转之间存在政策目标上的冲突。

（6）对承包地的抛荒，尽管法律没有明确限制，但干部群体与农户均持反对的态度（社会认同度为 2.27）。没有抛荒行为的农户其禀赋效应为1.47，而抛荒农户尤为重视其产权控制，禀赋效应高达 14.69，大约有15.87％的农户宁愿闲置土地亦不愿意流转。总体来说，无论是否存在抛荒，均说明了农户对"在位处置权"的重视，从而普遍抑制着农地流转。

2. 农户禀赋效应的差序格局。尽管农户对于农地存在明显的禀赋效应，但考虑到农地流转的地域限制、对流转对象的选择性特征，其禀赋效应应该存在差异。

农户的土地流转对象一般包括亲友邻居、普通农户、生产大户、龙头企业①。在本项研究的问卷设计中，农户可以进行多个对象的选择。其中，愿意将农地流转给亲友邻居的农户有 38 个，占意愿转出样本户总数 140 个的 27.14%，在转出对象选择中比例最高；愿意从亲友邻居那里转入农地的农户则高达 95 个，占意愿转入样本户总数 233 个的 40.77%。表明农户的农地流转更倾向于在亲友邻居之间进行交易。采用与上节同样的测算方法，可以得到农户选择不同交易对象的禀赋效应（表 7-3）。

表 7-3　农户对不同意愿流转对象的禀赋效应测度

流转对象	意愿转出样本数	WTA 均值（元/亩）	意愿转入样本数	WTP 均值（元/亩）	禀赋效应
亲友邻居	38	553.42	95	643.53	0.86
普通农户	27	732.59	72	524.79	1.40
生产大户	36	1 158.89	30	731.67	1.58
龙头企业	33	3 304.55	11	1 272.73	2.60

观察表 7-3 可以进一步发现：

（1）农户的禀赋效应依"亲友邻居—普通农户—生产大户—龙头企业"而逐次增强，从而表明农户的土地流转对于不同的交易对象存在明显的禀赋效应的差序化特征。

（2）与亲友邻居的流转交易，不存在禀赋效应（WTA/WTP 的比值小于 1）。一方面，亲友邻居之间的农地流转，并不是纯粹意义上的要素市场的交易，而是包含了地缘、亲缘、人情关系在内的特殊市场交易，其较低的禀赋效应表明了这类交易存在一种"非市场"的定价机制。另一方面，考虑到农户对"在位处置权"的重视，亲友邻居基于其长期交互所形成的"默契"与声誉机制，一般不会随意处置其所转入的农地，从而能够为转出农户提供稳定预期②。

---

① 当然，农户还会选择合作社进行土地流转。但承包经营权的股份合作，并不是一个经营权的"买卖"交易。因此这里不考察这类流转的禀赋效应。

② 通常农户的农地抛荒往往会降低其土地质量（变为野地或荒地，严重者将难以复原），而将其流转给值得信任的亲友邻居，有可能获得好的"照看"。

（3）农户对普通农户、生产大户、龙头企业等流转对象的较高的禀赋效应，意味着：第一，农户在农地流转对象的选择上，对生产大户与龙头企业具有明显的排斥特征；第二，局限于与亲友邻居间的流转，排斥其他主体的流转进入，导致土地流转主体的单一与交易范围的窄小；第三，农地流转的"人情市场"占主导地位，抑制着流转市场的发育与规范。

四、重新认识农地流转的市场性质

熊彼特（1939）曾经指出："农民可能首先把土地的服务设想为土地的产品，把土地本身看作是真正的原始生产资料，并且认为土地的产品的价值应该全部归属于土地"。赋予土地一种情感的和神秘的价值是农民所特有的态度，从而在农地流转中存在过高评估其意愿接受价格的倾向，使得农户的禀赋效应不仅具有普遍性，而且具有显著性。

第一，强化农户对土地的产权强度特别是其身份权利与人格化财产特征，会明显增强其禀赋效应。因此，农地的人格化产权市场不同于一般的产权市场。

第二，农户的禀赋效应对家庭资源禀赋具有明显的状态依赖性。以农为生、以农为业、以地立命的生存状态及其"恋地"与"在位处置"情结所导致的较高禀赋效应，成为抑制农地流转的重要约束。由此，农地流转市场不是单纯的要素流动市场，而是一个具有身份特征的情感市场。

第三，农户的禀赋效应具有显著的对象依赖性。禀赋效应的差序格局，意味着农地流转并非一个纯粹的要素定价市场，而在相当程度上是一个地缘、亲缘与"人情"的关系市场。

农地流转有着特殊的市场逻辑。因此，推进农地流转市场的发育，既要兼顾到乡土社会人地关系的特殊性，又要改善流转交易的规范化与契约化。不考虑到前者，显然会违背农户的心理意愿，忽视后者，则可能将有经营能力的行为主体隔离于农业之外，使得小规模、分散化的农业经营格局难以改变。

第二节　人格化产权交易与交易装置：
对科斯定理的反思

一、重新思考科斯定理

科斯定理是由三个定理组成的定理组（费德尔，2002）：

科斯第一定理：权利的初始界定是重要的吗？如果交易成本等于零，回答是否定的。权利的任意配置可以无成本地得到直接相关产权主体的纠正。因此，仅仅从经济效率的角度看，权利的一种初始配置与另一种初始配置无异。

科斯第二定理：权利的初始界定重要吗？如果交易成本为正，那么回答是肯定的。当存在交易成本时，可交易权利的初始配置将影响权利的最终配置，也可能影响社会总体福利。由于交易成本为正，交易的代价很高，因此，交易至多只能消除部分而不是全部与权利初始配置相关的社会福利损失。

科斯第三定理：当存在交易成本时，通过重新分配已界定权利所实现的福利改善，可能优于通过交易实现的福利改善。该定理假设政府能够成本比较低地近似估计并比较不同权利界定的福利影响，同时它还假定政府至少能公平、公正地界定权利。

因此，科斯定理与其说强调了在交易费用为零的条件下效率与产权无关的结论，还不如说是道明了存在交易费用时产权制度是如何作用于或影响经济效率的。

但是，科斯定理暗含着几个基本的假定：第一，产权主体与产权客体具有良好的可分性。该定理没有关注身份性与人格化财产问题；第二，产权主体对其拥有的产权客体是"冷酷无情"的。一方面，产权主体对物品（或者产权属性）潜在价值的发现仅仅依据其排他能力与处置能力所决定的产权租金；另一方面，产权主体只对物品市场价格做出反应（持有或者买卖）。该定理没有考虑到人与物之间的关系及其禀赋效应问题；第三，产权是重要的，并且产权的重新分配能够有效实现潜在利益。该定理没有顾及产权调整面临的约束。

二、农地的"确权"及其交易含义

正如科斯已经注意到的，产权的模糊，特别是排他权的弱化，必然导致产权主体的预期不足，由此引发的机会主义行为无论是对产权的处置还是对产权的交易，都必然地致使产权租金耗散。由此，农地产权的"确权"即产权的界定就显得格外重要。

就农地的确权来说，至少包括几个方面的含义：一是产权主体的界定。一方面是所有权的界定，即将地权界定给村合作经济组织或村民小组，从而明确所有权主体；另一方面是根据集体成员权将土地承包经营权界定给农户；另外，在承包权与经营权分离的情形下，作为委托人的承包者将经营权界定给作为代理人的经营者。前两者是法律层次的界定，后者则是契约层次的界定。二是产权范围的界定。包括：时间上的界定（如第一轮承包是 15 年，第二轮承包是 30 年，现行政策强调长久不变）；空间上的界定（如目前正在全国范围内普遍推行的"四至"确权）；份额上的界定（由于产权客体的不可分，而在权利份额上进行的分割，如股份制或土地股份合作制中的股权）。在农地承包经营权确权的操作层面上讲，空间界定就是"确户分地"，份额界定就是"确人分股"；三是产权内容的界定，即如前所述的排他权、处置权与交易权的多少以及大小[①]，其所赋予的财产性权利的强度及其多少甚为关键。

因此，农户土地承包经营权的确权及其政策保障，有助于提升农户的排他能力，强化农户的处置预期。促成交易只是其中的一个方面，即在存在潜在市场机会的情形下，"退出"经营权才有可能成为农民的选择之一。由此可以判断，认为土地确权只是为了促进农地经营权的流转，显然存在片面性。

问题是，农地产权的界定及其强化并不必然地促进承包经营权的流转。

---

① 在政府征地和垄断土地一级市场的背景下，农民难以获得土地的增值收益。由此，对农民土地确权的一个重要动因是赋权农民，保障农民的土地权益，并借此遏制地方政府随意"圈地"与"造城"的"攫取之手"。

第一，农地对于农民是一种不可替代的人格化财产，并由赋权的身份化（成员权）、确权的法律化（承包合同）、持有的长久化（长久承包权）而不断增强土地的"人格化财产"特征；

第二，农村土地属于农民集体所有，农户凭借其成员权获得承包经营权。在承包权与经营权分离的情形下，任何进入农地经营的主体，必然且唯一地只有得到农户的同意并实施经营权流转。因此，稳定土地承包关系并保持长久不变，使得农户的土地承包具有"产权身份垄断"的特性；

第三，农地承包经营权在空间上的界定与确权，必然地对象化到每块具体的土地，农地经营权的流转也必然地表现为具体地块使用权的让渡，因此，对于任何农业经营的进入主体而言，作为承包主体的农户就天然地具有具体地块的"产权地理垄断"特征。

Rachlinski 等（1998）的研究表明，禀赋效应的大小与产权形式有直接的关系，产权形式可以分为完全占有和部分占有两种方式。完全占有情况下产生的禀赋效应较强；部分占有情况下，由于产权面临他人如何分享的不确定性，导致不产生禀赋效应或产生的禀赋效应较弱。据此可以判定，人格化财产的产权强度的提升，会增强其禀赋效应。可见，农地的确权在提升农户产权强度的同时，无疑会进一步强化其禀赋效应并加剧对经营权流转的约束。

三、人格化产权及其交易问题

按照科斯定理，不同产权安排隐含了不同交易费用，因此用一种安排替代另一种安排是恰当的。问题是，在产权已经界定的情形下，随着时间的推移，环境条件的变化及其学习机制的作用，人们会发现原有的产权安排可能隐含着非常高的交易成本，或者可能存在尚未实现的潜在利益。这显然会面临"两难"问题——变更产权会引发预期的不稳定性；维护原有安排则牺牲潜在收益。由此，在已经确权即产权已经界定的情形下，如何降低运行成本或减少交易费用，显然是科斯没有完成的工作。产权是重要的，但降低产权交易费用，并不唯一地由产权安排及其调整所决定。

农地流转面临的情形是：①产权的不可分割性。即产权主体与产权客体具有不可分割性，这是由农户对土地的人格化财产特征所决定的；②产权的不可变更性。农地产权通过确权已经明确且固化，不存在承包权重新调整的空间，即不可能像科斯定理所表达的那样通过产权的重新配置来降低交易费用；③产权交易的特殊性。即农地流转存在显著的禀赋效应。

因此，改善农地产权的交易效率，必须突破科斯定理，进一步思考农地流转的特殊性及其制度含义。其中，土地的财产性赋权与土地的资本化运作尤为重要（钟文晶等，2013）。

第一，如果农民集体所有的成员权与承包权无法通过资本运作获得增值，那么农民在农地经营权流转上就会有夸大其意愿接受价格的可能。这就是说，农地流转租金的定价并不仅仅由农地经营所产生的收入流所决定，而是土地所提供的全部收入流及其多重权益的保障程度所决定。企图构建独立于农户承包权与人格化产权之外的农地经营权流转市场，显然是不现实的。

第二，增加农户务农收入与促进农地流转存在政策目标上的冲突。如果农民通过土地承包经营只能获得产品性收入，那么农民的收入来源不仅是有限的，而且会因对土地的生存依赖所导致的禀赋效应使得农地流转越发困难。因此，赋予农民以土地财产权，将有效弱化农户对农业生产经营性收入的依赖，从而才有可能实现增加农民收入、保护农民土地权益、促进农地流转等多重政策性目标的兼容。

第三，禀赋效应的差序化与经营对象的选择性流转，必然导致小规模、分散化经营格局的复制。如果农地产权流转仅仅局限于将农地作为生产要素，而不是作为财产性资本进行配置，那么农地流转一定会停留于"人情市场"。只有赋予农户以土地的财产性权利，通过土地与资本的结合、土地与企业家能力的结合，有经营能力的行为主体及其现代生产要素才有可能进入农业，农地流转集中与农业的规模经营才会成为可能，农民也才有可能因此而获得财产性收入。

促进财产性赋权、资本化运作以及保护农民土地权益，并改善农地产权配置效率，显然需要特殊的交易装置与之匹配。

四、交易装置问题：拓展科斯定理

应该说，赋予农民土地的财产权利并强化农户承包经营的产权强度，是一把双刃剑，一方面保护了农民的土地权益，另一方面也强化农民对农地的人格化财产特征并加剧了禀赋效应，导致农地流转的抑制与农地产权市场发育的缓慢。

就目前的农地流转来说，由于没有满足农地产权的特殊性要求，从而表现出下列特征：第一，产权主体与产权客体的不可分性，决定着农地的流转必然地表现为财产性资本的配置，如果不能满足这一要求，农地流转必然从契约化交易转变为以地缘、亲缘与人情为依托的关系型契约交易。本课题组于 2011—2012 年的全国问卷结果表明，在农户的土地转出中，流转给亲友邻居的农地占到了流转总面积的 74.77%；签订流转契约的比例仅为 47.34%（罗必良，2013）。第二，农户土地向生产大户和企业出租的土地只占流转总面积的 8.49%，但面临着严重的契约不稳定问题。尽管有关农地租约的效率问题一直存在争议①，但家庭承包经营条件下依附于土地承包权的经营权出租，却决定了这样一个基本的事实，即关于土地租赁契约的剩余控制权总是属于农户，而剩余索取权通常属于土地租用者。一方面，土地租用者可能会利用土地质量信息的不可观察性与不可考核性，而采用过度利用的掠夺性经营行为。为了降低这种风险，农户可能倾向于采用短期租赁契约，或者即使签订长期契约亦有可能利用其控制权而随时中断契约的实施；另一方面，由于契约的短期性以及预期的不足，土地租用者为了避免投资锁定与套牢，一般会尽量减少专用性投资、更多种植经营周期较短的农作物，从而加剧短期行为。如果说隐蔽信息与隐蔽行为难以观察，那么以种植方式表达的短期行为则是易于观察的，于是会形成农户土地出租的"柠檬市场"，即租约期限越短，租用者的行为将越发短期化，行为越短期化，租约期限将越短，由此导致土地租约市场消失。这或许是农地租赁市场难以发育的重要原因。必须注意的是，农户土地的出租主要表现为生产性要素的交易，没有满足农民作为人格化财产主体对土地经营的在位控制。

由此，改善人格化产权的交易效率，需要拓展出新的科斯定理即"科斯第四定理"：当存在交易成本时，如果不能通过产权调整来改善效率，

---

① 土地租约及其效率问题一直是主流经济学家讨论的话题。其中，关于定租制与分成制效率高低的争论尤为激烈（文贯中，1989）。本节不打算在这里参与讨论。

那么选择恰当的产权交易装置进行匹配或许是恰当的。

庞巴维克（Bohm - Bawerk，1889）最早提出"迂回生产"概念，并由杨格（Young，1928）发展为报酬递增的重要解释机制。迂回生产是相对直接生产而言的，它是指为了生产某种最终产品，先生产某种中间产品（资本品或生产资料），然后通过使用中间产品再去生产最终产品时，生产效率会得到提高。与之相对应，也可以使用"迂回交易"概念，即为了进行 A 交易，先进行 B 交易，然后通过 B 交易来促进 A 交易，交易效率会改善。但是，"交易装置"（Transaction Configuration）的概念要比"迂回交易"的内容更为广泛，它包含三重含义：①通过 B 交易来改善 A 交易，即迂回交易；②由于 A 交易的交易成本过高，可以选择 B 交易进行替代，即替代交易[①]；③A 交易难以独立运行，通过 B 交易的匹配，能够改善交易效率，即匹配交易。

产权的细分与交易空间的扩展是保障交易装置有效匹配的两个重要方面：

第一，产权的细分及其交易方式的选择尤为重要。严格意义上讲，从农户土地承包权分离出的经营权，还可做进一步的产权细分。一方面，农地经营权并不是一个单一的权利，而是可以表达为对经营权的主体选择、权利范围以及享益权分配等各种权利（权利束）的进一步细化，于是经营权的细分及其交易就可以有不同的类型与形式；另一方面，农业生产环节与农事活动的多样性，同样可以有不同的产权交易及其主体进入，农业的分工活动安排也可以多种多样。最具制度潜力的是，经营权的细分有利于形成多样化的委托代理市场，农事活动的分工有利于发育外包服务市场，由此扩展产权交易装置的选择空间。

第二，交易效率与分工格局紧密相关：①如果土地的交易效率改进得比劳务交易效率快，分工通过土地市场在农场内发展，农场内的专业数增加，农场规模会增加并走向土地规模经营（经营主体转换为家庭农场、生产大户、土地合作社或农业企业）；②如果劳务的交易效率改进得比土地交易效率快，分工通过服务市场在农场之外发展，农场越来越专业化，农

---

① 在 Coase（1937）看来，企业与市场就是节省交易费用的相互替代的装置。Cheung（1983）进一步指出，企业并不是用非市场方式代替市场方式来组织劳动分工，而是用要素市场代替中间产品市场而节省交易费用的一种装置。

场外提供专业服务的种类增加，农场土地规模可以不变，但生产经营的内容减少，效率却上升。常识告知我们，随着农业社会化服务市场的发育，农业中的劳务交易效率无疑会高于土地经营权的交易效率，因此，农户能够以服务规模经营替代土地规模经营，通过分工能够获得外部规模经济性。以土地为中心构建农业生产的制度结构，恰恰是生产力水平低下的农耕社会的表征。

因此，对于人格化农地产权市场而言，新的交易装置必须能够满足下述要求：稳定农村土地承包关系，尊重农民土地的人格化财产特征，在此基础上能够盘活经营权，吸纳有能力的经营主体及其现代市场要素，并改善农业的规模经济性与分工经济性。

第三节　农地产权的交易装置及其匹配：一个案例

推进农地流转的首要政策目标是要改善农业经营的规模经济性。但必须特别强调，促进农业的规模经营有多种方式，土地规模经营只是其中的选择路径之一。从理论上来讲，农业的规模经营可以通过不同的要素采用不同的匹配来实现，而企图通过农地的流转来解决规模问题或许是一个约束相对较多并且缓慢的过程。更重要的是，已有文献忽视了农地资源特性所包含的产权含义及其特殊的市场逻辑，同时也夸大了农地规模扩大所隐含的经济性。

应该说，中国农业经营方式创新的实践探索从未停滞，成功的案例亦多种多样。但必须意识到，普遍的制度需求既不是特殊背景下的典型经验，也不是具有成功偶然性的特例。基于这样的判断，我们认为符合上述人格化产权交易的内在逻辑，并具有普适性和可复制性特征的成功范例，才可能具有重要的示范意义与推广价值。站在这样的角度来说，崇州的创新性试验尤为值得关注。

一、"崇州试验"：新型农业经营体系的探索

崇州市是隶属于四川省成都市的县级市，是农业大县，也是粮食主产

区，同时更是农村劳动力的输出大县。2012 年，全市常住人口 67 万，其中农村劳动力 36.95 万人，但外出劳动力高达 73.40％。随着农村劳动力外出流动，"农业边缘化"愈加严重。农业发展不仅要面对"谁来种田"的现实问题，更要面对"种怎样的田"和"怎样种田"的深层难题。

为此，崇州市做出了多方面的探索。从鼓励生产大户的农地流转，到引进农业龙头企业租赁农地进行规模经营，均未取得预期效果。特别是 2009 年成都鹰马龙食品有限公司租赁桤泉镇 3 000 余亩农地出现毁约退租之后，农户不愿收回被退的承包地，转而要求当地政府承担责任。为了突破困局，维护农业生产和农村发展的稳定，2010 年起，崇州"被逼着"进行新的探索，将企业退租的 3 000 余亩农地划为 300～500 亩不等的连片地块，动员和引进种田能手进行水稻生产经营，由此形成的"职业经理人"及其试验的成功，极大地鼓励了新的实践。

"崇州试验"的核心内容是：以土地集体所有为前提，以家庭承包为基础，以农户为核心主体，农业职业经理人、土地股份合作社、社会化服务组织等多元主体共同经营。重点是：①聘请懂技术、会经营的种田能手担任职业经理人，负责农户土地的生产经营管理；②引导农户以土地承包经营权入股，成立"土地股份合作社"；③引导适应规模化种植的专业化服务体系的建立，并打造"一站式"的农业服务超市平台。随着职业经理人、合作社以及专业化服务体系等专业化、规模化与组织化运行机制的逐步完善，最终形成了"职业经理人＋合作社＋服务超市"的"农业共营制"模式。

二、"农业共营制"模式的主要内容

（一）创新培育机制，建立农业职业经理人队伍

农业普遍面临的情景是，一方面留守农业的多为老人和妇女，难以保障生产所需的劳动强度与经营能力；另一方面农户对农业技术、农业机械、农产品销售等社会化服务的需求日益增加。由于农户与服务主体对接的交易成本较高，需要一个能够代表双方利益并能够协调双方行为的代表，于是崇州市首先诱导了农业职业经理人这一中介群体的产生。显然，企业家能力的引入，在承担经营风险的同时，能够做出协调与"判断性决

策",从而形成经营活动的知识与劳动分工。

为了建立和规范农业职业经理人队伍,崇州市探索制定了一系列的培育与管理机制。一是开展培训。采取自愿报名与乡镇推荐相结合的方式,对符合选拔条件、有意愿从事农业经营的人员进行职业经理人培训。依托培训中心和实训基地,以交流学习、现场指导等方式,进行理论知识与实践操作等专业技能培训;二是加强规范。制定标准与规制,对符合农业职业经理评定标准的全市统一颁发《农业职业经理人资格证书》。持证经理人可在土地股份合作社、专业合作组织、农业企业、村级农技推广站等竞聘上岗,并享有相关扶持政策;三是强化管理。建立农业职业经理人才库、农业职业经理人考核机制,采取动态管理,实行准入及退出机制;四是扶持激励。制定对农业职业经理人在产业、科技、社保、金融等方面的扶持政策与激励机制,如享有水稻规模种植补贴、城镇职工养老保险补贴、持证信用贷款与贴息扶持等。

职业经理人的产生,有效解决了"谁来种田"和"科学种田"的问题,大大促进了良种选用、测土配方施肥、绿色防控、病虫害统防统治、农业机械与装备技术以及科技成果的推广和应用。与农户家庭经营相比,由职业经理人经营的大春水稻种植平均每亩增产10%约110斤以上,生产资料投入与机耕机收成本下降15%约90元(如果考虑到农户生产的劳动力机会成本,下降幅度将达到40%以上)。目前,崇州市已培养农业职业经理人1410人,通过竞争上岗的有767人,初步建立起一支"有知识、懂技术、善经营、会管理"的竞争性的职业经理人队伍。

(二)尊重农民意愿,建立土地股份合作社

作为职业化的农业经营代理者,经理人的进入激励源于获取"企业家能力"回报。问题是,在崇州竞聘上岗经理人对农户的保底承诺是不低于农户自主经营的收入水平(大约在每亩500元左右)。因此,职业经理人要获得"合作剩余",就必须实施规模经营以实现规模经济,由此组建土地股份合作社势在必行。

崇州市运用农村产权制度改革成果,按照农户入社自愿、退社自由、利益共享、风险共担原则,引导农户以土地承包经营权折资折股,组建土地股份合作社。作为合作社社员,农户直接参与理事会及监事会选举、农

业生产计划安排、成本预算以及利益分配方案等决策过程，成为经营管理的实际决策者和控制者，并承担生产成本出资；理事会代表全体社员公开招聘农业职业经理人，同农业职业经理人签订经营合同，对产量指标、生产费用、奖赔规定等进行约定；农业职业经理人负责"怎样种田"，提出具体生产执行计划与预算方案、产量指标等，交由理事会组织的村民代表会议讨论，通过后按照方案执行。生产支出由农业职业经理人提出申请，理事长和监事长按照预算方案共同审签列支入账，农资和农机用具的放置、申领、使用和处理，实行专人负责，及时公示，接受社员和监事会监督。

按照"大春抓粮、小春抓菜"的种植计划，合作社与职业经理人之间的委托代理关系主要采取除本分红的分配方式，即除去生产成本之后，剩余纯收入按 1∶2∶7 比例分配，即 10％作为合作社的公积金、风险金和工作经费，20％作为农业职业经理人的佣金，70％用于农户的土地入股分红，形成了紧密型利益联结机制。目前，崇州市共组建土地股份合作社361 个，入社土地面积 21.33 万亩，入社农户 9.46 万户，农业组织化程度达 56.48％。

必须强调的是，崇州构建的合作社并不同于通常所说的作为独立经营主体的合作社，而是作为一种交易装置出现的。其本质特征在于：①形成农地经营权的集中机制；②形成农户经营控制权由分散表达转换为集中表达；③降低农户与经理人的缔约成本；④监督和保障交易契约的有效实施。

（三）强化社会化服务，建立"一站式"服务超市

农业职业经理人执行合作社的经营计划，必然要采购众多的社会化服务。为降低服务外包成本，同时也有利于农业职业经理人专职于合作社的经营管理，由此又催生形成了"一站式"的农业社会化服务超市。

崇州坚持主体多元化、服务专业化、运行市场化的原则，按照"政府引导、公司主体，整合资源、市场运作，技物配套、一站服务"的发展思路，引导社会资金参与组建了综合性农业社会化服务公司，整合公益性农业服务资源和社会化农业服务资源，完善了公益性服务与经营性服务相结合、专项服务与综合服务相协调的新型农业社会化服务体系。分片区建立农业服务超市，搭建农业技术咨询、农业劳务、全程机械化、农资配送、

专业育秧（苗）、病虫统治、田间运输、粮食代烘代贮、粮食银行等"一站式"全程农业生产服务平台，所有服务项目、内容、标准、价格，均实现公开公示、明码标价，实现了适度规模经营对耕、种、管、收、卖等环节多样化服务需求与供给的对接。

显然，多个合作社"生产权"的细分与农事活动的外包，扩展了农业生产性专业服务的规模经济空间与分工经济范围。可见，"服务超市"与"土地股份合作社"一样，也是一种交易装置，能够有效提升服务交易的效率，具有异曲同工之妙。

目前，崇州市已分片建立农业服务超市 6 个，分别联结 22 个农机专业合作社或大户（共拥有大中型农机具 320 台（套），从业人员 662 人）、16 个植保专业服务组织（拥有植保机械 700 余台（套）），6 个劳务合作社（从业人员 1 000 多人），以及工厂化育秧中心 2 个、集中育秧基地 10 个，服务面积达 14.63 万余亩。

三、"农业共营制"："崇州试验"的有效性

崇州试验的"农业共营制"，就目前的运行效果来说应该是成功的。以培育农业职业经理人队伍推进农业的专业化经营，以农户为主体自愿自主组建土地股份合作社推进农业的规模化经营，以强化社会化服务推进农业的组织化经营，实现了多元主体的"共建、共营、共享、多赢"。

（一）经营主体的"共建共营"

"农业共营制"的根本特点在于，坚持了农村土地集体所有权，坚持了农户的主体地位，稳定了家庭承包权，盘活了土地经营权，通过经营权的进一步细分与重新配置，并由此形成了土地股份合作社、职业经理人、社会化服务组织等多元主体共同构建和共同经营的新型农业经营组织体系。

从逻辑上来说，农业的家庭经营按照产权分离的程度可以做进一步的分类：①家庭承包与家庭经营；②家庭承包与部分经营权分离；③家庭承包与全部经营权分离。显然，第三种类型退化为家庭的土地财产权经营（类似于农户的土地出租），尽管依然具备广义的家庭经营的性质，但农户已经不再具备农业生产经营的功能。因此，崇州的"共建共营"显然是一

种巧妙的组织制度安排：①破解了当前土地细碎、经营分散的难题，实现了土地的集中连片和规模化，有效解决了"种怎样的田"的问题；②土地经营的决策控制权依然掌握在农户手中，满足了农民的在位控制偏好，并且农户共同进行生产经营决策与监督执行，确保了耕地不撂荒，防范了土地流转过程中存在的非农化和非粮化问题；③通过经营权中营运与操作的进一步产权细分和业务外包，一方面俘获和生成了农业企业家能力，培育了职业经理人队伍，另一方面吸引了一大批外出青壮年返乡创业，培育了新型职业农民队伍，从而促进了农业的分工与专业化，有效解决了"谁来种田"、"如何种田"以及科学种田的问题。

（二）合作收益的"共营共享"

土地的集中、现代生产力要素的聚集及其能者的共同经营，大大改善了农业的规模经济、分工经济与合作剩余，形成了"共营共享"的利益共同体与分享机制。①农户在承担生产成本之后能够获得占剩余纯收入70%的分红；②农业职业经理人享有超产部分20%的佣金、规模经营的政策性奖励以及城市社保；③土地股份合作社提取超产部分10%的公积金，享受相应的专项政策扶持，由此壮大集体经济；④农业社会化服务组织则通过承接农业生产性服务的外包来获得业务收入与服务规模经济。据统计，2012年，职业经理人每亩收益150元（不含政府补贴），平均年收入4.5万元；合作社公积金平均每亩提取75元左右；入社农户在收回生产成本后，每亩直接增收约525元（不含政府补贴）。

特别是广大农民，能够从对小规模分散经营的依附中解脱出来，务工劳动力由"短工"转变为"长工"，2012年和2013年全市新增外出农民工分别达到11.78%和12.98%。其意义在于：①除了外出务工、分享农业共营成果外，农户还可以获得从事家庭农场、参加专业服务或劳务组织等多种机会，实现多渠道的增收；②化解了农户的兼业化问题，促进了农民向职业农民与产业工人的专业化；③土地流转机制与农业分工机制的形成，有可能加快农业人口的流动，从而成为农村新型城镇化的积极支持力量。

（三）经营目标的"共营多赢"

从微观主体层面来说，"农业共营制"保证了参与主体相应的权益，调动了各方面的积极性。其中，农民走出小农经济并参与到社会化分工，且仍然是农业经营决策的真正主体；合作社通过经营计划与社员监督，规避了合作风险，提高了共同经营的稳定性与可持续性；职业经理人通过企业家经营与规模经营，实现了创业增收；社会化服务组织通过专业化与生产性服务外包，实现了农业从"土地规模经营"转型为"服务规模经营"。

从宏观政策方面来说，"农业共营制"使耕地资源得到了有效保护和合理利用，粮食生产和粮食安全得到有效保障，农民权益得到有效保障，农业生产力水平及可持续发展能力显著增强。因此，"农业共营制"兼顾了农户、专业组织、集体与国家等各方面的利益，实现了微观主体经营目标与国家宏观政策目标的"激励相容"与"多赢"局面。

四、"崇州试验"的创新价值：三大交易装置

我国农村基本经营制度的核心目标是：第一，必须保障农产品有效供给，提高农业生产效率，确保粮食安全和食品安全；第二，必须保障农民的土地权益，促进农民增收，并调动农业经营者的生产积极性。为了保障制度目标，无论推进怎样的制度变革，无论社会实践涌现出怎样的创新与试验，均不能削弱甚至突破农村基本经营制度的制度底线：一是必须始终坚持农村土地农民集体所有制；二是必须始终稳定土地承包关系确保农户的土地承包权；三是必须始终坚持家庭经营的基础性地位；四是必须始终严格保护耕地、强化农地用途管制与保障粮食安全。

"崇州试验"及其所探索的"农业共营制"，切实维护了制度目标，保住了制度底线，并在此基础上坚持和落实了集体所有权、稳定和强化了农户承包权、放开和盘活了土地经营权、改善和贯彻了用途管制权，从而形成了"集体所有、家庭承包、多元经营、管住用途"的新型农业经营体系，具有广泛的普适性与可复制性。其创新价值与启迪意义在于其交易装置的形成及其匹配。

（一）产权交易装置：农民土地股份合作社

如前所述，崇州的合作社并不是独立的经营主体，而是形成土地的适度集中并达成土地经营与企业家经营合作的交易装置。其价值在于：

　　第一，这一装置规避了农地流转交易中的禀赋效应，一方面通过股份合作的方式保留了产权主体与产权客体的紧密联系，从而尊重了农民的人格化财产特性；另一方面通过保留农户对职业经理人的甄别以及生产经营的最终决策权，从而满足了农户的在位控制诉求。

　　第二，这一装置既不是出于生产合作也不是出于产品销售的目的，而主要表达为一种形成农地经营权的集中机制；它既不涉及集体资产及其权益的分享，也不谋求与社区经济组织的重叠，而仅仅是一种使相邻农户的土地形成一定的连片规模。关键在于，农户土地经营权的集中与规模化，主要是吸引农业职业经理人的竞争性进入，合作社由此成为农户经营权细分与企业家人力资本的交易平台，并进一步达成"企业家能力"与其经营服务规模的匹配。

（二）企业家能力交易装置：农业职业经理人市场

　　农户经营权的细分，形成了以提供"管理知识"为中间性产品（服务）的企业家主体，即农业职业经理人。农业企业家或职业经理人群体的产生与"代营"（经营外包），改善了农业的知识分工与决策经营效率，拓展了农户的经营决策能力。

　　第一，这一装置通过农业职业经理人市场的发育，有效降低了合作社寻找和甄别有经营能力的搜寻成本。

　　第二，这一装置所形成的集体谈判机制，能够大大降低经理人进入的谈判与缔约成本。

　　第三，土地规模所激励的职业经理人竞争性进入，能够有效降低农户及合作社对经理人的监督与考核成本。

　　第四，这一装置能够有效降低农户、合作社、经理人之间关于合作剩余享益分配的谈判成本，并促进各参与主体的激励相容。

（三）服务交易装置：农业生产性"服务超市"

　　农户生产权的细分，形成了以提供"专业生产"为中间性产品（服务）的生产性主体，即农业社会化专业服务组织。农业生产的专业化组织的产生与"代耕"（生产外包），促成了农业的技术分工与生产操作效率，拓展了农户的生产操作能力。

第一，通过"服务超市"交易装置，集合农业合作社及其经理人的服务需求与专业服务组织的服务供给，能够有效降低服务交易双方的搜寻成本。

第二，交易装置所形成的多个供需主体的聚合，能够有效改善服务价格的生成效率，降低谈判成本。

第三，稳定交易预期。一方面通过需求的集合，不仅化解了专业服务组织因"专用性投资"而被"要挟"的风险，并且能够提升扩大服务交易范围的规模经济性；另一方面通过供给的聚合，农户与合作社能够通过服务超市所形成的声誉机制获得优质服务，并分享服务主体的规模经济与分工经济所决定的低成本服务。

第四，改善迂回投资。由于专业服务组织能够获得机械装备等方面的融资与专项补贴，化解了农户的投资约束，并由此改善农业的迂回经济效果。

三大交易装置有效化解了人格化财产的交易约束，并且通过土地流转交易转换为农户土地经营权交易、企业家能力交易与农业生产性服务交易的匹配，大大拓展了农户获取"服务规模经济性"与分工经济性的空间，在一定程度上回答了"地怎么种"的现实难题。

不仅如此，三大交易装置所支撑的"农业共营制"还具有经营空间不断扩展与提升的可能性。第一，农民土地股份合作社，能够通过土地经营权的抵押与担保获得信贷资本，有效获得各自政策性的财政与金融支持①，提升"共营制"组织的投资能力；第二，农业职业经理人通过其企业家能力能够改善农业的标准化与品牌化经营水平，提升农业合作社的市场竞争能力；第三，农业生产性社会化服务组织通过迂回投资，提升农业的物资装备水平与科技应用能力，既有利于改善迂回经济效率，降低生产成本，又有利于提高农产品产量，改善农产品质量安全。

因此，崇州的"农业共营制"作为新形势下农业经营体系的重要创新，有效破解了家庭经营应用先进科技和生产手段的瓶颈，以及统一经营层次被弱化的问题，优化了农业资源配置，实现了现代物质技术装备、企

---

① 2014年中央1号文件进一步强调：允许财政项目资金直接投向符合条件的合作社，允许财政补助形成的资产转交合作社持有和管护。

业家能力等先进生产要素与经营方式的高效对接，提高了土地产出率、资源利用率、劳动生产率，促进了现代农业经营的集约化、专业化、组织化和社会化，增强了农业可持续发展能力。崇州所探索和实践的"农业共营制"，有可能是破解我国农业经营方式转型的重要突破口，昭示着中国农业经营体制机制创新的重要方向。

第四节　进一步的讨论

本章得到的主要结论有：

（1）产权强度决定着产权实施，是政府代理下的国家法律赋权、社会认同（或者社会规范）与产权主体行为能力的函数。三者分别表达了产权的合法性（法律赋权）、合理性（社会认同）与合意性（行为能力）。产权强度的提升对产权交易的意义并非是明确的。

（2）农户普遍存在的禀赋效应，是抑制农地流转的重要根源。不仅如此，农户禀赋效应还具有人格依赖性、生存依赖性、情感依赖性以及流转对象的依赖性。土地对于农民是一种不可替代的人格化财产，并由赋权的身份化（成员权）、确权的法律化（承包合同）、持有的长久化（长久承包权）而不断增强，农户在农地流转中的所表现出的"产权身份垄断"与"产权地理垄断"，进一步加剧了普遍存在的禀赋效应及其对农地流转的抑制。因此，农地流转并不是纯粹意义上的要素市场的交易，而是包含了地缘、亲缘、人情关系在内的特殊市场。

（3）科斯定理既没有关注到人格化财产的产权安排问题，也没有考虑到存在禀赋效应的产权交易问题。产权交易费用的高低，并不唯一地由产权安排决定。因此，保障农民对土地权益的诉求并获取交易收益，表达着特殊的市场逻辑，需要匹配特殊的交易装置。

（4）以土地为中心构建农业生产的制度结构，是生产力水平低下的农耕社会的表征。农地的流转，应该诱导农业生产性服务市场的发育，从而促进农业的规模经营从土地的规模经营转向服务的规模经营。其中，农地承包权与经营权的分离，特别是经营权的细分及其多样化，有利于扩展产权交易装置的选择空间。

（5）"崇州试验"及其所探索的"农业共营制"所具有的普适性与可

复制性，表明以土地"集体所有、家庭承包、多元经营、管住用途"为主线的制度内核，将成为我国新型农业经营体系的基本架构。

上述研究结论引发了对农地流转市场特殊性的进一步思考和讨论。产权经济学认为，经济学应该关注的问题是由于使用稀缺资源而发生的利益冲突，必须用这样或那样的规则即产权来解决。交易的实质不是物品或服务的交换，而是一组权利的交易。市场分析的起点，不在于回答人和物的关系是什么，而是要回答隐含其背后的行为规则即产权安排是什么。因此，市场交易是交易主体的产权交易，其前提是交易主体必须对所交易的物品拥有明确的产权。

产权经济学区分了两个重要的概念，一是产权赋权，二是产权实施。明晰的赋权是重要的，但产权主体是否具有行使其产权的行为能力同样是重要的。产权的实施包括两个方面：一方面是产权主体对产权的实际处置，另一方面是对产权的转让与交易。由于产权在实施中的强度问题，使得同一产权在不同的实践环境、对于不同的行为主体，都可能存在实施上的差异。由此，市场运行依赖于两个关键因素：

一是明确而分立的产权。市场可以被认为是普遍化了的商品交换关系，而这种交换关系的维系必须要有相应的产权安排来保证交易的顺利进行。在市场交换的过程中，产权主体只有预期没有被抢劫而无处申诉的危险时，他才会积累财富并努力将财富最大化；当产权主体在把手中的货币或货物交给其他主体而不必担心对方不按契约办事时，或者在对方不履行契约而能够保证以一种低成本的方式挽回或减少损失的情况下，交易才会顺利进行。因此，只有在有明确的产权保护的情况下，交换才能顺利进行，价格（市场）机制才能发挥作用。由此，明晰的赋权意味着产权的保护、排他、尊重与契约精神。

正因为如此，农村土地制度的制度底线是必须维护农民的人格化财产，提升农民对土地的产权强度并保护农民的土地权益，在此前提下构建公开而有秩序的农地产权流转市场，并尊重农民自主参与流转的权利。

二是合乎要求的经济组织。"合乎要求"一方面是指改善产权的处置效率，另一方面是指降低产权的交易成本。本节对科斯定理的分析表明，对于已经确权颁证的农户承包经营权来说，重新调整产权来改善处置效率与交易效率的空间并不存在，因此，从产权调整转向经济组织构造是必然的选择。科斯（Coase，1937）指出，市场运行是要花费成本的，而市场与企业是两种可以相互替代的资源配置的手段。因此，降低产权的实施成本，依赖于有效的关于生产组织和交易组织的选择与匹配。可见，市场机制不仅包括价格机制、产权分立机制，还要有合乎要求的组织机制及其交易装置。

就农业经营体系来说，一方面，既要坚持家庭经营的基础性地位，又要化解农户经营的行为能力不足与规模不经济问题，因而农业生产经营方式的创新尤为重要；另一方面，既要赋予农民更多财产权利，又要规避农户土地的禀赋效应，因而农地产权交易方式的创新同样关键。正是基于这样的角度，"崇州试验"所包含的创新逻辑及其交易装置的匹配，就具有了更为重要的理论内涵与现实价值。

第八章　结论与政策建议

第一节　主要结论

本书基于对农地流转市场特殊性的认识，分别从农地流转的缔约对象选择、契约期限的确定、契约租金的决定三个维度对农地流转的契约性质进行了分析，并进一步从农地契约不同维度的相互依存性、农地契约的稳定性、农地租约与相关要素市场的相关性，讨论了农地流转契约的关联性逻辑，并由此提出了农地流转从契约选择到交易装置设计的操作策略。总结全书，可以得出下列基本结论。

一、农地流转的市场性质

（一）农地流转的非市场特性

通过修正威廉姆森的交易费用范式，并构建"土地依赖—交易费用—农地流转非市场行为"的逻辑框架并进行理论与实证分析，可以认为：

1. 我国农地流转市场并非同质要素市场，而是集中表现为"关系型交易市场"。农户农地流转主要发生于熟人之间，呈现出明显的亲缘与地缘的"差序格局"，农户对亲友邻居的农地流转存在非市场化的定价机制。

2. 在农村社会保障不健全和务工收入不稳定的情况下，农户生存保障主要依靠对土地的依附和对亲友的依赖。威廉姆森的交易费用范式忽视乡土社会背景下特殊的人地关系，专用性社区资本和对亲友信任度可以对其进行修正和拓展。

3. 土地依赖与交易费用显著影响农地流转的非市场行为，并且其实证结果具有较好的稳健性：土地依附性、非专用土地资产、专业性人力资本、专用性社区资本、交易频率以及对亲友信任度促使农地转出给亲友邻居，而社会保障水平、通用性人力资本以及契约稳定性则有助于农地流转给亲友之外的社会主体。

4.农户普遍选择非市场化的交易方式，不仅仅与威廉姆森范式中的资产专用性、交易频率和不确定性相关，而且农户对土地的依赖与社会关系的嵌入，同样显著影响农户农地流转的非市场行为。

（二）"关系型契约"的适宜性

一般认为，"关系型契约"往往隐含着明显的交易风险。但问题是，为什么农户依然普遍选择非市场化的交易方式？或者说，为什么农户会选择一个交易费用比较高、低效率的交易方式？显然，必须寻找其内在的适宜性逻辑。

1."要素型租赁市场"的流转主要表现为"要素型契约"的交易，但面临契约不稳定。究其原因：第一是经营预期上，由于经营权依附于承包权，农户在身份上具有不可替代性以及与农地流转不具有可分性。随着非农产业发展和预期土地增值，土地转出农户随时可能毁约而致使农地流转具有极大的不确定性。第二是流转时间上，由于外出务工机会不稳定，农户无法判断未来收回土地的时间。因此经营预期和流转期限的不确定性严重影响"要素型契约"的稳定性。

2.土地依赖的特殊人地关系与社会关系嵌入的特殊交易机制是影响农户农地流转的非市场化行为的重要因素。其一，在农村社会保障不健全和务工收入不稳定的情况下，农户生存保障离不开对土地的依附和对亲友的依赖。由于人地关系的严酷性，农地流转市场不是纯粹的要素市场，农地流转行为不是单纯的市场交易行为；从安全最大化和福利最大化的角度，土地流转不是一个简单的经济价值概念。土地对于农民而言，涉及生存依赖、福利保障、身份表达以及农耕情感等方面，因此农户不可能轻易转出土地。

3.特殊的人地关系引发了特殊的交易关系，土地可以作为连接社区和强化熟人间社会关系的工具，从而导致社会关系嵌入严重影响农地流转的市场交易活动，进而表现为熟人在与非熟人的竞争中处于强势甚至是垄断地位。第一是人情网络、信任机制、声誉机制和重复博弈约束农地流转双方的行为，从而降低信息不对称性、事后机会主义行为以及契约治理成本等所引发的交易费用。第二是熟人间农地流转便于相互协商和随时收回土地，使得农户灵活地进入和退出农地流转市场，从而保持契约的灵活性。

4. 熟人间的农地流转，不仅使得农户能够灵活地进入和退出农地流转市场，从而保持契约的灵活性，而且能够获取更多的保障资源，同时降低农地流转的风险。乡土社会信任和声誉机制以及由此形成的关系网络，能够降低农地流转中的事前、事中和事后的交易费用，从而确保契约的稳定性。因此，"空合约"是对"关系契约"进而对"口头契约"在维护相互依存性、规避生存风险、节省交易费用与治理成本并改善竞争性等方面的进一步超越，是更为"精致"的缔约选择的体现。

5. 值得注意的是，乡土社会广泛存在的关系型交易与空契约，在非正式制度安排下能够自我实施，这实际上表达了微观治理的效率基因与秩序扩展。这或许是个两难的选择：一方面要推进新农村建设与农业现代化，另一方面更需要保护村庄内生的基于关系信任而自发形成的交易秩序。而后者对于维护中国这样的人口大国的稳定性来说，意义尤为重要。

二、缔约对象的差序化特征

（一）对象选择的基本特征

如果将农地缔约主体分为"关系主体"与"社会主体"，进而将农地流转契约分为"关系型契约"和"要素型契约"，那么就可以发现：

1. 亲友邻居间土地交易存在显著较低的价格，而且农地转出面积在"亲友邻居"与"社会主体"之间也存在显著差异；在区域上，亲友邻居间土地交易同样存在显著较低的价格，而且普通农户、生产大户、农业合作社和农业企业与亲友邻居的农地转出租金差异，依次递增。

2. 土地依附性、非专用土地资产、专用性社区资本和交易规模对农户选择"关系型契约"具有显著的促进作用，而契约稳定性和农地流转收益则显著促进农户选择"要素型契约"。

3. 专用性人力资本、交易规模、非专用地理位置、契约稳定性、农地流转收益和农地市场发育对农地流转缔约主体多元化具有显著的促进作用，而土地依附性、非专用土地资产和地权不稳定性则存在显著的抑制作用。

4. 农户契约选择、农地流转缔约主体选择的影响因素中，不仅与威廉姆森交易费用范式中的资产专用性、交易规模和不确定性相关，而且土地依赖、社会关系网络、农地流转收益和农地市场发育同样存在显著影响作用。这意味，其一，土地租赁缔约对象选择的成因，不局限于反映交易关系的交易特性，同时，还包括反映人地关系的土地依赖性。其二，在乡土社会背景下，缔约双方的关系强度极大地影响交易性质，比如专用性社区资本促进农户选择"关系型契约"。其三，农地市场发育程度的提高和合理的农地流转收益有助于促进农地流转缔约主体多元化。

（二）缔约对象的"差序格局"

1. "差序格局"的基本特征是：第一，农户与缔约对象之间社会关系的差序格局，导致了信任上的差异，如农户对于亲友邻居信任程度更高，而对于合作社、龙头企业等其他市场化主体信任程度较低，导致农户更倾向于选择关系亲密的主体作为缔约对象。第二，由于社会关系的差序格局，导致农地流转交易的差序格局，具体体现为社会关系越亲密，越可能选择口头契约形式，短期而灵活的契约期限，相对低的流转租金，较小的流转面积；而关系疏远的主体的农地流转契约选择则呈现出规范化、市场化趋势。第三，缔约对象差序格局对农地流转面积、契约期限、流转租金以及契约形式的影响，有依次增强的趋势。

2. 以信任作为农地流转交易准则，对于风险规避的作用逻辑是：其一，信任程度越高，缔约对象的行为可预期性越强，不确定性越小，能够形成相对稳定的流转预期，规避承租方机会主义行为带来的损失；其二，信任程度越高，社会关系更强，声誉机制更可能在农地流转契约的保障执行与违约惩罚中发挥作用；最后，农地流转中，农地作为一种资源，将其流转给具有社会关系的对象，可能起到社会资本投资的作用，导致社会关系的强化发展，有利于农户形成更有利的社会关系网络支持。对于一般农户而言，假定亲友邻居、普通农户、生产大户等潜在的缔约对象是可选择的，不难推测，亲友邻居带有血缘、地缘关系而关系较为紧密；普通农户与其具有同业或同个社区成员关系，关系比亲友邻居疏远一些；生产大户有同业关系，身份相近，而其他合作社与龙头企业，接触机会较少以及交往频率不高，更接近于生人关系，因而缔约对象的信任程度将依"亲友邻居-普通农户-生产大户-其他主体（合作社、龙头企业）"而逐次降低，呈现出信任程度的差序格局特征。

三、契约期限及其"逆向选择"

（一）契约期限选择的因素决定

由威廉姆森范式所表达的三个基本维度即资产专用性、不确定性与交易频率，能够揭示农户租约期限的决定机理及其影响因素。

首先，农户对土地的专用性资产投资、农户受教育程度所决定的发现土地潜在收益的能力、农户对承租者的信息充分程度、对不同承租者的缔约选择空间，以及对于缔约控制权的谈判能力不足，是农户选择短期契约的关键性因素。

其次，农户转出农地的土地类型、与缔约对象的信任程度，是决定农户租约期限选择的主要因素。其中，①土地类型所表达的土地专用性对短期契约选择有显著的负向影响，即土地平整而利于机械设备等专用性生产投资的，将更多选择长期契约；②信任程度与人际关系的差序结构紧密关联，关系越是亲密，契约期限越是短期化，关系越疏远，则倾向于选择长期租约。因此，农户租约的期限长短与缔约对象的亲疏关系，具有典型的二元选择特征。

最后，农户外出务工的时间长短、农户对土地的收入依存与就业依赖，均对农户土地契约的期限选择不具显著性影响。一般认为，农户外出务工时间越长久、农户对土地的依附性越低，农户更可能稳定地、长时间地转出农地。我们的研究表明，农户非农就业的稳定性与否、土地对农户所承担的社会福利保障，并不决定农户缔约期限的选择。

（二）人格化特征及其机理

农户土地流转的契约及其期限的选择，主要与农户的资源禀赋条件相关，而与土地本身有价值的产权维度（如，由单产水平表达的经营权、由农业收入表达的收益权、由流转租金表达的排他性交易权）的关系甚微。为什么表达土地资产的有价值的产权属性，没有成为农户缔约及其期限选择的促进因素？土地功能的双重性，表达的不仅是一个资源配置层面的资产专用性特性，更重要的是表现为显著的人格化（或身份化）特征。第一，农地对于农民是一种不可替代的人格化财产，并由赋权的身份化（成员权）、确权的法律化（承包经营权证）、持有的长久化（长久承包权）而使财产的人格化程度不断增强。其中，农民对于土地的承包权而言，具有排他性的"资格垄断权"（任何农村集体成员以外的主体，只能以获得依附于承包权的经营权才能进入农业经营）；第二，由于农户的承包经营权必然地要对象化到具体的地块，因此，对于任何通过流转市场来获得一个具体地块的经营权的主体而言，具有该地块承包权的农户，天然地具有"产权地理垄断"的特性；第三，农户参与土地流转交易，具有明显人格依赖性、生存依赖性、情感依赖性以及流转对象的依赖性。

（三）租约期限的"逆向选择"

契约理论已经证明，长期的合作关系既可以表现为缔约期限的长期化，也可以通过多时段的短期契约的连续续约来表达。然而，农地流转的特征是，不仅短期租约普遍存在，而且其后期租约中的缔约期限有不断缩短的趋势。这意味着，农地租约期限存在类似于信息不对称条件下产品市场中的"逆向选择"，从而导致短期契约"驱逐"长期契约的"柠檬市场"现象。第一，在信息机制方面，签约前对承租方的了解变量对短期租约的形成具有显著的正向影响，这表明流转过程中，农户对于承租方了解越多，信息不对称程度越低，更可能将其选为关系信任的对象，而形成满足随时能够拿回农地需求的短期租约。第二，在风险机制方面，由于土地经营权的终极控制权属于承包农户，任何形式的农地流转并不是交割式的市场出清，在时间上不可能是永久性的，必然表现为"期限性"特征。不仅如此，由于农地转出农户在签订流转租约时，对未来的自然状态存在不确定性，同时又无法缔结依赖于各种可能的不确定情景的完全合同，因而租约期限选择就是一种风险决策。不难判断，期限越长，面临的不确定的自然状态越多，风险也越大。第三，在承诺能力方面，由于①农地产权市场不断发育所形成的流转租金的价格生成机制及其可能增长的潜在收入流；②多种经营主体投资农业所形成的农户在农地流转"卖方市场"中的谈判优势；③农户非农就业不稳定性预期加剧所引发的对土地的保障性预期，等等，这些因素显然难以在租约承诺中得到完整表达，因此，一项短期的租约不仅有利于规避不确定性，而且租约期限越短，转出农户面临的履约风险越低。可见，对不确定性与风险规避所导致的短期化决策，是转出农户风险最小化的理性选择。

四、租金决定及其市场失灵

（一）地租理论及其扩展

经典地租理论表明，农地的质量、农地经营模式以及经营者生产能力等因素都会影响农地的潜在生产价值，进而影响农地租金价格。关于"人—地"、"人—人"关系是如何影响农地租金价格的，都被排除在经典地租理论的考察视线以外。事实上，我国农户对农地存在"客观生存依赖"与"主观情感依赖"的双重依赖关系，由此会引发交易中的禀赋效应，进而影响农地租金价格。从乡土社会"人—人"差序关系格局看，不同的关系强度暗含着不同的农地流转事后监督成本，从而影响农地租约中的价格决定。一方面，从差序格局来说，农地流转缔约更为集中发生在熟人关系中，并且在熟人交易中的农地缔约价格更低；另一方面，从监督成本而言，在农地流转缔约过程中，不同关系强度的缔约对象，其面临的事后监督成本不同，从而引起租金价格的差异。

（二）农地流转中的市场失灵

我国农地流转市场存在一个重要的现象：即使转出农地获得的租金收益高于自耕农地获得的生产收益，农户依然选择不转出农地，从而表现出市场失灵的现象。之所以如此，关键在于农地流转双方对农地资源有用性的评价维度具有不一致性，从而表明农地流转价格生成与一般物品价格生成的逻辑差异，研究表明：①农地转入主体重视农地的经济价值，做出的是单维的经济收益性价值评价；农户在转出农地时则将综合考虑农地的经济价值、社会价值与身份价值，对农地做出多维的功能性价值评价。交易双方对农地资源的不一致评价，影响价格机制作用的发挥。②农户对农地的依赖特征越为强烈时，地租价格幻觉越高，从而抑制了农户实际进入农地流转市场的可能性，市场价格的资源配置机能失效。③农户越是对农地具有劳动承载依赖、对于离地进城越感到忧虑、对支持农户离地就业政策的满意度越低、离地后对农地控制权意识越强，农户在选择参与农地流转时越可能产生价格幻觉。

五、农地流转契约及其关联性

我们重点关注了三个方面的关联性问题以及农地契约不同维度的相互依存性、农地契约的稳定性，以及农地租约与相关要素市场的相关性。

（一）租约期限、租金及其相互关联性

第一，农地流转的租约安排，并不是出租户单方选择的结果。在实际契约的签订中，由于缔约双方具有身份及目标偏好的差异，其对契约条款的要求往往存在不一致性，其中，对契约期限的要求的不一致性更为突出，有时甚至同一因素对缔约双方的契约期限选择的作用效果是相反的。事实上，租约的订立是缔约双方的博弈过程，期限与租金则是可讨价还价的变量，正因为如此，农户的农地出租及其租约安排，往往具有明显对象依赖性或对象差异性。

第二，农地租约一般具有"租约集"的特点，通常表现为多个契约条款与内容的集合，因此，租约均衡及其稳定，并不完全由某个单一条款的选择而决定，租约中的"条款集"往往具有相互补充、相互替代及相互匹配的特性。也就是说，农地租约中的期限与租金，并不是相互分离的，而是互为因果的，具有显著的内生性。

第三，将契约期限与租金视为联合决策问题，那么租约达成既可视为租约期限选择从差异到一致的博弈过程，又能够表现为租金调整双方期限的选择过程，由此实现缔约双方利益的平衡。在农地流转交易中，农地质量（由肥力、灌溉、地形及交通条件等多个维度表达）有时能够成为重要的决定因素，并往往呈现"高质量—高租金—长期限"、"低质量—低租金—短期限"的农地质量与租约安排的匹配特征。研究结果表明，农地租约具有强烈的"条款集"的特点，多个契约条款往往具有相互补充、相互替代及相互匹配的特性，某个单一条款的选择或多或少地会受到其他多个契约条款与内容的影响，可以说，农地租约中每个条款的决定，均是在寻求租约"条款集"和内容的总体均衡及稳定。显然，如何在解决内生性问

题的基础上，进一步厘清农地租约中关键条款各自的决定机理及其选择逻辑，尚需做出进一步的努力。

（二）要素品质与农地租约选择的关联性

如果基于佃农理论的分析背景，我们可以把地主视为农地转出者，佃农视为农地转入者。那么，地主与佃农之间的地租选择关系其实是农地流转的契约选择问题。传统佃农理论之所以认为分成契约低于定额租约的效率，是因为忽视了风险因素。如果将风险问题转换为交易费用约束并使工资率满足一定条件，则分成契约与定额租约将具有相同效果。进一步放松要素同质的假设，利用博弈模型分析表明，低质量土地和高能力佃农的要素组合与分成契约匹配，定额租约则适用于高质量土地和低能力佃农的要素组合；并且，定额租约和分成契约分别是信息对称和不对称结构下的最优制度选择。

可能性贡献在于：第一，Cheung（1969）的佃农理论是两个相对独立的部分，也就是说，"佃农理论Ⅱ"的风险因素并没有整合到"佃农理论Ⅰ"的模型中。我们证明，在"佃农理论Ⅰ"数理模型基础上，运用博弈论方法把风险因素统一到交易费用范畴当中，而无需借助私产竞争的前提，仅加入交易费用这个唯一的约束条件就可证明分成契约的有效性。第二，Cheung的佃农理论隐含着要素（土地和劳动力）同质的假设。通过放松这一假定，将要素异质性问题纳入到佃农理论，并尝试对农业内生匹配假说进行数理模型的构建。第三，Stiglitz（1974）的委托代理模型与传统的税收—对等方法是分离的。在修正的税收—对等方法基础上，结合委托代理模型重新求出佃农分成的博弈均衡解，并得到新的结论：信息对称下，分成契约效率低；信息不对称下，分成契约效率高。

（三）农地租约的稳定性问题

我国农地流转具有两个非常重要的特征，一是普遍存在的关系型流转交易，二是依附于农户承包权基础上的农地流转。由此，农地流转的契约关系隐含着契约的不稳定性问题。

交易成本经济学固有的经济理性逻辑单纯从资产专用性出发，忽略了交易活动中"嵌入性关系"以及权力要素，排斥了社会关系方法，忽视了契约的外生性影响因素,从而割裂了关于契约分析的完整性。社会关系观揭示并解读了影响交易行为的众多非经济性因素和力量,这对于理解契约的稳定性具有基础性作用。社会网络理论和渠道行为理论更加关注交易群体特征和交易主体的异质性对交易绩效带来的影响,这类理论带来的启发是,一项不完全契约的稳定性不单单是由其面临的交易费用的高低决定的,具有较高的交易费用的契约也有顺利运行的可能性,而具有较低的交易费用的契约也有违约的风险。与契约理论和交易成本经济学主流最大的不同在于,社会网络理论和渠道行为理论是从契约之外寻找解决问题的途径。农地流转契约的实施过程都嵌入在复杂关系中,既表现为直接经济交易活动中双方协定的契约关系,也表现为隐含于直接交易活动背后的社会关系。社会关系又可以区分为积极的关系规范与消极的权力关系,缔约主体间权力关系上的不平衡使得契约执行面临的交易成本过高,而关系规范的培育可以降低因高资产专用性与权力不平衡带来的交易成本,提升契约的稳定性。

(四) 农业要素流动与契约关联逻辑

农业要素市场体系其实是由土地、资本、劳动三种主要的农业要素市场组织交织而成,而每一种农业要素市场组织均是一个相应的要素契约集合。因此,农业"三大市场"的一般均衡最终是"三大契约"相互关联的结果。而且,在农业中间服务组织专业化水平不断提高的条件下,农户与农业中间服务组织在农业资本市场中签订的信贷契约能够最终实现农业土地市场定租契约、农业劳动力市场工资契约和农业资本市场分成契约的一般均衡,这意味着农地租赁契约、农业劳动力契约和农业资本契约之间是两两相互关联的。

尽管农业中间服务组织的引入能够起到联系各农业要素市场组织并减少外生性交易费用的作用,但农业中间组织的专业化水平受农业要素市场范围的约束,市场范围的扩展又受到内生性交易费用的限制。而农业的交易规模有限性、交易风险性与资产专用性都是内生性交易费用产生的来源,即内生性交易费用间接约束了农业中间组织的发展空间。所以,如果仅仅通过市场的自发力量是难以形成各类有效率的农业中间组织。因此,政府在稳定"集体所有、家庭承包"基本格局的同时,更应该鼓励和发展各类农业中间服务组织，以帮助"理性小农"参与现代分工经济系统当中分享合作剩余。

六、从流转契约到交易装置的市场设计

提升物品的产权强度，就必定能够改善人们对物品潜在价值的评价，进而促进物品的交易？第一，交易费用范式关注了资产专用性、交易频率、不确定性等因素对交易成本的影响。这一范式的特点是假定交易参与者具有明晰的产权，且具有同样的交易意愿。不过，该范式忽视了交易主体的主观差异。因为不同的人将其所拥有的物品进行交易的意愿程度是不同的。第二，对于不同的产权主体来说，提升物品的产权强度，其所能发现物品潜在价值的能力是不同的，进而参与交易的可能性及倾向也是不同的。因此，产权强度对产权交易的意义并非是明确的。

按照科斯定理，不同产权安排隐含了不同交易费用，因此用一种安排替代另一种安排是恰当的。问题是，在产权已经界定尤其是农地确权及其"生不增、死不减"及其固化的情形下，随着时间的推移，环境条件的变化及其学习机制的作用，人们会发现原有的产权安排可能隐含着非常高的交易成本，或者可能存在尚未实现的潜在利益。这显然会面临"两难"问题——变更产权会引发预期的不稳定性；维护原有安排则牺牲潜在收益。由此，在已经确权即产权已经界定的情形下，如何降低运行成本或减少交易费用，显然是科斯没有完成的工作。产权是重要的，但降低产权交易费用，并不唯一地由产权安排及其调整所决定。

就目前的农地流转来说，由于没有满足农地产权的特殊性要求，从而表现出下列特征：第一，产权主体与产权客体的不可分性，决定着农地的流转必然地表现为财产性资本的配置，如果不能满足这一要求，农地流转必然从契约化交易转变为以地缘、亲缘与人情为依托的关系型契约交易。第二，家庭承包经营条件下依附于土地承包权的经营权出租，却决定了这样一个基本的事实，即关于土地租赁契约的剩余控制权总是属于农户，而剩余索取权通常属于土地租用者。因此，农户土地的出租主要表现为生产性要素的交易，没有满足农民作为人格化财产主体对土地经营的在位控制。由此，改善人格化产权的交易效率，需要拓展出新的科斯定理即"科

斯第四定理"：当存在交易成本时，如果不能通过产权调整来改善效率，那么选择恰当的产权交易装置进行匹配或许是恰当的。

可行的策略是：稳定农村土地承包关系，尊重农民土地的人格化财产特征，在此基础上能够盘活经营权，吸纳有能力的经营主体及其现代市场要素，并改善农业的规模经济性与分工经济性。因此，在促进农地流转的同时，应该诱导农业生产性服务市场的发育，从而促进农业的规模经营从土地的规模经营转向服务的规模经营。其中，农地承包权与经营权的分离，特别是经营权的细分及其多样化，有利于扩展产权交易装置的选择空间。

"崇州试验"及其所探索的"农业共营制"所具有的普适性与可复制性，表明以土地"集体所有、家庭承包、多元经营、管住用途"为主线的制度内核，将成为我国新型农业经营体系的基本架构。

第二节　主要的政策建议

一、理解关系型契约的制度性意义

土地依赖的特殊人地关系与社会关系嵌入的特殊交易机制是影响农户农地流转的非市场化行为的重要因素。其一，在农村社会保障不健全和务工收入不稳定的情况下，农户生存保障离不开对土地的依附和对亲友的依赖。由于人地关系的严酷性，农地流转市场不是纯粹的要素市场，农地流转行为不是单纯的市场交易行为；从安全最大化和福利最大化的角度，土地流转不是一个简单的经济价值概念。土地对于农民而言，涉及生存依赖、福利保障、身份表达以及农耕情感等方面，因此农户不可能轻易转出土地。

农地的福利保障功能与农地流转的交易机制是相辅相成的。特殊的人地关系引发了特殊的交易关系，土地可以作为连接社区和强化熟人间社会关系的工具，从而导致社会关系嵌入严重影响农地流转的市场交易活动，进而表现为熟人在与非熟人的竞争中处于强势甚至是垄断地位。第一是人情网络、信任机制、声誉机制和重复博弈约束农地流转双方的行为，从而降低信息不对称性、事后机会主义行为以及契约治理成本等所引发的交易费用。第二是熟人间农地流转便于相互协商和随时收回土地，使得农户灵活地进入和退出农地流转市场，从而保持契约的灵活性。因此，我们能够发现在农地流转过程中，普遍存在关系型契约甚至"空合约"现象。

随着城市化进程的加快，传统农村社会的解体、村落的衰退，村庄封闭性与稳定性的打破，以及传统乡土文化的稀释，加之外部力量的渗透与干预，中国存在的关系契约以及那些不言而喻的"空合约"将不断消亡。那么，是否要以及如何保护"乡土中国"的制度遗产？这是一个值得思考的问题。显然，一味地推动农村组织的规范化与契约化，或许会将中国农村带到一个机会主义泛滥与交易成本不断放大的境地。应该再次强调，乡土社会广泛存在的关系型交易与空合约，在非正式制度安排下能够自我实施，这实际上表达了微观治理的效率基因与秩序扩展。这或许是个两难的选择：一方面要推进新农村建设与农业现代化，另一方面更需要保护农村村庄内生的基于关系信任而自发形成的交易秩序。而后者对于维护中国这样的人口大国的稳定性来说，意义尤为重要。

因此，必须"两手抓"：一方面推进并强化要素流动的市场化与交易的组织化，另一方面继承并激活乡土村庄的信任机制与自我维护的秩序扩展。

二、农地流转并非一个独立性事件

农地流转并非一个能够独立处理或独立运作的市场交易现象。

第一，对众多农户来说，农地在相当长时间内依然担负着福利保障功能。因此，当前的农村社会保障水平不健全，不足以成为降低农户对土地和亲友邻居依赖的替代机制。事实上，实证分析表明，参与"关系型契约"和"要素型契约"的不同农户群体中，其享有的社会保障水平不存在显著差异。一般来说，农户对土地的依赖程度体现在土地依附性、家庭保障水平和社会保障水平三个方面的不同。虽然农户对土地和亲友邻居的依赖、家庭和社会保障水平是两类确保农户生存安全的替代机制，但并不意味着农户需要在二者中选择其一，相反，农户可能在享有农村社会保障福利的同时，预期土地持续升值、恋农情结和惜土心理、对社会保障水平预期不足等原因而致使其继续持有土地。

第二，鉴于我国农村社会保障机制在短期内难以迅速改善，加上农地属于"不动产"，其流转与经营受到地理位置的影响，不利于跨村流转，那么应该因势诱导，基于传统社区社会关系的差序格局而导致的农地流转的关系型交易，发展以社区为载体的土地股份合作社，鼓励社区内农地有效集中，降低细碎化程度，促进连片规模化经营，并利用好社区农户间的信任机制与"声誉机制"，保证较高的承诺能力，提高经营预期的稳定性。

三、从关系交易转向契约化交易

第一，农地流转市场并不是一个纯粹的要素市场，而是包含了地缘、亲缘、人情关系在内的特殊市场。农户的土地流转契约亦并非一个单纯的经济性契约。如果一个人对所拥有的物品具有生存依赖性，并且具有在位控制权诉求，特别是当其控制权的交易具有不均质性、不可逆的前提下，农户的预期不足会大大约束其流转交易行为。在承包权与经营权分离的情形下，农地流转意味着对农地实际使用的控制权掌握在他人手中，并有可能导致土地质量、用途等发生改变。如果存在事前的预期不确定性，并且这种改变及其风险又是承包农户难以接受的，无疑会提升农户对土地"持有"价值的评价，于是，要么交易受到抑制，要么缔约是可以随时变更的，从而选择口头契约、非期限契约或者短期契约。

因此，农村土地的承包经营权应该从福利性赋权转向财产性赋权。赋予农户充分而有保障的土地权利，发育和完善土地承包经营权流转市场，鼓励有经营能力行为主体参与农地流转并改善价格（租金）的生成效率，提升农民获得相应财产性收益的预期稳定性，土地流转的契约化与规范化才有可能成为常态。

第二，基于普遍存在的农户之间的农地流转，特别是其关系契约所内含的缔约不规范、租约不稳定、非市场化及其导致的规模不经济等问题，已有文献大多倾向于加强农户与农业龙头企业的农地流转，以便改善农地租约的正式化与规范化，并推进规模经营。但我们的研究表明，不同的缔约对象会对农户租约的短期化行为倾向存在差异化影响：一方面不同的流转对象有不同的经营目的及其生产投资行为，另一方面农户对于不同的缔约对象的决策也隐含着不同的利益权衡。其中，农户对亲友邻居与龙头企业两大类对象的缔约短期化倾向尤为显著。值得关注的是，农户对生产大户（家庭农场）这类对象存在着长期缔约的较高概率。可见，培育和扶持生产大户与家庭农场等适度规模经营主体，隐含着重要的契约化意义。

第三，尊重农民的意愿并进行恰当的行为诱导。①进一步加大对耕地转入方的扶持力度，通过提高生产经营经济效果以提升其对耕地流转租金的支付能力，尽量缩小农户转出意愿价格与转入意愿价格之间的落差，提高耕地流转的成功率。②进一步加大农田土地整治力度，通过土地平整和农田基础设施的配套建设，完善农业现代经营的条件，推进高标准农田建设，进而提升经营者对耕地流转价格的支付意愿，更好地体现承包地经营权的经济价值。③针对转出意愿价格普遍高于转入意愿价格的现实，政府应加强服务能力建设，构建双方流转价格的协商机制，通过双方的深入沟通与谈判，尽量促成流转的形成。

第四，强化市场配套机制的建设。①农业劳动力的非农转移并不必然带来农地流转。对农地的收入依赖程度与劳动就业依赖程度不高、不以农为生的农户，往往更可能存在农地价格幻觉。这意味着，"有闲地可转"的农户反而具有过高的租金要价，这是阻碍中国农地流转市场发育的重要因素。②农户对农民外出就业扶持政策的满意程度在总体上会降低农户存在农地价格幻觉的可能性，但却会提高存在农地价格幻觉农户的农地价格幻觉程度。可见，若农村劳动力转移就业扶持政策仅限于帮助农民获得稳定的非农就业，而无法引导外出就业农民融入城市，则其可能致使存在农地价格幻觉农户的价格幻觉程度进一步提高。因此，应该将"离地"与"进城"的政策相互结合，构建农民工融入城市的长效机制，才能有效弱化农户对农地的社会保障依赖，帮助降低农户的农地价格幻觉程度。③为缓解农户对农地的情感依赖，降低农地价格幻觉对农地流转的抑制，有必要提高农户参与农地流转的风险规避意识。在规范农地交易双方参与农地流转的程序、构建合理的农地流转价格机制的同时，应以农地流转的"价格指数保险"开展配套的探索性试验。

第五，考虑到农地流转并非独立的要素市场，所以应该重视农地、农业信贷与农业劳动力市场的匹配性问题。其中，农业中间性服务组织尤为重要。但是，如果仅仅通过市场的自发力量是难以形成各类有效率的农业中间组织。因此，政府在稳定"集体所有、家庭承包"基本格局的同时，更应该鼓励和发展各类农业中间服务组织，以帮助小农生产融入现代分工经济系统当中并分享合作剩余。

四、从流转契约转向交易装置的机制构建

第一，科斯定理既没有关注到人格化财产的产权安排问题，也没有考虑到存在禀赋效应的产权交易问题。产权交易费用的高低，并不唯一地由产权安排或产权界定所决定。因此，保障农民对土地权益的诉求并获取交易收益，表达着特殊的市场逻辑，需要匹配特殊的交易装置。

第二，交易装置是改善产权实施效率的重要机制。企业是一种巧妙的交易机制，它可以把一些交易成本极高的活动卷入分工，又可以避免对这类活动的直接定价和直接交易。同样，农地经营权细分和迂回交易促进了农业分工深化，规避了人格化财产交易中产生的禀赋效应对农地流转的约束以及直接交易所面临的高昂成本。由此，降低产权的实施成本，依赖于有效的生产组织和交易组织的选择与匹配。因此，广义的市场机制不仅包括价格机制、产权分立机制，还要有合乎要求的分工交易的组织机制以及与之相匹配的交易方式。正是基于这样的角度，农地经营权的交易装置与之相互匹配，能够扩展人格化财产的交易空间，有着重要的理论内涵与现实价值。

第三，必须重视三大交易平台及其组织机制的构造：一是以土地股份合作社形成土地的适度集中，并达成土地经营与企业家经营的合作交易平台；二是以经理人进入的市场竞标机制与集体谈判机制，形成了管理知识的交易平台，这有利于降低经理人进入的交易成本，又避免社区型合作社模式的能人依赖弊端。三是通过各类生产服务组织的进入，形成了生产服务的交易平台，这有利于化解农户与合作社的投资约束，改善农业的迂回投资经济效果，促进农业技术进步。更为重要的是，三大交易平台间的互动，能形成竞争与可持续发展能力。

第四，崇州"农业共营制"所探索的三大主体及其交易装置，通过将土地流转转换为土地经营权细分交易、企业家能力交易与农业生产性服务交易的匹配，拓展了农户获取"土地规模经济性"、"服务规模经济性"与"分工经济性"的空间，在一定程度上回答了"谁来种地"、"种怎样的地"

和"地怎么种"的现实难题。由此，将科斯定理从产权的生产制度结构拓展到产权的交易制度结构，有着重要的理论与现实意义。

因此，基于"要素流动、股份集中、产权细分、分工深化、多元经营"的逻辑线索所表达的"集体所有、家庭承包、多元经营"的农地经营制度的目标模式，有可能是破解我国农业经营方式转型的重要突破口，是中国农业经营体制机制创新的重要方向。

参考文献

埃里克·布鲁索，让·米歇尔·格拉尚，2010. 契约经济学［M］. 王秋石，李国民，等，译. 北京：中国人民大学出版社.

埃里克·弗鲁博顿，鲁道夫·芮切特，2012. 新制度经济学——一个交易费用分析范式［M］. 姜建强，罗长远，译. 上海：上海人民出版社.

巴泽尔，1997. 产权的经济分析［M］. 费方域，段毅才，译. 上海：上海三联出版社.

包宗顺，等. 2009. 农村土地流转的区域差异与影响因素——以江苏省为例［J］. 中国农村经济（4）.

卞琦娟，等. 2011. 农户农地流转现状、特征及其区域差异分析——以浙江省为例［J］. 资源科学（2）.

卞长莉，2003. "差序格局"的理论诠释及现代内涵［J］. 社会学研究（1）.

卜凯，1936. 中国农家经济［M］. 北京：商务印书馆.

曹正汉，罗必良，2003. 一套低效率制度为什么能够长期生存下来——广东省中山市崖口村公社体制个案［J］. 经济学家（6）.

曾福生，2011. 中国现代农业经营模式及其创新的探讨［J］. 农业经济问题（10）.

陈美球，李志朋，龚绍林，2015. 我国承包地经营权流转市场建设研究：述评与展望［J］. 农林经济管理学报（1）.

陈少明，2014. 心外无物：从存在论到意义建构［J］. 中国社会科学（1）.

陈胜祥，2013. 分化视角下转型期农民土地情结变迁分析［J］. 中国土地科学（6）.

陈胜祥，2009. 农民土地所有权认知与农地制度创新——基于 1995—2008 年实证研究文献的统计分析［J］. 中国土地科学（11）.

陈通，等. 2014. 风险认知、负面情绪与农地流转意愿抑制——以禀赋效应为中介［J］. 湖北农业科学（21）.

陈艳华，林依标，黄贤金，2011. 被征地农户意愿受偿价格影响因素及其差异性的实证分析——基于福建省 16 个县 1436 户入户调查数据［J］. 中国农村经济（4）.

陈英，谢保鹏，张仁陟，2013. 农民土地价值观代际差异研究——基于甘肃天水地区调查数据的实证分析［J］. 干旱区资源与环境（10）.

程佳，等 . 2014. 农地社会保障功能替代程度与农地流转关系研究——基于京冀平原区 330 个农户调查 ［J］. 资源科学（1）.

程志强，2012. 农地流转形式和农业产业化垂直协调的契约安排研究 ［J］. 中国市场（46）.

储成兵，李平，2013. 农户农用地流转意愿及流转数量影响因素实证分析——基于安徽省 278 户的调查数据 ［J］. 软科学（4）.

邓大才，2007. 农地流转的交易成本与价格研究——农地流转价格的决定因素分析 ［J］. 财经问题研究（9）.

邓大才，2007. 农地使用权流转价格体系的决定因素研究 ［J］. 中州学刊（3）.

邓大才，2010. 农地流转的交易成本与价格研究——农地流转价格的决定因素分析 ［J］. 财经问题研究（9）.

邓宏图，崔宝敏，2007. 制度变迁中的中国农地产权的性质：一个历史分析视角 ［J］. 南开经济评论（6）.

董海军，2008. "作为武器的弱者身份"：农民维权抗争的底层政治 ［J］. 社会（4）.

董启民，2009. 农民恋地情结的成因与破解 ［J］. 理论导刊（10）.

段成荣，马学阳，2011. 当前我国新生代农民工的"新"状况 ［J］. 人口与经济（4）.

樊纲，王小鲁，2004. 中国市场化指数——各地区市场化相对进程 2004 年度报告 ［M］. 北京：经济科学出版社 .

费尔德，2002. 科斯定理 1-2-3 ［J］. 经济社会体制比较（5）.

费方域，2006. 企业的产权分析 ［M］. 上海：上海三联书店、上海人民出版社 .

费方域，蒋士成，2008. 合同理论的范式演进——译者序 ［M］//S. Bernard. 合同经济学 . 上海：上海财经大学出版社 .

费孝通，1947. 乡土中国生育制度 ［M］. 北京：北京大学出版社 .

费孝通，2006. 乡土中国 ［M］. 上海：上海人民出版社 .

费孝通，2008. 乡土中国 ［M］. 北京：人文出版社 .

费孝通，2012. 乡土中国 ［M］. 北京：北京大学出版社 .

费孝通，1948. 乡土中国 ［M］. 上海：上海出版社 .

弗兰西斯·福山，1998. 信任——社会道德与繁荣的创造 ［M］. 李苑蓉，译 . 呼和浩特：远方出版社 .

弗里德，2006. 契约即允诺 ［M］. 郭锐，译 . 北京：北京大学出版社 .

弗里德里希·维塞尔，2012. 社会经济学 ［M］. 杭州：浙江大学出版社 .

高强，刘同山，孔祥智，2013. 家庭农场的制度解析：特征、发生机制与效应 ［J］. 经济学家（6）.

高淑泽，2000. 谈谈古典经济学的地租理论 ［J］. 山西高等学校社会科学学报（10）.

高伟，张苏，王婕，2013. 土地流转、收入预期与农村高等教育参与意愿 ［J］. 管理世界（3）.

高艳梅，等.2012.基于产权价值的区域农地承包经营权流转价格研究——以广州市为例〔J〕.华中农业大学学报（社会科学版）（2）.

郜亮亮，黄季焜，2011.不同类型流转农地与农户投资的关系分析〔J〕.中国农村经济（4）.

郜亮亮，等.2010.中国农地流转市场的发展及其对农户投资的影响〔J〕.经济学（季刊）（4）.

格兰诺维特，2007.镶嵌：社会网与经济行动〔M〕.罗家德，译.北京：社会科学文献出版社.

郭继，2009.农地流转合同形式制度的运行与构建——以法律社会学为视角〔J〕.中国农业大学学报（社会科学版）（4）.

国务院发展研究中心农村部，2013.稳定和完善农村基本经营制度研究〔M〕.北京：中国发展出版社.

哈特，1998.企业、合同与财务结构〔M〕.费方域，译.上海：上海三联书店.

哈特，等.2011.现代合约理论〔M〕.易宪容，等，译.北京：中国社会科学出版社.

韩松，2012.新农村建设中土地流转的现实问题及其对策〔J〕.中国法学（1）.

郝丽丽，等.2015.基于产权视角的快速城镇化地区农村土地流转模式及其效益研究——以湖北省熊口镇为例〔J〕.地理科学进展（1）.

何国俊，徐冲，2007.城郊农户土地流转意愿分析——基于北京郊区6村的实证研究〔J〕.经济科学（5）.

何秀荣，2009.公司农场：中国农业组织的未来选择〔J〕.中国农村经济（11）.

何一鸣，罗必良，2010.产权管制、制度行为与经济绩效——来自中国农业经济体制转轨的证据（1958—2005年）〔J〕.中国农村经济（10）.

洪名勇，2009.欠发达地区的农地流转分析——来自贵州省4个县的调查〔J〕.中国农村经济（8）.

洪名勇，尚名扬，2013.信任与农户农地流转契约选择〔J〕.农村经济（4）.

洪名勇，2007.信任与农地租赁制度实施的实验经济研究〔J〕.贵州大学学报（社会科学版）（6）.

洪名勇，龚丽娟，2015.农地流转口头契约自我履约机制的实证研究〔J〕.农业经济问题（8）.

侯佳伟，窦东徽，2012.流动人口的人力资本禀赋效应及其代际差异〔J〕.南方人口（6）.

胡霞，丁浩，2015.农地流转影响因素的实证分析——基于CHIPS8000农户数据〔J〕.经济理论与经济管理（4）.

胡新艳，2012.产权界定的规则选择：农地承包权再分配〔J〕.学术研究（7）.

胡新艳，2013."公司＋农户"：交易特性、治理机制与合作绩效〔J〕.农业经济问题

（10）.

胡新艳，杨晓莹，罗锦涛，2016. 确权与农地流转：理论分歧与研究启示 [J]. 财贸研究
（2）.

胡新艳，罗必良，谢琳，2015. 农业分工深化的实现机制：地权细分与合约治理 [J]. 广
东财经大学学报（1）.

胡新艳，朱文珏，刘凯，2015. 理性与关系：一个农地流转契约稳定性的理论分析框架 [J].
农村经济（2）.

黄海艳，张藕香，2015. 农民分化与土地流转意愿关系研究——基于安徽省农户样本的调
查 [J]. 新疆农垦经济（1）.

黄海阳，2011. 古典经济学地租理论与马克思地租理论的比较研究 [J]. 云南农业大学学
报（5）.

黄劲松，孙建伟，2009. 禀赋效应对产品更换决策的影响 [J]. 心理学报（8）.

黄丽萍，2009. 东南沿海农地承包经营权连片流转探析——基于浙江、福建和广东三省的
调查 [J]. 农业经济问题（8）.

黄少安，1995. 产权经济学导论 [M]. 济南：山东人民出版社.

黄延信，张海阳，李伟毅，2011. 农村土地流转状况调查与思考 [J]. 农业经济问题
（5）.

黄宗智，2012. 小农户与大商业资本的不平等交易：中国现代农业的特色 [J]. 开放时代
（3）.

冀县卿，钱忠好，葛轶凡，2015. 交易费用、农地流转与新一轮农地制度改革——基于
苏、桂、鄂、黑四省区农户调查数据的分析 [J]. 江海学刊（2）.

江淑斌，苏群，2013. 农地流转"租金分层"现象及其根源 [J]. 农业经济问题（4）.

姜岩，2013. 消费者购物网站依恋机理研究 [D]. 大连：大连理工大学.

金俐，2002. 关于信任的经济学分析 [J]. 社会科学（11）.

晋洪涛，史清华，2011. 农村土地权属：农民的"非集体化"认知与根源——基于河南的
调查 [J]. 农业经济问题（1）.

康来云，2009. 乡土情结与土地价值观——改革开放 30 年来中国农村土地的历史变迁
[J]. 河南社会科学（5）.

科斯，1992. 生产的制度结构 [J]. 经济社会体制比较（3）.

克莱因，埃瑞克菲·吕博顿，鲁道夫·瑞切特，1998. 自我实施合同 [M]. 新制度经济
学，上海：上海财经大学出版社.

孔祥智，徐珍源，2010. 转出土地农户选择流转对象的影响因素分析——基于综合视角的
实证分析 [J]. 中国农村经济（12）.

李承桧，等 .2015. 基于农户收益风险视角的土地流转期限影响因素实证分析 [J]. 中国
人口·资源与环境（1）.

李嘉图，1962. 政治经济学及赋税原理［J］. 郭大力，王亚南，译. 北京：商务印书馆.

李培林，田丰，2012. 中国农民工社会融入的代际比较［J］. 社会（5）.

李尚蒲，郑荣馨，2012. 禀赋特征、选择偏好与农地流转——来自广东省的农户问卷调查［J］. 学术研究（7）.

李桢，2011. 农地流转的当下情势与典型模式观照［J］. 改革（12）.

林钧跃，2002. 失信惩罚机制的设计和维护［J］. 经济社会体制比较（3）.

林南，2004. 社会资本——关于社会结构与行动的理论［M］. 上海：上海人民出版社.

林文声，罗必良，2015. 农地流转中的非市场行为［J］. 农村经济（3）.

刘凤琴，2009. "公司＋农户"模式的性质及治理关系研究［J］. 社会科学战线（5）.

刘凤琴，2003. 不完全合约与履约障碍［J］. 经济研究（4）.

刘荣材，2010. 产权、定价机制与农村土地流转［J］. 农村经济（12）.

刘少杰，2014. 中国市场交易秩序的社会基础——兼评中国社会是陌生社会还是熟悉社会［J］. 社会学评论（2）.

刘文勇，孟庆国，张悦，2013. 农地流转租约形式影响因素的实证研究［J］. 农业经济问题（8）.

刘文勇，张悦，2013. 农地流转中农户租约期限短期倾向的研究：悖论与解释［J］. 农村经济（1）.

刘向南，吴群，2010. 农村承包地流转：动力机制与制度安排［J］. 中国土地科学（6）.

龙登高，彭波，2010. 近世佃农的经营性质与收益比较［J］. 经济研究（1）.

卢海阳，梁海兵，钱文荣，2015. 农民工的城市融入：现状与政策启示［J］. 农业经济问题（7）.

卢新海，望萌，2014. 农用地流转的武汉模式研究——基于武汉农村综合产权交易所的启示［J］. 农林经济管理学报（3）.

罗必良，2001. 两种价值论：不可逾越的鸿沟［J］. 南方经济（9）.

罗必良，2005. 新制度经济学［J］. 山西经济出版社.

罗必良，李尚蒲，2010. 农地流转的交易费用：威廉姆森分析范式及广东的证据［J］. 农业经济问题（12）.

罗必良，2011. 合约的不稳定与合约治理——以广东东进农牧股份有限公司的土地承租为例［C］// 中国制度变迁的案例研究（土地卷）. 北京：中国财政经济出版社.

罗必良，2011. 农地产权模糊化：一个概念性框架及其解释［J］. 学术研究（12）.

罗必良，2012. 合约理论的多重境界与现实演绎：粤省个案［J］. 改革（5）.

罗必良，等. 2012. 土地承包经营权：农户退出意愿及其影响因素分析［J］. 中国农村经济（6）.

罗必良，2013. 农地保障和退出条件下的制度变革：福利功能让渡财产功能［J］. 改革（1）.

罗必良，刘茜，2013. 农地流转纠纷：基于合约视角的分析——来自广东省的农户问卷 [J]. 广东社会科学（1）.

罗必良，2013. 产权强度与农民的土地权益：一个引论 [J]. 华中农业大学学报（社会科学版）（5）.

罗必良，等.2013. 产权强度、土地流转与农民权益保护 [J]. 经济科学出版社.

罗必良，2014. 农地流转的市场逻辑——"产权强度—禀赋效应—交易装置"的分析线索及案例研究 [J]. 南方经济（5）.

罗必良，2014. 资源特性、产权安排与交易装置 [J]. 学术界（1）.

罗必良，林文声，邱泽元，2015. 农地租约以及对象选择：来自农户问卷的证据 [J]. 农业技术经济（9）.

罗必良，何一鸣，2015. 博弈均衡、要素品质与契约选择——关于佃农理论的进一步思考 [J]. 经济研究（8）.

罗必良，胡新艳，2015. 中国农业经营制度：挑战转型与创新 [J]. 社会科学家（5）.

罗必良，何一鸣，2015. 博弈均衡、要素品质与契约选择——关于佃农理论的进一步思考 [J]. 经济研究（8）.

罗必良，2017. 合约短期化与空合约假说——基于农地租约的经验证据 [J]. 财经问题研究（1）.

罗明忠，刘恺，2015. 农村劳动力转移就业能力对农地流转影响的实证分析 [J]. 广东财经大学学报（4）. 洛克，2007. 政府论 [M]. 北京：北京出版社.

吕德文，2007. "差序格局"的拓展性理解——行动单位的视角 [J]. 江海学刊（4）.

马克·格兰诺维特，2007. 镶嵌：社会网与经济行动 [M]. 罗家德，译. 北京：社会科学文献出版社.

马克思，1975. 资本论（第三卷）[M]. 郭大力等译，北京：人民出版社.

马贤磊，仇童伟，钱忠好，2015. 农地产权安全性与农地流转市场的农户参与——基于江苏、湖北、广西、黑龙江四省（区）调查数据的实证分析 [J]. 中国农村经济（2）.

马贤磊，仇童伟，石晓平，2015. 社会资本理论视角下井田制演变及其启示 [J]. 南京农业大学学报（社会科学版）（2）.

马贤磊，仇童伟，钱忠好，2015. 土地产权经历、产权情景对农民产权安全感知影响——基于土地法律执行视角 [J]. 公共管理学报（4）.

马歇尔，1997. 经济学原理（下）[M]. 陈良璧译，北京：商务印书馆.

毛飞，孔祥智，2012. 农地规模化流转的制约因素分析 [J]. 农业技术经济（4）.

梅纳·克劳德，2002. 黑箱内部：层级组织的各种形式 [M]//埃里克·布鲁索，让·米歇尔·格拉尚. 交易成本经济学及其超越 [M]. 上海：上海财经大学出版社，2002.

聂建亮，钟涨宝，2015. 保障功能替代与农民对农地转出的响应 [J]. 中国人口·资源与环境（1）.

庞巴维克，1964. 资本实证论 [M]. 上海：商务印书馆.

普罗斯特曼，1994. 中外学者论农村 [M]. 北京：华夏出版社.

钱龙，洪名勇，刘洪，2015. 差序格局视角下的农地流转契约选择 [J]. 西北农林科技大学学报（社会科学版）（4）.

钱忠好，肖屹，曲福山，2007. 农民土地产权认知、土地征用意愿与征地制度改革——基于江西省鹰潭市的实证研究 [J]. 中国农村经济（1）.

钱忠好，2002. 农村土地承包经营权产权残缺与市场流转困境：理论与政策分析 [J]. 管理世界（6）.

乔俊峰，2011. 河南省农村土地流转影响因素探析 [J]. 地域研究与开发（2）.

卿志琼，禀赋效应、财政幻觉与公共政策——拆迁中情绪事件的行为经济学分析 [J]. 南开学报（哲学社会科学版）（6）.

任星耀，廖隽安，钱丽平，2009. 相互依赖不对称总是降低关系质量吗 [J]. 管理世界（12）.

阿马蒂亚·森，2002. 以自由看待发展 [M]. 任赜，于真，译. 北京：中国人民大学出版社.

申云，等 .2012. 农地使用权流转价格的影响因素分析——来自于农户和区域水平的经验 [M]. 中国农村观察（3）.

石智雷，杨云彦，2012. 家庭禀赋、家庭决策与农村迁移劳动力回流 [J]. 社会学研究（3）.

史凤仪，1999. 中国古代的家庭与身份 [M]. 北京：社会科学文献出版社.

斯密，2008. 道德情操论 [M]. 北京：中央编译出版社.

孙立平，1996. "关系"、社会关系与社会结构 [M]. 社会学研究（5）.

孙元欣，于茂荐，2010. 关系契约理论研究述评 [J]. 学术交流（08）.

田传浩，陈宏辉，贾生华，2005. 农地市场对耕地零碎化的影响——理论与来自苏浙鲁的经验 [J]. 经济学（季刊）（2）.

田传浩，方丽，2013. 土地调整与农地租赁市场——基于数量和质量的双重视角 [J]. 经济研究（2）.

田先红，陈玲，2013. 地租怎样确定？——土地流转价格形成机制的社会学分析 [J]. 中国农村观察（6）.

万俊毅，欧晓明，2011. 社会嵌入、差序治理与合约稳定 [J]. 中国农村经济（7）.

王歌雅，2011. 性别排挤与平等追求的博弈——以女性劳动权益保障与男性家庭责任意识为视角 [J]. 北方法学（6）.

王军，2009. 公司领办的合作社中公司与农户的关系研究 [J]. 中国农村观察（4）.

王力，2013. 石河子垦区农业现代化进程分析与现代农业经营模式及措施 [J]. 农业现代化研究（1）.

王雪, 2006. 差序格局的理论综述 [J]. 理论界 (7).

王永钦, 2006. 市场互联性、关系型合约与经济转型 [J]. 经济研究 (6).

韦伯, 2004. 儒教与道教 [M]. 王容芬译, 北京: 商务印书馆.

温忠麟, 等. 2004. 中介效应检验程序及其应用 [J]. 心理学报 (5).

文贯中, 1989. 发展经济学的新动向——农业租约与农户行为的研究 [M] //中国留美学者经济学会, 等. 现代经济学前沿专题 (一). 上海: 商务印书馆.

吴红宇, 谢国强, 2006. 新生代农民工的特征、利益诉求及角色变迁——基于东莞塘厦镇的调查分析 [J]. 南方人口 (2).

吴萍, 蒲勇健, 郭心毅, 2010. 基于社会保障的土地流转定价模型研究 [J]. 财政研究 (9).

吴学兵, 汪发元, 黎东升, 2016. 规模化经营中土地流转价格影响的实证分析 [J]. 统计与决策 (10).

吴毅, 2009. 理想抑或常态: 农地配置探索的世纪之摆——理解 20 世纪中国农地制度变迁史的一个视角 [J]. 社会学研究 (3).

伍振军, 孔祥智, 郑力文, 2011. 农地流转价格的影响因素研究——基于皖、浙两省 413 户农户的调查 [J]. 江西农业大学学报 (社会科学版) (3).

夏柱智, 2014. 虚拟确权: 农地流转制度创新 [J]. 南京农业大学学报 (社会科学版) (6).

项桂娥, 陈阿兴, 2005. 资产专用性与农业结构调整风险规避 [J]. 农业经济问题 (3).

肖文韬, 2004. 交易封闭性、资产专用性与农村土地流转 [J]. 学术月刊 (4).

谢琳, 罗必良, 2010. 中国村落组织演进轨迹: 由国家与社会视角 [J]. 改革 (10).

熊彼特, 2009. 经济周期循环理论: 对利润、资本、信贷、利息以及经济周期的探究 [M]. 北京: 中国长安出版社.

熊云波, 唐清利, 2012. 农地承包经营权条件下的流转合同、控制能力与社群关系 [J]. 改革 (10).

徐美银, 2013. 民阶层分化、产权偏好差异与土地流转意愿——基于江苏省泰州市 387 户农户的实证分析 [J]. 社会科学 (1).

徐熙泽, 马艳, 2011. 马克思地租理论的拓展及现代价值 [J]. 财经研究 (5).

徐晓军, 2009. 内核—外围: 传统乡土社会关系结构的变动——以鄂东乡村艾滋病人社会关系重构为例 [J]. 社会学研究 (1).

徐珍源, 孔祥智, 2010. 转出土地流转期限影响因素实证分析——基于转出农户收益与风险视角 [J]. 农业技术经济 (7).

许恒周, 郭玉燕, 吴冠岑, 2012. 农民分化对耕地利用效率的影响——基于农户调查数据的实证分析 [J]. 中国农村经济 (6).

许周恒, 金晶, 2011. 农地流转市场发育对农民养老保障模式选择的影响分析——基于有序 Probit 模型的估计 [J]. 资源科学（3）.

雅克·格斯廷，2010. 作为经济贸易的契约 [M]//埃里克·布鲁索，让·米歇尔·格拉尚.
　　契约经济学：理论和应用. 王秋石，李国民，译. 北京：中国人民大学出版社.

焉香玲，2010. 基于马克思地租理论的我国农民收益分配问题研究 [J]. 经济纵横（7）.

杨国枢，1988. 中国人的心理 [M]. 台北：桂冠图书公司.

杨国枢，2006. 中国人的心理 [M]. 江苏：江苏教育出版社.

杨其静，2003. 从完全合同理论到不完全合同理论 [J]. 教学与研究（7）.

杨瑞龙，聂辉华，2006. 不完全契约理论：一个综述 [J]. 经济研究（2）.

杨婷，靳小怡，2015. 资源禀赋、社会保障对农民工土地处置意愿的影响——基于理性选
　　择视角的分析 [J]. 中国农村观察（4）.

杨志海，王雨濛，2015. 不同代际农民耕地质量保护行为研究——基于鄂豫两省 829 户农
　　户的调研 [J]. 农业技术经济（10）.

姚洋，1998. 农地制度与农业绩效的实证研究 [J]. 中国农村观察（6）.

姚洋，2000. 中国农地制度：一个分析框架 [J]. 中国社会科学（2）.

叶剑平，丰雷，蒋妍，2010. 2008 年中国农村土地使用权调查研究——17 省份调查结果
　　及政策建议 [J]. 管理世界（1）.

叶剑平，蒋妍，罗伊·普罗斯特曼，2006. 2005 年中国农村土地使用权调查研究——17
　　省调查结果及政策建议 [J]. 管理世界（7）.

叶剑平，罗伊·普罗斯特曼，徐孝白，2000. 中国农村土地农户 30 年使用权调查研
　　究——17 省调查结果及政策建议 [J]. 管理世界（2）.

叶剑平，蒋妍，丰雷，2006. 中国农村土地流转市场的调查研究——基于 2005 年 17 省调
　　查的分析和建议 [J]. 中国农村观察（4）.

叶剑平，等. 2010. 2008 年中国农村土地使用权调查研究 [J]. 管理世界（1）.

因内思·马可—斯达得勒，J. 大卫·佩雷斯—卡斯特里罗，2004. 信息经济学引论：激励
　　与合约 [M]. 管毅平，译. 上海：上海财经大学出版社.

游和远，吴次芳，2010. 农地流转、禀赋依赖与农村劳动力转移 [J]. 管理世界（3）.

于传岗，2011. 我国地方政府主导型土地流转模式、流转成本与治理绩效分析 [J]. 农业
　　经济（7）.

于传岗，2012. 我国政府主导型农地大规模流转演化动力分析 [J]. 农村经济（10）.

于光君，2006. 费孝通的"差序格局"理论及其发展 [J]. 社会科学论坛（12）.

余朝阳，2014. 坚持还是放手？产品情感依恋对消费者参与协同消费意愿的影响——基于
　　产品处置视角 [D]. 广州：广东外语外贸大学.

俞海，黄季焜，2003. 地权稳定性、土地流转与农地资源持续利用 [J]. 经济研究（9）.

俞海，等. 2003. 地权稳定性、土地流转与农地资源持续利用 [J]. 经济研究（9）.

俞雅乖，2008. 农业产业化契约类型及稳定性——基于资产者专用性视角 [J]. 贵州社会

科学（2）.

贠鸿琬，2011. 农村土地流转的制约因素与对策——以河南省为例［J］. 财务与金融
（5）.

袁小平，2007. 差序格局的在思考——来自山东省的调查结果［J］. 青年研究（10）.

凯恩斯，2014. 就业、利息与货币通论［M］. 北京：译林出版社.

穆勒，2013. 政治经济学原理［M］. 北京：华夏出版社.

岳奎，赵小丽，2015. 强与弱：代际农民的信息能力差异及信息化策略［J］. 河南师范大
学学报（哲学社会科学版）（1）.

翟学伟，2009. 再论"差序格局"的贡献、局限与理论遗产［J］. 中国社会科学（3）.

张成玉，2013. 农村土地流转中意愿价格问题研究——以河南省为例［J］. 农业技术经济
（12）.

张翠娥，万江红，2005. 农村土地流转中人情与利益的博弈［J］. 湖北社会科学（6）.

张海鹏，曲婷婷，2014. 农地经营权流转与新型农业经营主体发展［J］. 南京农业大学学
报（社会科学版）（5）.

张建雷，王会，2014. 土地的道义经济：农村土地流转问题再认识——基于安徽省 L 村的
实证调查［J］. 学术论坛（5）.

张军，1991. 现代产权经济学［M］. 上海：上海三联书店.

张明辉，蔡银莺，朱兰兰，2016. 农户参与农地流转行为影响因素及经济效应分析［J］. 长
江流域资源与环境（3）.

张鸣鸣，2013. 新型农业经营体系和农业现代化——"新型农业经营体系和农业现代化研
讨会暨第九届全国农经网络大会"综述［J］. 中国农村经济（12）.

张藕香，2015. 农民"双重"分化代际差异：基于安徽省的调查分析［J］. 劳动经济评论
（1）.

张维迎，2013. 博弈与社会［M］. 北京：北京大学出版社.

张五常，2000. 佃农理论——应用于亚洲的农业和台湾的土地改革［M］. 北京：商务印书
馆.

张五常，2014. 经济解释［M］. 北京：中信出版社.

张照新，2002. 中国农村土地流转市场发展及其方式［J］. 中国农村经济（2）.

张忠明，钱文荣，2014. 不同兼业程度下的农户土地流转意愿研究——基于浙江的调查与
实证［J］. 农业经济问题（3）.

章铮，杜峥鸣，乔晓春，2008. 论农民工就业与城市化——基于年龄结构—生命周期分析
［J］. 中国人口科学（6）.

赵其卓，唐忠，2008. 农用土地流转现状与农户土地流转合约选择的实证研究——以四川
省绵竹市为例［J］. 中国农村观察（3）.

郑也夫，2014. 论共同自由［M］. 上海：三联书店.

钟契夫，2000. 资源配置方式研究——历史的考察和理论的探索 ［M］. 北京：中国物价出版社.

钟文晶，罗必良，2013. 禀赋效应、产权强度与农地流转抑制 ［J］. 农业经济问题（3）.

钟文晶，罗必良，2014. 契约期限是怎样确定的——基于资产专用性维度的实证分析［J］. 中国农村观察（4）.

钟涨宝，汪萍，200. 农地流转过程中的农户行为分析——湖北、浙江等地的农户问卷调查 ［J］. 中国农村观察（11）.

钟涨宝，汪萍，2003. 农地流转过程中的农户行为分析——湖北、浙江等地的农户问卷调查 ［J］. 中国农村观察（6）.

周其仁，产权改革和新商业组织——中国和俄罗斯农业改革的比较 ［J］. 国际经济评论（Z3）.

周其仁，1995. 中国农村改革：国家与土地所有权关系的变化——一个经济体制变迁史的回顾 ［J］. 中国社会科学季刊（6）.

周曙东，等.2010. 种粮大户农地转入意愿影响因素的实证研究——以江西省为例 ［J］. 长江流域资源与环境（10）.

周翔鹤，2001. 清代台湾的地权交易——以典契为中心的一个研究 ［J］. 中国社会经济史研究（2）.

朱奇云，2008. 农地流转价格的新动向及研究——以江苏南通为例 ［J］. 中国集体经济（8）.

庄贵军，2000. 权力、冲突与合作：西方的渠道行为理论 ［J］. 北京商学院学报（8）.

邹宝玲，罗必良，2016. 农地流转的"差序格局"及其决定——基于农地转出契约特征的考察 ［J］. 财经问题研究（11）.

邹宝玲，钟文晶，张沁岚，2016. 风险规避与农地租约期限选择——基于广东省农户问卷的实证分析 ［J］. 南方经济（10）.

邹宝玲，罗必良，钟文晶，2016. 农地流转的契约期限选择——威廉姆森分析范式及其实证 ［J］. 农业经济问题（2）.

Ackerberg A. , Botticini M. , 2000, The Choice of Agrarian Contracts in Early Renaissance Tuscany: Risk Sharing, Moral Hazard, or Capital Market Imperfections? ［J］. *Explorations in Economic History*, 37（3）: 241 - 257.

Ackerberg A. , Botticini M. , 2002, Endogenous Matching and the Empirical Determinants of Contract Form ［J］. *Journal of Political Economy*, 110（3）: 564 - 591.

Ahuvia A. C. , 2005, Beyond the Extended Self: Loved Objects and Consumers' Identity Narratives ［J］. *Journal of Consumer Research*, 32（1）: 171 - 184.

Akerlof G. , 1970, The Market for Lemons: Qualitative Uncertainty and the Market Mechanism ［J］. *Quarterly Journal of Economics*, 84（3）: 488 - 500.

Alchian A. , Woodward S. , 1991, Reflections on the Theory of the Firm [J]. *Institutional Theoretical Economics*, 143 (1): 110 - 136.

Alchian A. , 1965, Some Economics of Property Rights [J]. *Politico*, 30 (4): 816 - 829.

Allen D. W. , Lueck D. , 1992, The "Back Forty" on a Handshake: Specific Assets, Reputation, and the Structure of Farmland Contracts [J]. *Journal of Law Economics & Organization*, 8 (2): 366 - 376.

Amare A. , 2013, Drivers of Household Participation in Land Rent - out Market: Evidence from Amigna District, Arsi Zone, Ethiopia [J]. *Journal of Agricultural Extension and Rural Development*, 5 (8): 164 - 173.

Anarkooli A. J. , Hosseinpour M. , Kardar A. , 2017, Investigation of Factors Affecting the Injury Severity of Single - vehicle Rollover Crashes: A Random - effects Generalized Ordered Probit Model [J]. *Accident Analysis & Prevention*, 106: 399 - 410.

Ariely D. , Huber J. , Wertenbroch K. , 2005, When Do Losses Loom Larger than Gains? [J]. *Journal of Marketing Research*, 42 (2): 134 - 138.

Arrow K. J. , 1971, Essays in the Theory of Risk - Bearing [M]. London: North - Holland Publishing Company.

Arrow K. J. , 1974, The Limits of Organization [M]. New York: W. W. Norton & Company Press.

Arrow K. J. , 1985, The Economics of Agency [M]//in Principals and Agents: The Structure of Business, Brighton: Harvard Business School Press.

Bardhan P. , Bowles S. , Ginti H. , 2000, Wealth Inequality, Wealth Constraints and Economic Performance [M] // Atkinson, B. Anthony, Francois Bourguignon (eds.), Handbook of Income Distribution, Amsterdam: North - Holland (1): 541 - 603.

Bardhan P. K. , 1980, Interlocking Factors Markets and Agrarian [J]. *development Oxford Economic Papers*, 32 (3): 179 - 201.

Bardhan P. K. , 1984, Land, Labor and Rural Poverty: Essays in Development Economics [M]. Oxford: Oxford University Press.

Barzel Y. , Wing S. , 1992, Moral hazard, Monitoring Cost, and the Choice of Contract [R]. Working Papers.

Barzel Y. , 1989, Economic Analysis of Property Rights [M]. Cambridge: Cambridge University Press.

Basu K. , 1992, Limited Liability and the Existence of Share Tenancy [J]. *Journal of Development Economics*, 38 (2): 203 - 220.

Basu, K. , Bell C. , Bose P. , 2000, Interlinkage, Limited Liability and Strategic Interaction [J]. *Journal of Economic Behavior and Organization*, 42 (6): 445 - 462.

Basu K. , 1983，The Emergence of Isolations and Interlinkage in Rural Markets [J]. *Oxford Economic Papers*，35（2）：262 – 280.

Baumol W. , 1982，Applied Fairness Theory and Rationing Policy [J]. *American Economic Review*，72（72）：639 – 651.

Belay K. , Manig W. , 2004，Access to Rural Land in Eastern Ethiopia：Mismatch Between Policy and Reality [J]. *Journal of Agriculture and Rural Development in the Tropics and Subtropics*，105（2）：123 – 138.

Bellemare F. , 2009，Sharecropping, Insecure Land Rights and Land Titling Policies：A Case Study of Lac Alaotra Madagascar [J]. *Development Policy Review*，27（1）：87 – 106.

Bellemare F. , 2012，Insecure Land Rights and Share Tenancy：Evidence from Madagascar [J]. *Land Economics*，88（1）：155 – 180.

Bergemann D. , Hege U. , 1998，Venture Capital Financing, Moral Hazard, and Learning [J]. *Journal of Banking & Financing*，22（6 – 8）：703 – 735.

Bernard Salanié，2008，合同经济学 [M]. 费方域，张肖虎，郑育家译，上海：上海财经大学出版社.

Bischoff I. , 2008，Endowment Effect Theory, Prediction Bias and Publicly Provided Goods：An Experimental Study [J]. *Environmental and Resource Economics*，39（3）：283 – 296.

Brandt L. , Huang J. , Li G. , et al. , 2002，Land Rights in Rural China：Facts, Fictions and Issues [J]. *The China Journal*，47（47）：67 – 97.

Braverman A. , Stiglitz J. , 1982，Sharecropping and the Interlinking of Agrarian Markets [J]. *American Economic Review*，72（4）：695 – 715.

Braverman A. , Guasch J. , 1984，Capital Requirements, Screening and Interlinked Sharecropping and Credit Contracts [J]. *Journal of Development Economics*，14（4）：359 – 374.

Brousseau Eric，Glachant Jean Michel，2010，契约经济学 [M]. 王秋石，李国民，等 . 译 . 北京：中国人民大学出版社 .

Carmon Z. , Wertenbroch K. , Zeelenberg M. , 2003，Option Attachment：When Deliberating Makes Choosing Feel like Losing [J]. *Journal of Consumer Research*，30（1）：15 – 29.

Chakrabarty D. , Chaudhuri A. , 2001，Formal and Informal Sector Credit Institutions and Interlinkage [J]. *Journal of Economic Behavior and Organization*，46（8）：313 – 325.

Chanut O. , Chaudey M. , Fadairo M. , et al. , 2015，The Dynamics of Contractual Design：Determinants of Contract Duration in Franchising Networks [C] // HAL, 5 – 12.

Chapman G. B. , 1998, Similarity and Reluctance to Trade [J]. *Journal of Behavioral Decision Making*, 11 (1): 47 - 58.

Chaudhuri S. , Banerjee A. K. , 2005, Credit Product Interlinkage, Captive Markets and Trade Liberalization in Agriculture: A Theoretical Analysis [J]. *Indian Economic Review*, 39 (2): 245 - 298.

Che Y. K. , Hausch D. B. , 1999, Cooperative Investments and the Value of Contracting [J]. *American Economic Review*, 89 (1): 125 - 47.

Chen Cheng, 1961, Land Reform in Taiwan [M]. China Publishing Co.

Cheung S. N. S. , 1970, The Structure of a Contract and the Theory of a Non - Exclusive Resource [J]. *The Journal of Law and Economics*, 13 (1): 49 - 70.

Cheung S. , 1968, Private Property Rights and Sharecropping [J]. *Journal of Political Economy*, 76 (6): 1107 - 1122.

Cheung S. , 1969, The Theory of Share Tenancy [M]. Chicago: University of Chicago Press.

Cheung S. , 1983, The Contractual Nature of the Firm [J]. *Journal of Law and Economics*, 26 (1): 1 - 21.

Cheung S. , 1970, The Structure of A Contract and the Theory of A Non - Exclucsive Resource [J]. *Journal of Law and Economics*, 13 (1): 49 - 70.

Cheung S. , 1969, Transaction Costs, Risk Aversion, and the Choice of Contractual Arrangements [J]. *JL & Econ*, 12 (1): 23 - 42.

Coase R. , 1960, The Problem of Social Cost [J]. *Journal of Law and Economics*, 3 (1): 1 - 44.

Coase R. , 1937, The Nature of the Firm [J]. *Economica*, 4 (4): 386 - 405.

Coursey D. L. , Hovis J. L. , Schulze W. D. , 1987, The Disparity between Willingness to Accept and Willingness to Pay Measures of Value [J]. *The Quarterly Journal of Economics*, 102 (3): 679 - 690.

Crawford V. P. , 1999, Long - term Relationships Governed by Short - term Contracts [J]. *American Economic Review*, 78 (3): 485 - 499.

Crawford V. , 1988, Long - Term Relationships Governed by Short - Term Contracts [J]. *American Economic Review*, 78 (3): 485 - 499.

Crocker K. J. , Masten S. E. , 1987, Mitigating Contractual Hazards: Unilateral Options and Contract Length [J]. *Rand Journal of Economics*, 19 (3): 327 - 343.

Crookes T. J. , Lyne M. C. , 2001, Improvements in the Rental Market for Cropland in a Communal Region of KwaZulu - Natal [J]. *Agrekon*, 40 (4): 669 - 677.

Daniel K. , Jack L. K. , Thaler R. H. , 1990, Experimental Tests of the Endowment Effect and the Coase Theorem [J]. *Journal of Political Economy*, 98 (6): 1325 - 1348.

Dhar R., Wertenbroch K., 2000, Consumer Choice between Hedonic and Utilitarian Goods [J]. *Journal of Marketing Research*, 37 (1): 60 - 71.

Dirk Bergemann, Ulrich Hege, 1998, Venture Capital Financing Moral Hazard and Learning [J]. *Journal of Banking and Finance*, 22 (6 - 8): 703 - 735.

Dong X Y., 1996, Two - tier Land Tenure System and Sustained Economic Growth in Post - 1978 Rural China [J]. *World Development*, 24 (5): 915 - 928.

Elfenbein D. W., Zenger T. R., 2014, What Is a Relationship Worth? Repeated Exchange and the Development and Deployment of Relational Capital [J]. *Organization Science*, 25 (1): 222 - 244.

Elisabetta Iossa, Patrick Rey, 2014, Building Reputation for Contract Renewal: Implications for Performance Dynamics and Contract Duration [J]. *Journal of the European Economic Association*, 12 (3): 549 - 574.

Emerson R. M., 1976, Social Exchange Theory [J]. *Annual Review of Sociology*, 2 (7): 335 - 362.

Ericson K. M., Fuster A., 2013, The endowment effect [J]. *Nber Working Papers*, 6 (1): 555 - 579.

Fama Eugene F., 1980, Agency Problems and the Theory of the Firm [J]. *Journal of Political Economy*, 88 (2): 288 - 307.

Farrell J., Shapiro C., 1990, Horizontal Mergers: An Equilibrium Analysis [J]. *American Economic Review*, 80 (1): 107 - 126.

Feder G., Nishio A., 1999, The Benefits of Land Registration and Titling Economic and Social Perspective [J]. *Land Use Policy*, 15 (1): 25 - 43.

Fehr E., Hart O., Zehnder C., 2011, Contracts as Reference Points: Experimental Evidence [J]. *American Economic Review*, 101 (2): 493 - 525.

Feng S., 2006, Land Rental Market and Off - farm Employment - rural Household in Jiangxi Province P. R. China [D]. Ph. D. Wageningen University.

Fishman Raymond, Tarun Khanna, 1999, Is Trust A Historical Residue? Information Flows and Trust Levels [J]. *Journal of Economic Behavior and Organization*, 38 (1): 79 - 92.

Fudenberg D., Tirole J., 1990, Moral Hazard and Renegotiation in Agency Contracts [J]. *Econometrica*, 58 (6): 1279 - 1320.

Gao L., Huang J., Rozelle S., 2012, Rental Markets for Cultivated Land and Agricultural Investments in China [J]. *Agricultural Economics*, 43 (4): 391 - 403.

García - Herrera A., Llorca - Vivero R., 2010, How Time Influences Franchise Contracts: the

Spanish Case [J]. *European Journal of Law and Economics*, 30 (1): 1 - 16.

Gaski, J. F., 1984, The Theory of Power and Conflict in Channels of Distribution [J]. *Journal of Marketing*, 48 (3): 9 - 29.

Ghoshal S., Moran P., 1996, Bad for Practice: A Critique of the Transaction Cost Theory [J]. *Academy of Management Review*, 21 (1): 13 - 47.

Gill K., 2007, Interlinked Contracts and Social Power: Patronage and Exploitation in India's Waste Recovery Marke [J]. *Journal of Development Studies*, 43 (8): 1448 -1474.

Gorovaia N., Windsperger J., 2013, Real Options, Intangible Resources and Performance of Franchise Networks [J]. *Managerial and Decision Economics*, 34 (3 - 5): 183 -194.

Gorovaia N., Windsperger J., 2015, The Choice of Contract Duration in Franchising: Combining Transaction Cost, Resource - based and Relational Governance Perspectives [C]. the 29th Annual International Society of Franchising Conference.

Granovetter M., 1985, Economic Action and Social Structure: The Problem of Embeddedness [J]. *American Journal of Sociology*, 91 (3): 481 - 501.

Granovetter M., 1973, The Strength of Weaks Ties [J]. *American Journal of Sociology*, 78 (1): 1360 - 1380.

Grossman G., Hart O., 1986, The Cost and Benefits of Ownership: A Theory of Vertical and Lateral Integration [J]. *Journal of Political Economy* (94): 691 - 719.

Grout P., 1984, Investment and Wages in the Absence of Binding Contracts: A Nash Bargaining Approach [J]. *Econometrica*, 52 (2): 449 - 460.

Guriev S., Kvasov D., 2005, Contracting on Time [J]. *American Economic Review*, 95 (5): 1369 - 1385.

Hadfield G. K., 1990, Problematic Relations: Franchising and the Law of Incomplete Contracts [J]. *Stanford Law Review*, 42 (4): 927 - 992.

Hallagan W., 1978, Self - Selection by Contractual Choice and Theory of Sharecropping [J]. *Bell Journal of Economics*, 9 (8): 344 - 354.

Halonen - Akatwijuka M., Hart Oliver, 2013, More is Less: Why Parties May Deliberately Write Incomplete Contacts [R]. Nber Working Papers.

Harrison C., White, 1981, Where do Markets Come from [J]. *The American Journal of Sociology*, 87 (3): 517 - 533.

Hart O., Moore J., 1999, Foundations of Incomplete Contracts [J]. *Review of Economic Studies*, 66 (1): 115 - 138.

Hart O., 1995, Firms, Contract and Financial Structure [M]. Clarendon.

Hart O., 1985, Incomplete Contracts and Renegotiation [J]. *Cper Discussion Papers*, 56

(4): 755 - 785.

Hart O., Holmstrom B., 1987, The Theory of Contracts, in T. Bewley [D]. Advanced in Economic Theory, Cambridge: Cambridge University Press.

Hart O., Moore J., 1990, Property Rights and Nature of the Firm [J]. *Journal of Political Economy*, 98 (6): 1119 - 1158.

Hart O., Moore J., 2008, Contracts as Reference Points [J]. *Quarterly Journal of Economics*, 123 (1): 1 - 48.

Hayes J. B., 1994, Resolving Differences in Willingness to Pay and Willingness to Accept [J]. *American Economic Review*, 84 (1): 255 - 270.

Heady E., 1947, Economics of Farm Leasing Systems [J]. *Journal of Farm Economics*, 29 (8): 659 - 678.

Heckman J. J., 1979, Sample Selection Bias as a Specification Error [J]. *Econometrica*, 47 (1): 153 - 161.

Hibbard J. D., Kumar N., Stem L. W., 2001, Examining the Impack of Dectructive Acts in Marketing Channel Relationships [J]. *Journal of Marketing Research*, 38 (2): 46 - 61.

Hirschhausen C., Neumann A., 2008, Long - Term Contracts and Asset Specificity Revisited: An Empirical Analysis of Producer - Importer Relations in the Natural Gas Industry [J]. *Review of Industrial Organization*, 32 (2): 131 - 143.

Holden S. T., Ghebru H., 2005, Kinship, Transaction Costs and Land Rental Market Participation [R].

Holmstorm B., 1982, Moral Hazard in Teams [J]. *Bell Journal of Economics*, 10 (13): 324 - 340.

Horowitz J., Mc Connell K., 2002, A Review of WTA/WTP Studies [J]. *Journal of Environmental Economics and Management*, 44 (3): 426 - 447.

Inesi M. E., 2010, Power and Loss Aversion [J]. *Organizational Behavior and Human Decision Processes*, 112 (1): 58 - 69.

Jacobs J. A., 1979, Preliminary Model of Particularistic Ties in Chinese Political Alliances: Kan - ch'ing and Kuan - hsi in A Rural Taiwanese Township [J]. *China Quarterly*, 78 (78): 237 - 273.

Jacoby J., Berning C. K., Dietvorst T. F., 1977, What about disposition [J]. *Journal of Marketing*, 41 (2): 22 - 28.

Jap S. D., Ganesan S., 2000, Control Mechanisms and the Relationship Life Cycle: Implications for Safeguarding Specific Investments and Developing Commitment [J]. *Journal of Marketing Research*, 37 (2): 227 - 245.

Jin S., Deininger K., 2009, Land Rental Markets in The Process of Rural Structural Transformation: Productivity and Equity Impacts from China [J]. *Journal of Comparative Economics*, 37 (4): 629 - 646.

Johnson G., 1950, Resource Allocation under Share Contracts [J]. *Journal of Political Economy*, 58 (4): 111 - 123.

Jones R., 1831, An Essay on the Distribution of Wealth and on the Sources of Taxation [J]. *McMaster University Archive for the History of Economic Thought*, 2004 (4): 239 - 354.

Kahneman D., Knetsch J. L., Thaler R. H., 1990, Experimental Tests of the Endowment Effect and the Coase Theorem [J]. *Journal of Political Economy*, 98 (6): 1325 - 1348.

Kahneman D., Tversky A., 1982, Judgment Under Uncertainty: Heuristics and Biases [D]. Cambridge England: Cambridge University Press.

Kahneman D., Knetsch J. K., Thaler R. H., 1991, The Endowment Effect, Loss Aversion, and Status Quo Bias [J]. *Journal of Economic Perspectives*, 5 (1): 193 - 206.

Kahneman D., Tversky A., 1979, Prospect Theory: An Analysis of Decision under Risk [J]. *Econometrica*, 47 (2): 263 - 291.

Kahneman D., 1992, Reference Points, Anchors, Norms, and Mixed Feelings [J]. *Organizational Behavior and Human Decision Processes*, 51 (2): 296 - 312.

Katrina M., Pauline G., Andreas K., 2011, Land Tenure Arrangements and Rural - urban Migration in China [J]. *University of Cambridge*, 39 (1): 123 - 133.

Klein B., Crawford R. G., Alchian A. A., 1978, Vertical Integration, Appropriable Rents, and the Competitive Contracting Process [J]. *Journal of Law and Economics*, 21 (2): 297 - 326.

Klein B., 1996, Why Hold - ups Occur: The Self - enforing Range of Contractal Relationships [J]. *Economic Inquiry*, 34 (3): 444 - 63.

Klein B., 1980, Transaction Cost Determinants of "Unfair" Contractual Arrangements [J]. *American Economic Review, Papers and Proceedings*, 70 (2): 356 - 362.

Koenker R., Bassett G., 1978, Regression Quantiles [J]. *Econometrica*, 46 (12): 33 - 50.

Kranton R., 1996, Reciprocal Exchange: A Self - Sustaining System [J]. *American Economic Review*, 86 (4): 830 - 851.

Kreps D. M., 1984, Corporate Culture and Economic Theory [M]. Cambridge: Cambridge University Press.

Kreps D., Wilson R., 1982, Reputation and Imperfect Information [J]. *Journal of Econonmic Theory*, 27 (2): 253 - 279.

Kung J. K., 1995, Equal Entitlement Versus Tenure Security under a Regime of Collective

Property Rights: Peasants Performance for Institutions in Post - reform Chinese Agriculture [J]. *Journal of Comparative Economics*, 21 (1): 82 - 111.

Lambert - Pandraud R. , Laurent G. , 2010, Why Do older Consumers Buy older Brands? The Role of Attachment and Declining Innovativeness [J]. *Journal of Marketing*, 74 (5): 104 - 121.

Lanjouw J. O. , Levy P. I. , 2002, Untitled: A Study of Formal and Informal Property Rights in Urban Ecuador [J]. *The Economic Journal*, 112 (482): 986 - 1019.

Le V. , Lyne M. , Ratna N. , et al. , 2013, The Rental Market for Farmland in Vietnam's Mountainous North Central Coast Region: Outcomes and Constraints [J]. *Mountain Research and Development*, 33 (4): 416 - 423.

Lin J. , 1992, Rural Reforms and Agricultural Growth in China [J]. *American Economic Review*, 82 (6): 34 - 51.

Loewenstein G. , Adler D. , 1995, A bias in the prediction of tastes [J]. *Economic Journal*, 105 (431): 929 - 937.

Loomes G. , Starmer C. , Sugden R. , 2003, Do Anomalies Disappear in Repeated Markets? [J]. *The Economic Journal*, 113 (486): 153 - 166.

Macaulay S. , 1963, Non - contractual Relations: A Preliminary Study [J]. *American Sociological Review*, 28 (2): 56 - 67.

MacDonald H. F. , Bowker J. M. , 1994, The Endowment Effect and WTA: A Quasi - Experimental Test [J]. *Journal of Agricultural and Applied Economics*, 26 (2): 545 - 551.

Macneil I. R. , 1974, The Many Futures of Contracts [J]. *Southern California Law Review*, 47: 691 - 816.

Macneil I. R. , 1978, Contracts: Adjustment of Long - term Economic Relations Under Classical, Neoclassical and Relational Contract law [J]. *Northwestern University Law Review*, 72 (6): 854 - 902.

Macneil I. R. , 1980, The New Social Contract: An Inquiry Into Modern Contractual Relations [D]. New Haven: Yale University.

Macours K. , de Janvry A. , Sadoulet E. , 2004, Insecurity of Property Rights and Matching in the Tenancy Market [R] . Department of Agricultural & Resource Economics, UCB.

Macours K. , 2014, Ethnic Divisions, Contract Choice, and Search Costs in The Guatemalan Land Rental Market [J]. *Journal of Comparative Economics*, 42 (1): 1 - 18.

Marshall A. , 1890, Principles of Economics [M]. London: Macmillan.

Maskin E. , Tirole J. , 1997, Unforeseen Contingencies, Property Rights, and Incomplete

Contracts [M]. Mimeo: Harvard University.

Maskin E. , Tirole J. , 1999, Unforeseen Contingencies and Incomplete Contracts [J]. *Review of Economic Studies*, 66 (1): 83 – 114.

Masten S. E. , Crocker K. J. , 1985, Efficient Adaptation in Long – Term Contracts: Take – or – Pay Provisions for Natural Gas [J]. *American Economic Review*, 75 (5): 1083 – 1093.

Masten S. , Saussier S. , 2016, Econometrics of Contracts: an Assessment of Developments in the Empirical Literature on Contracting [J]. *Revue D Économie Industrielle*, 92 (1): 215 – 236.

Mei – qiu Chen, Tai – yang Zhong, Bing – juan Zhou, 2010, Empirical Research on Farm Households' Attitude and Behaviour for Cultivated Land Transferring and it's Influencing Factors in China [J]. *Agricultural Economics*, 56 (9): 409 – 420.

Meyer M. , Vickers J. , 1997, Performance Comparisons and Dynamic Incentives [J]. *Journal of Political Economy*, 105 (3): 547 – 581.

Mill J. , 2004, Principles of Political Economy: with some of Their Applications to Social Philosophy [M]. Boston: C. C. Little and Brow.

Mises V. L. , 1949, Human Action: A Treatise on Economics [J]. *International Affairs*, 19 (1): 82 – 83.

Motiram S. , Robinson J. A. , 2010, Interlinking and Collusion [J]. *Review of Development Economics*, 14 (2): 282 – 301.

Newbery G. , 1977, Risk – Sharing, Sharecropping and Uncertain Labor Markets [J]. *Review of Economic Studies*, 44 (5): 585 – 594.

Noev N. , 2008, Contracts and Rental Behavior in the Bulgarian Land Market: An Empirical Analysis [J]. *Eastern European Economics*, 46 (4): 43 – 74.

North D. , 1990, Institutions, Nstitutional Change and Economics Performance [M]. Cambridge: Cambridge University Press.

North D. , 1981, Structure and Change in Economic History [J]. *Norton*, 16 (3) .

Otsuka K. , Y. Hayami, 1988, Theories of Share Tenancy: A Critical Survey [J]. *Economic Development and Cultural Change*, 37 (10): 31 – 68.

Pagano M. , Volpin P. F. , 2013, Managers, Workers, and Corporate Control [J]. *Journal of Finance*, 60 (2): 841 – 868.

Park C. W. , et al. , 2006, Brand Attachment: Constructs, Consequences and Causes [J]. *Foundations and Trends in Marketing*, 1 (3): 191 – 230.

Peck J. , Shu S. B. , 2009, The Effect of Mere Touch on Perceived Ownership [J]. *Journal of Consumer Research*, 36 (3): 434 – 447.

Pierce J. L. , Kostova T. , Dirks K. T. , 2003, The State of Psychological Ownership: Integrating and Extending a Century of Research [J]. *Review of General Psychology*, 7 (1): 84 – 107.

Place F. , Roth M. , Hazell P. , 1994, Land Tenure Security and Agricultural Performance in Africa: Over View of Research Methodology in Searching for Land Tenure Security in Africa [M]. Iowa: Kendall/Hunt.

Pomeranz K. , 2008, Chinese Development in Long – Run Perspective [D]. Proceedings of the American Philosophical Society.

Putnam R. D. , 2001, Bowling Alone [M]. New York: Simon and Schuster.

Rachlinski J. J. , Forest J. , 1998, Remedies and the Psychology of Ownership [J]. *Vanderbilt Law Review*, 51 (6): 1541 – 1582.

Radin M. J. , 1993, Reinter Preting Property [D]. The university of Chicago Press.

Radin M. J. , 1982, Property and Personhood [J]. *Stanford Law Review*, 34 (5): 957 –1015.

Rebecca W. E. , 2006, Product disposal [D]. The University of Texas at Austin.

Reerink G. , Gelder J. L. , 2010, Land Titling, Perceived Tenure Security and Housing Consolidation in the Kampongs of Bandung, Indonesia [J]. *Habitat International*, 34 (1): 78 – 85.

Rey D. , 1998, Development Economics Princeton [D]. Princeton University.

Rey P. , Bernard Salanie, 1990, Long – Term, Short – Term and Renegotiation: On the Value of Commitment in Contracting [J]. *Econometrica*, 58 (5): 597 – 619.

Robison L. , Oliver J. , Frank K. , 2015, Commodity and Relational Good Exchanges: Commodification and Decommodification [C]. 2015 Allied Social Science Association (ASSA) Annual Meeting, January 3 – 5, Boston, Massachusetts.

Roumasset J. , 1976, Rice and Risk [M]. Amsterdam: North – Holland.

Sadoulet E. , De Janvry A. , Fukui S. , 1997, The Meaning of Kinship in Sharecropping Contracts [J]. *American Journal of Agricultural Economics*, 79 (2): 394 – 406.

Sauermann Heinz. , 1978, Bargaining Behavior [M]. Tubingen: Mohr Siebeck.

Saussier S. , 1999, Transaction Cost Economics and Contract Duration: An Empirical Analysis of EDF Coal Contracts [J]. *Recherches Economiques de Louvain*, 65 (1): 3 – 21.

Schickele R. , 1941, Effect of Tenure Systems on Agricultural Efficiency [J]. *Journal of Farm Economics*, 23 (3): 185 – 207.

Scott J. C. , 1976, The Moral Economy of the Peasant: Rebellion and Subsistence in Southeast Asia [M]. New Haven: Yale University Press.

Segal I. , 1999, Complexity and Renegotiation: A Foundation for Incomplete Contracts [J]. *Review of Economic Studies*, 66 (1): 57 – 82.

Sengupta K. , 1997, Limited Liability, Moral Hazard and Share Tenancy [J]. *Journal of Development Economics*, 52 (10): 393 - 407.

Shetty S. , 1988, Limited Liability, Wealth Differences, and the Tenancy Ladder in Agrarian Economies [J]. *Journal of Development Economics*, 29 (9): 1 - 22.

Shogren J. F. , Shin S. Y. , Hayes D. J. , et al. , 1994, Resolving Differences in Willingness to Pay and Willingness to Accept [J]. *The American Economic Review*, 84 (1): 255 - 270.

Siles M. , Robison L. , Johnson B. , et al. , 2000, Farmland Exchanges: Selection of Trading Partners, Terms of Trade, and Social Capital [J]. *Journal of the American Society of Farm Managers and Rural Appraisers*, 63 (1): 127 - 40.

Simon H. A. , 1997, An Empirically - Based Microeconomics [M]. Milano: Banca Commerciale Italiana.

Sismondi S. , 1814, Political Economy [M]. New York: Augustus M. Kelley.

Smith A. , 1776, Wealth of Nations [M]. New York: Modern Library Edition.

Smith A. , 1991, National Identity [M]. London: University of Nevada Press.

Stem L. W. , El - Ansary A. , 1992, Marketing Channel [M]. New Jersey: Prentice - Hall, Inc.

Stiglitz J. , 1974, Incentive and Risk Sharing in Sharecropping [J]. *Review of Economic Studies*, 41 (9): 219 - 256.

Tefera T. , Subaro D V. , 2013, Participation in Land Market and Technical Efficiency in Southern Ethiopia: A Case Study after 2005 Land Proclamation of Ethiopia [J]. *Journal of Development and Agricultural Economics*, 5 (9): 372 - 381.

Telsel G. , 1980, A Theory of Self - enforcing Agreements [J]. *Journal of Business*, 22 (1): 27 - 44.

Thaler R. H. , 1980, Toward a Positive Theory of Consumer Choice [J]. *Journal of Economic Behavior and Organization*, 1 (1): 39 - 60.

Tirole J. , 1999, Incomplete Contracts: Where Do We Stand? [J]. *Econometrica*, 67: 741 - 781.

Tirole J. , 1986, Procurement and Renegotiation [J]. *Journal of Political Economy*, 94 (2): 235 - 259.

Tversky A. , Kahneman D. , 1991, Loss Aversion in Riskless Choice: a Reference - dependent Model [J]. *The Quarterly Journal of Economics*, 106 (4): 1039 - 1061.

Van De VenN. , Zeelenberg M. , Van DijkE. , 2005, Buying and Selling Exchange Goods: Outcome Information, Curiosity and the Endowment Effect [J]. *Journal of Economic Psychology*, 26 (3): 459 - 468.

Van Dijk E. , Van Knippenberg D. , 2005, Wanna Trade? Product Knowledge and the Perceived Differences between the Gains and Losses of Trade [J]. *European Journal of Social Psychology*, 35 (1): 23 - 34.

Van Kooten G. C. , Schmitz A. , 1992, Preserving Waterfowl Habitat on the Canadian Praries: Economic Incentives Versus Moral Suasion [J]. *American Journal of Agricultural Economics*, 74 (1): 79 - 89.

Vázquez L. , 2007, Determinants of Contract Length in Franchise Contracts [J]. *Economics Letters*, 97 (2): 145 - 150.

Williamson O. E. , 1979, Transaction - cost Economics: the Governance of Contractual Relations [J]. *The journal of law & economics*, 22 (2): 233 - 261.

Williamson O. E. , 1985, The Economic Institution of Capitalism: Firms, Markets and Relational Contracting [M]. New York: Free Press.

Williamson O. E. , 2005, The Economics of Governance [J]. *American Economic Review*, 95 (2): 1 - 18.

Williamson O. E. , 1996, The Mechanism of Governance [M]. New York: Oxford University Press.

Woldeamanuel A. A. , Kenee F. B. , 2012, Institutional Arrangements for Farmland Development: The Case of Ethiopia [J]. *Journal of Rural Development*, 31 (2): 151 -162.

Wuyts S. , Geyskens I. , 2005, The Formation of Buyer - supplier Relationships: Detailed Contract drafting and Close Partner Selection [J]. *Journal of Marketing*, 69 (4): 103 - 117.

Xu Z. , Tao R. , 2004, Urbanization, Rural Land System and Social Security in China [J]. *China and World Economy*, 12 (6): 11 - 23.

Young A. , 1928, Increasing Returns and Economic Progress [J]. *The Economic Journal*, 38: 527 - 542.

后　记

　　我所领导的研究团队对契约问题的研究兴趣大体始于 10 年前，当时我们承担国家社会科学基金项目"合作机理、交易对象与制度绩效"（07BJY00），注意到农业合作领域的契约结构及其治理问题。接下来，研究团队在执行教育部创新团队发展计划项目"中国农村基本经营制度：转型理论与创新逻辑"（IRT1062、IRT－14R17）的过程中，对农业契约及其组织化问题给予了持续的关注。值得高兴的是，随后国家自然科学基金重点项目"农村土地与相关要素市场培育与改革研究"（71333004）的立项以及多个相关课题的实施，使我们能够有机会进一步关注于农地流转契约性质问题的研究。

　　本书即是在团队最近 5 年取得的相关成果基础上，按照统一的框架进行整理而成。所涉及的原创论文包括（按发表时间先后排序）：

　　钟文晶、罗必良：《契约期限是怎样确定的？——基于资产专用性维度的实证分析》，《中国农村观察》，2014 年第 4 期。

　　罗必良：《农地流转的市场逻辑——"产权强度—禀赋效应—交易装置"的分析线索及案例研究》，《南方经济》，2014 年第 5 期。

　　何一鸣、罗必良、高少慧：《农业要素市场组织的契约关联逻辑》，《浙江社会科学》，2014 年第 7 期。

　　胡新艳、刘凯：《理性与关系：一个农地流转契约稳定性的理论分析框架》，《农村经济》，2015 年第 2 期。

　　林文声、罗必良：《农地流转中的非市场行为》，《农村经济》，2015 年第 3 期。

罗必良、何一鸣：《博弈均衡、要素品质与契约选择——关于佃农理论的进一步思考》，《经济研究》，2015年第8期。

罗必良、林文声、邱泽元：《农地租约以及对象选择：来自农户问卷的证据》，《农业技术经济》，2015年第9期。

邹宝玲、罗必良、钟文晶：《农地流转的契约期限选择——威廉姆森分析范式及其实证》，《农业经济问题》，2016年第2期。

邹宝玲、钟文晶、张沁岚：《风险规避与农地租约期限选择——基于广东省农户问卷的实证分析》，《南方经济》，2016年第10期。

胡新艳、洪炜杰：《农地租约中的价格决定——基于经典地租理论的拓展分析》，《南方经济》，2016年第10期。

朱文珏、谢琳、邱泽元、罗必良：《农地租约中的期限与租金及其相互关联性——理论分析与实证检验》，《南方经济》，2016年第10期。

邹宝玲、罗必良：《农地流转的"差序格局"及其决定——基于农地转出契约的特征考察》，《财经问题研究》，2016年第11期。

罗必良：《合约短期化与"空合约"假说——基于农地租约的经验证据》，《财经问题研究》，2017年第1期。

罗必良、邹宝玲、何一鸣：《农地租约期限的"逆向选择"——基于9省区农户问卷的实证考察》，《农业技术经济》，2017年第1期。

胡新艳，杨晓莹：《农地流转中的禀赋效应及代际差异》，《华南农业大学学报（社会科学版）》，2017年第1期。

仇童伟、杨震宇、马贤磊：《农村土地流转中"差序格局"的形成与破除——基于交易"差序格局"和第三方实施的分析》，《农林经济管理学报》，2017年第4期。

朱文珏、罗必良：《农地价格幻觉：由价值评价差异引发的农地流转市场配置"失灵"》，《中国农村观察》，2018年第5期。

本书初稿由胡新艳教授、米运生教授、何一鸣教授、李尚蒲副教授、钟文晶副教授、谢琳副教授按照章节分工进行先期整理，由钟文晶副教授进行统稿，最后由我本人进行修订成书。

作为课题负责人和本书的主编，我要对课题组全体成员、各论文的作者，特别是参与整理书稿的老师表示感谢。

当然，也要对发表阶段性成果的多个学术刊物以及本书的责任编辑表达真诚的谢意。

罗必良

2018 年 9 月 19 日

图书在版编目（CIP）数据

农地流转的契约性质 / 罗必良等著 . —北京：中
国农业出版社，2019.2
ISBN 978-7-109-25178-6

Ⅰ.①农… Ⅱ.①罗… Ⅲ.①农业用地-土地流转-
契约-研究-中国 Ⅳ.①F321.1

中国版本图书馆CIP数据核字（2019）第018716号

中国农业出版社出版
（北京市朝阳区麦子店街18号楼）
（邮政编码100125）
责任编辑 闫保荣

———————————

北京通州皇家印刷厂印刷　新华书店北京发行所发行
2019年2月第1版　2019年2月北京第1次印刷

———————————

开本：700mm×1000mm 1/16　印张：20　彩插：1
字数：330千字
定价：55.00元
（凡本版图书出现印刷、装订错误，请向出版社发行部调换）